晚清帝国风云 I

〔增订版〕

关河五十州

——作品

中国出版集团　现代出版社

图书在版编目（CIP）数据

鸦片战争 / 关河五十州著 . —增订本 . —北京：现代出版社，2022.9（2024.8重印）
（晚清帝国风云）
ISBN 978-7-5143-7614-2

Ⅰ．①鸦…　Ⅱ．①关…　Ⅲ．①中国历史－清后期－通俗读物　Ⅳ．① K252.09

中国版本图书馆 CIP 数据核字（2022）第 115881 号

鸦片战争

作　　者：关河五十州
责任编辑：张　霆　谢　惠
出版发行：现代出版社
通信地址：北京市安定门外安华里 504 号
邮政编码：100011
电　　话：010-64267325　64245264（传真）
网　　址：www.1980xd.com
印　　刷：三河市宏盛印务有限公司

开　　本：710mm×1000mm　1/16
印　　张：20.25　　　　　　　字　　数：282 千
版　　次：2022 年 9 月第 1 版　　印　　次：2024 年 8 月第 2 次印刷
书　　号：ISBN 978-7-5143-7614-2
定　　价：58.00 元

目　录

道光帝忙乎半天，帝国的整体局面仍是一地鸡毛，到处都是这样做一天和尚撞一天钟的"模棱宰相"和"模棱官员"，如果要他们干点实事，他们既可以阳奉阴违，也可以巧言搪塞，反正是总能围绕政策找对策。于是，朝堂之下"马照跑，舞照跳，酒照喝"，"以德治国"和实政都刚打开一个缝就"吱呀"一声关上了门。

自鸦片战争以来，从林则徐到奕山，一圈人用过来了，可谓要文有文、要武有武，而且都是帝国官场出类拔萃的人物，可仍然不能像张格尔之役那样完美收官。对于道光帝来说，如果他不同意英国人的要求，那这一仗就还得继续拖下去，但这一拖消耗的都是白花花的银两，本来就捉襟见肘的国库显然已经承受不起了，所以他现在着急的是如何收场，哪怕是平局或略赢也认了。

仅仅几个月时间里，曾国藩所主持的长沙审案局就处死了一百多人。因此，曾国藩被赠送了一项酷吏的帽子，于是"曾剃头""曾屠户"的名号不胫而走。曾国藩的大开杀戒，对于老实本分的普通百姓来讲未尝不是件好事，至少以后出门不用再胆战心惊了，再加上湘军的反复"剿匪"，不仅已经发动的各类起义被一一扑灭，即便是正在酝酿的也胎死腹中，使得湖南由此"欣欣乡治"，社会秩序重新趋于稳定。其实，曾国藩真正得罪的恰恰是长沙的各级官吏。

僧格林沁领命后，立即率师出征。据研究蒙古史的专家说，蒙古军队当初之所以能纵横南北，靠的不是人多势众，而是其擅打聪明仗，战术战法非常灵活。僧格林沁从祖先那里继承了这一传统，在战场上集凶猛彪悍与狡黠灵活于一身。这样，林凤祥和李开芳就遇到了真正的对手。

咸丰帝很少夸人，此番却破例给曾国藩送来了"高帽子"："朕知道你向来为人忠诚，且有胆有识，相信你一定能够顾全大局，不辜负朕的重托。"不过，咸丰帝没想到的是，这顶"高帽子"白送了，自始至终曾国藩也不肯露一面。

第一章

有心才能办事

他的名字叫爱新觉罗·旻宁，是嘉庆帝的第二个儿子，即二阿哥。旻宁有一个长兄，但出生三个月就病死了，所以他实际上可以算作大阿哥。1813年9月15日这一天，嘉庆帝不在京城，阿哥们则聚集于上书房（原为尚书房，道光年间改为上书房）读书，谁也没想到一场震撼宫廷的大事变会发生在眼前。当天，一群百姓竟然持刀弄枪地闯进了戒备森严的皇城！

他们是天理教徒，或者说是一群造反者，首领唤作林清，所以史书又把这次突发事件称为"林清之变"。

林清施展"无间道"把秘密工作做到了大内深宫，好多太监都是其安插进来的教徒，他们里应外合，使得造反者轻易就混进了紫禁城。

林清原计划调集数百人攻打皇宫，但教徒们说这又不是赶集，里面地方小，容不下那么多人，由内应太监做向导则轻车熟路，人多反而眼杂，于是林清就临时挑了两百人作为敢死队先闯进紫禁城去。

当然，组织这样的惊天大行动，意外总是少不了。结果，真正闯进深宫的只有五十多人，但这五十多人已经足以把宫内搅到天翻地覆。

枪壮尿人胆

当天，负责在上书房值班的官员是礼部侍郎宝兴。宝兴熬了一个通宵，正打着呵欠准备回家，路上正巧就撞见这让他终生难忘的一幕：一群人舞着刀冲过来，个个犹如从地狱里放出的罗刹，而那一把把刀都泛着白光，冷森森的令人胆寒。

宝兴是个文官，心里吓得突突地乱跳，但好在他的临场表现还能算得上是个半拉老爷们儿，脚下虽然已经打晃，倒还能挣扎着跟跟跄跄地往回跑。

此时，附近的一名护军统领闻讯而至。护军是宫内警卫，这位警卫首领倒也不含糊，立即带人上前摆了一个防御阵势，但大内高手勇则勇却不智，因为跟在他后面的没几个人，即使武功精湛，对方也是精挑细选出来的敢死队员。一阵拼杀之后，天理教的人虽然倒了一些，但几个护军同样也都挂了彩。

眼见得护军已经抵挡不住，一旁的宝兴赶紧让人关门：不行了，得向上汇报。

惊闻大变，紫禁城内早就乱了套，一个比一个狼狈。亲王贝勒爷们固然心虚胆怯，争着要驾车逃命，但有的护军统领竟然也想跟在后面溜之大吉。最倒霉的就是如宝兴那样的文官，手无缚鸡之力不说，跑还跑不快。例如，某位翰林院编修就差点挨了刀子，多亏他的仆人挺身救主替他挨了几刀，这才得以虎口脱险。三天后，当搜索队在一个柜子里发现这位翰林时，他已经饿得不成样子了。

怕吗？很少有人不怕，当然也有例外。二阿哥旻宁正准备去向母后问安，走在路上就发现不对劲，他不顾皇宫内禁止使用火器的规定立刻大叫一声："快把我的火器拿出来！"

其实，阿哥们的火器就是用来围猎的家伙，如鸟枪、火药罐等，只是以往打鸟兽而现在要用来打人。

上书房太监奉命爬上墙垣，登高警戒，但不一会儿就听到他尖着嗓子喊起来："不好不好，爬墙过来了。"循声望去，果然看到有人上了墙，手里还举着白旗——不是投降的标志，而是进攻的号令。

火器已经取出，旻宁端着鸟枪立于殿下。那一刻，墙上墙下上演的是磨刀霍霍者与一位阿哥的对垒，双方的距离如此之近，彼此间的眉毛、眼睛、鼻子全都能看得清清楚楚。

鸟枪也称鸟铳，因枪筒后的击发扳机形如小鸟，且枪本身又可击落林中飞鸟，故有此名。实际上，鸟枪就是步枪中的火绳枪。按照明代戚继光在其所著兵书中的说法，鸟枪始自倭寇，换句话说，它最早是由倭寇带到中国大陆来的。实际情况是这样的，早在戚继光成名之前，明朝军队曾有一次成功袭击倭寇巢穴的战斗，此即双屿港之战，正是在那次战斗中，明军缴获了倭寇使用的葡萄牙以及日本本土产火绳枪（日本对葡萄牙火绳枪的仿照和改良产品）。

在双屿港之战中，明军还俘虏了善于造枪的洋工匠。由于在战斗中领教了火绳枪的威力，明朝朝廷便派中国工匠跟着这些洋工匠学习，因此拥有了自制火绳枪的技术和能力，后又几经改良便有了鸟枪。后来，在清朝与明朝的战争中，清军从明军那里学到了造枪技术，于是继明军之后鸟枪也成为清军的主要单兵火器。当时，鸟枪在清军中已经达到半数配置，即鸟枪手和刀矛弓箭手各占一半，清宫中亦有少量配备，称为御用枪。

鸟枪的枪身很长，作为最初级步枪的火绳枪本身是一种前装滑膛枪，发射前须先从枪口装填火药，接着塞入弹丸，最后再以火绳点火，使用起来极其烦琐。因此，在发射鸟枪时，一般都要几个人轮流装填弹药和发射，但若一个人单挑就很考验个人能力了。

事实证明，旻宁的动作很快，而且枪法极准，第一枪就撂倒一个，再一枪又打死一个。就这两枪，旻宁把进攻者全都给镇住了，乃至"错愕不敢前"，没人再敢随随便便攀上墙头。

不过，枪壮尿人胆。当枪声一响，大家的胆量和爆发力全都被旻宁的超水平发挥激发了出来，于是其他皇子也跟着乒乒乓乓地放起了枪。

危急关头，旻宁担当起了领导者的角色，他一边下令将紫禁城的四门紧闭严防死守，一边派人发出警报召集京城禁军入内护卫。

当然，还有一件事不能忘，那就是得派人向嘉庆帝奏报所发生的一切。

嘉庆帝接到奏报已经是第二天的事了，此时他正在丫髻山行宫，距北京城近两百里路程。1813 年 9 月 19 日，嘉庆帝急忙起驾回宫，但刚到达京郊就听说有天理教人马正浩浩荡荡地直奔他们而来，据传有三千之众。

随同嘉庆帝的御林军并不多，从扈从大臣到普通兵丁都被吓得面如土色：看这情形，对方杀进皇宫的过程倒像是在围点打援，我们怎么干得过人家三千精锐呢？

嘉庆帝到底是扳倒过和珅的皇帝，虽然也免不了心慌意乱，但表面还能强作镇定："不要怕，等他们真的来了，你们在前面抵御，我一定会督后观战。"潜台词是，"我这个皇帝绝不会扔下你们，一个人逃跑"。

上上下下紧张了半天，但最终才发现是虚惊一场，"有贼三千"纯属谣言。嘉庆帝一行回到北京，得知"林清之变"已被平定，而在过往惊心动魄的三天里二阿哥旻宁起到了很关键的作用。

第一天，在宫内护卫和京城禁军的内外夹攻下，基本遏制了天理教的正面攻击，但警报并没解除，因为还有很多教徒潜藏于紫禁城内，皇宫不是更安全而是更危险了。

从第二天起，旻宁宣布戒严，并下令禁军进行大搜索。到了半夜，突然电闪雷鸣，下起了雨，禁军所用武器是鸟枪，火药受了潮，无法射击。于是，官兵们全都抱怨，说雷雨早不来晚不来偏这时候来，真是招人骂。后来，他们才知道教徒们原本聚集一处已经准备在紫禁城里纵火，听到雷声后大部分人惊溃而去，余下的再想点火但被雨水把火种给浇灭了。

不过，虽然雨水浇灭了火种，但天理教的暗袭并未停止。因此，宫内也不敢放松戒备，甚至旻宁还亲率贴身侍卫四处进行巡查。

"好皇帝"的委屈

如果没有这场雷雨，紫禁城可能会被付之一炬。从这个角度说，该出口大骂下雨的不是京城禁军，而是天理教教徒。这个神奇的雷雨夜似乎是大清国运尚存的一个标志，当天理教教徒火攻不成，试图再次翻越大内宫墙时，闪电把地面变成了白昼，完全暴露了他们的身影和行踪。

在无法正常使用鸟枪的情况下，旻宁还有别的武器——这个武器的名字叫弹弓。旻宁使用弹弓的纪录是——"百步之外瞄准飞鸟，百不失一二"，基本上是百发百中，完全是一个神枪手的水准。

旻宁挟弓以射，弹无虚发，越墙者无不应弦倒下。在转到乾清宫时，旻宁忽然看到有一个人立于殿脊之上，正手挥令旗，组织新一轮进攻——这些天理教教徒堪称民间高手，功夫真是个个了得，想想紫禁城的宫墙有多高、殿宇又有多高就知道了。

旻宁一摸口袋，袋里空空如也，弹丸已经告罄。情急之下，旻宁用上了"咬"的方法——当然不是咬人，而是咬纽扣——他把衣服上的几颗金纽扣全咬了下来。

这样，金纽扣就变成了弹药。于是，旻宁来了个连珠射，而那殿脊上的指挥者则被击个正着，随即摔死于殿下。

雨越下越大，天理教再也无计可施。待天明以后，"林清之变"宣告完全失败。

经历这场没有预演的事故后，旻宁威望大增，群臣纷纷上奏夸赞：有的夸他智勇沉着，有的赞他举措有方。同时，嘉庆帝在回京途中就夸旻宁"有胆有识、忠孝兼备"，册封为智亲王，而其所用的鸟枪也成了一把英雄枪，被命名为"威烈"。

作为父亲，嘉庆帝对旻宁的出手并不感到特别诧异，他还清楚地记得其小时候的事。

那一年秋天，皇家例行"木兰秋狝"（木兰秋围），也就是组织大家到皇家猎场去围猎。当时，乾隆帝尚在，嘉庆帝和一班皇子皇孙随队而行。乾隆帝对时年八岁的旻宁非常偏爱，在皇子们比试射技时特意把这位皇孙带在了身边。旻宁"初生牛犊不怕虎"看得兴起，等父辈们一结束比赛，他就迈步上前拿出了自备的小弓箭啪啪地连射过去，并接连中了两靶。

乾隆帝见孙子出落得如此有出息是又惊又喜，急忙把旻宁叫到了身边，摸着他的小脑袋打趣道："你要是能连着射中三靶，我就赏你黄马褂。"

旻宁二话不说，举弓便射，这次竟然又中了靶心。射完之后，旻宁将弓箭往地上一扔，跪倒在乾隆帝面前。乾隆帝乐不可支，问旻宁想要什么赏赐，可他就是抿着嘴不回答，也不起来。

乾隆帝大笑："我知道了。"

"赏黄马褂"本来只是一句戏言，但小孩子较真儿，这样乾隆帝不履行诺言还不行。再说"君无戏言"，过去有人凭一片梧桐树叶都能分到一个诸侯王当当，一件黄马褂算得了什么呢？

乾隆帝立即命侍臣去取黄马褂。侍臣挑来选去，所有黄马褂里只有成人穿的，又不可能临时赶制儿童穿的，只好取来一件大的黄马褂给旻宁披上。

旻宁如愿以偿，这才开开心心地谢恩站起。

对于旻宁来说，那件黄马褂实在太长太大了，披在身上连路都不能走。于是，乾隆帝下令侍卫抱着旻宁走，一路走过去，观者无不惊羡不已。

俗话说得好，"从小一看，到老一半"。乾隆帝看好旻宁这个孙子，嘉庆帝也看好这个儿子，而成年后旻宁的神勇表现也证明赏给他的那件黄马褂已经越来越"合身"了。

不过，虽然阿哥里意外地诞生了一位英雄，但"林清之变"还是从心理上给嘉庆帝留下了沉重的阴影。

按照原计划，丫髻山行宫离乾隆帝的陵寝很近，嘉庆帝准备要去给乾隆帝扫墓，然而京城发来的奏报把所有好心情都一扫而空。在返京途中，嘉庆帝便命大臣起草"遇变罪己诏"，不料一番自我检讨下来他却发现自己不仅没有犯什么大错，甚至还完全够得上一个兢兢业业、勤勤恳恳的好皇帝标准。换言之，嘉庆帝心想："朕即位十八年了，这十八年来心里满满当当的都是国事政事天下事，从没有敢懈怠疏忽。现在，突然给朕来这么一手，'实不可解'，真是不知道老天爷到底打的什么主意！"

当然，"好皇帝"的委屈都是相同的，就像当年的明朝皇帝崇祯帝一样。崇祯帝在一番自怨自艾后，很快就把批评的矛头指向大臣，愤恨"诸臣之误朕"。嘉庆帝也是如此，"再三跟你们这些大臣讲，不要因循怠玩，认真一点，但你们不听，还是忽悠，结果忽悠来忽悠去，弄出这样的大祸"。

在嘉庆帝看来，"林清之变"简直跟火星坠落地球差不多，"皇帝尚在行宫，老巢就差点让人给抄了，历数汉唐宋明，哪朝哪代有过这样的事？"

留京的王公大臣们迎接王驾，他们跪听嘉庆帝的"罪己诏"时个个呜咽失声，哭得稀里哗啦。当然，还是有那么几个最"没心没肺"的，私下仍在说："我觉得我们已经很尽职了，您还说这话。"

嘉庆帝是大清帝国的当家人，不管是抽自己嘴巴，还是打别人屁股，反正都说明了一个问题，就是"他是真急了，觉得这个家越来越难以维持"——

"我们大清以前是何等强盛啊……"

众望所归

说起来，嘉庆帝的运气也真是差，父亲乾隆帝的文治武功看上去完美得不能再完美，偏偏到他当政的时候犹如《水浒传》中"洪太尉误走妖魔"的开篇，什么天罡地煞都被放了出来。

先是白莲教哗然而起，酿成大清开国以来最大规模的民变；接着政府与民间互相攻伐，一人一嘴毛，国家由此元气大伤，眼睁睁地看着"康乾盛世"到了头。如此一蹉跎就是九年，刚刚把白莲教给摆平，猛不丁地又来一出"林清之变"，确实让人有点晕头转向、不知西东的感觉。

嘉庆帝烦闷不已，这一年，他甚至连生日都没心情过了。

"林清之变"时，有一支箭射在皇门匾额之上，但过后进行清理时箭头被特意予以保留。嘉庆帝似乎有意用这种方式来告诫子孙：有朝一日，你们要用实际行动把插在匾额上的那支箭头给拔掉。

这个时候，嘉庆帝自己感到更多的却是一种无力感。

又花了几个月的时间，朝廷基本瓦解了天理教，但阴影并未能从嘉庆帝的心中完全褪去。直到临终的前一年，嘉庆帝还不忘跟大臣们聊起这件事："永不忘十八年之变（林清之变）！"

1820 年 7 月 25 日，嘉庆帝突然驾崩于热河行宫。

老皇帝一死，最紧要的事就是确定帝国的继承者。从嘉庆帝的爷爷雍正帝开始，清廷便实行了"秘密立储"制度，即老皇帝想让谁做储君就把名字写下来封存于匣中，等到后面要宣布继承者的时候就到乾清宫最高的"正大光明"匾额后面去找。

"林清之变"让嘉庆帝对整个禁紫城皇宫都失去了安全感，他没有再把匣子托付给"正大光明"殿，而是直接带到了热河行宫。可是，嘉庆帝驾崩得太突然，随着他一断气，那个写有储君名字的匣子究竟在哪里就成了问题。

如果找不到嘉庆帝的遗诏，该怎么办？只好活着的人给答案了。

孝和睿皇后力挺二阿哥旻宁。值得一提的是，这位孝和睿皇后是旻宁的继母，旻宁的亲生母亲早在其未成年时就去世了。虽然没有直接的血缘关系，但孝和睿皇后对旻宁十分照顾，而旻宁对继母也很孝顺，当年"林清之变"时他就曾亲自到后宫去安抚，以免她担惊受怕。可以说，这对母子不是亲生，却胜似亲生。

惊悉嘉庆帝去世，孝和睿皇后既不清楚匣子藏于何处，也从没听皇帝透露过所立储君是谁，不过她知道的一点是——旻宁才是未来皇帝的最合适的人选。

皇宫之内，从一般妃子到皇太后，可以说没有哪个女人不希望自己的亲生骨肉当皇帝，所以"宫心计"演了一次又一次，从没有遇冷的时候。孝和睿皇后有两个亲生儿子，如果两个儿子争气，相信她也没有到超凡脱俗的地步——非要胳膊肘往外拐不可。

可是，孝和睿皇后反复衡量之后认为，她自己的两个亲生儿子当皇帝都不够格：三阿哥一天到晚听戏，是个票友；四阿哥日日迷醉于古籍善本之中，是个书呆子，这两个阿哥加起来也抵不上一个旻宁。

孝和睿皇后是个理智而聪明的女人，在江山社稷和个人私欲之间，她毫不犹豫地选择了前者。当天，孝和睿皇后便颁发了懿旨，表示如果一时找不到匣子则当立旻宁，"以顺天下臣民之望"。

旻宁早在"林清之变"后便誉满天下，"天下臣民"当然都希望这位智勇兼备的二阿哥能够继承大统。不过，这时忽然又传出消息，嘉庆帝放储君名字的匣子找到了。

原先恨不得挖地三尺，当匣子真的出现时，众人反而忐忑起来。从嘉庆帝生前的言行来看，他最欣赏的皇子无疑应该是旻宁，然而所谓"天恩难测"，皇帝的心思也不能猜——一猜就是错，没准儿他只是嘴上说两句，但真正挑选继承人时又会是另外一种想法。

军机大臣奉命开启密匣，打开后发现嘉庆帝留下的传位诏书上钦定的皇太子正是旻宁！

这样，大家都想到一块儿去了，真是众望所归。1820 年 8 月 27 日，旻宁正式即位于太和殿，第二年改年号为"道光"。

以德治国

在登基的最初那几年，坊间一直流传着关于道光皇帝的种种传说。某县有个"贰尹"，即县令副职，说是副职却一直都在排队等候，要想到任就得进京参加吏部组织的考试。

这位"贰尹"一考下来，名列第二名，心想这么好的成绩应该没什么问题了。可是，很多天过去了，好消息并没有如约而至。本来第一名被选以后就要轮到第二名的"贰尹"，但榜单直接跳过给了第三名，紧接着第四、第五名都戴着乌纱帽心满意足地到各地做官去了，而他这个第二名依然没有消息。

这位"贰尹"家里很穷，去一趟北京也没带多少盘缠，时间一长便显得窘迫起来。起初，这位"贰尹"还相信朝廷，以为是吏部的办事人员弄错了，纠正过来后还会给他机会，于是四处借钱饥一顿饱一顿地待在旅馆里继续坐等喜讯。

然而，事实是，"你就是把旅馆坐穿，也没你什么事啊"。吏部考试不是科举考试，实际比的是关系和背景，而不是分数和能力。换言之，这位"贰尹"被刷下去了，那一两句评语就把他一个名列前茅的人给打入了十八层地狱。

清醒过来之后，这位"贰尹"备受煎熬。

实际上，这位"贰尹"独留异地，本就没有任何依靠，进入仕途又希望破灭，不禁绝望至极。在神情恍惚中，他一个人走到城外林子里，悬了根带子就要上吊，但说时迟那时快，只听得弹弓嗖地发出，弹丸飞过，带子被打断了。

"谁有这么大的本事？"这位"贰尹"非常惊异。正值"贰尹"东张西望之际，林子深处突然走出一男子，此人身材高大，装扮不俗，正是刚才的发弹者。

此人对"贰尹"的行为很生气："堂堂男子汉，为什么要上吊呢？"

等"贰尹"抽抽噎噎地把前后情形诉说一遍，此人又笑了："我当什么事，这有什么难的？"说着，此人从身上摸出了一只鼻烟壶，虽然鼻烟壶很常见，但他的鼻烟壶不常见——白玉鼻烟壶。

"明天你就拿着这只鼻烟壶去吏部大堂求职，求不到就不要出来。"

"贰尹"恍惚间也搞不清状况，糊里糊涂地答应下来，并在第二天真的去了吏部。吏部门房侍卫都是势利眼，见此人衣着寒酸，竟然要直闯吏部大堂，当即将其认作不知哪条街上冒出来的疯子："别进大堂了，还是让我们先扭送你去班房再说吧。"

推推搡搡之际，几个官员正好从吏部门口走出，一眼就发现了"贰尹"手里拿着的白玉鼻烟壶。这几个人顿时脸色大变，立刻呵斥门房侍卫："不许无礼，快请来人里面坐！上茶，上好茶！"

"贰尹"入内后有些不知所措，倒是官员们很快道出了破格礼遇的缘由："你手里拿的鼻烟壶，是当今皇上的东西。你怎么得到的？"

"贰尹"这才知道昨天遇到的那个人竟然是当今皇帝——道光帝，可是这对他来说究竟是福还是祸呢？

这边"贰尹"尚在七上八下之中，那边道光帝已经询问了入朝的吏部官员："那个带着我的鼻烟壶去吏部求职的人，他现在担任什么职务，是道台（副省级）、知府（市级）还是知县（县级）？"

几个吏部官员开始还以为"贰尹"只是无名之辈，没料到背景真的通了天，于是心里也七上八下起来，只好吞吞吐吐地回答："都不是，只是一个贰尹。"

道光帝笑了："那这小子的运气也太差了，难怪会痛苦到要上吊，弄得我在林子里打猎都不安心。你们看他都到这步田地了，可以选一个最好的职位给他吗？"

结果，这位"贰尹"拿着吏部颁发的官印开开心心地上任去了。

不过，这个流传于清代野史中的故事疑点颇多，但毫无疑问的是它显示了早期道光帝的魄力——当皇帝微服走出宫殿，用手中的弹丸击断林中的带子时，他收获的是一颗颗民心。

话说嘉庆帝在把旻宁写到传位密诏之上前，对未来的继承人有过各种方式的考察，其中之一便是探询其治国的想法。

在回答嘉庆帝的询问时，旻宁说他要以"敦崇教化"为治国之源，以"甄别贤愚"为治国之本，概括起来就是要以德治国。后来，从道光帝的施政来看，他并没有自食其言，确实是这么做的。

在这个世上，也许最不缺的就是鼓吹道德的人，但太多的"道德家"都是把斗争的矛头指向别人，把任性的喇叭朝向自己。不过，道光帝不是这样，他于古玩珍奇一无所好，对吃喝玩乐也不热衷，从不搞"七下江南"或者"形象工程"之类的事，闲下来基本是读书作文。在个人自律方面，道光帝的表现别说乾隆帝那样的风流皇帝不能相及，恐怕嘉庆帝也是做不到的。

在整个清朝皇帝序列中，要论生活俭朴，不会有谁比道光帝的票数多。在道光帝即位之初，内务府按惯例准备了四十只御用砚，但道光帝说："我一个人要这么多干什么，浪费嘛。"于是分赐给大臣，一人一只。

道光帝所用的御笔仿制于民间，是极普通的那种，甚至连笔管上镌字都认为浮夸、没必要。对于皇宫里的御膳，道光帝从不挑食，虽然偶尔也会想起要尝尝某个菜，但若太贵就马上打住了。

于是，宫中的费用缩减不少，每年不过开支二十万两银子，全部用度都在里面了。

"妙书"竟是淫书

道光帝自律严苛，但圣人不是天生的，即使皇帝有时也免不了生出八卦之心。有一年，道光帝在便殿召见官员，所谓便殿就是皇帝吃饭休闲的地方，又因所召见的官员是亲近心腹，双方都很放松，因此君臣间说起话来也就比平时随意得多。

道光帝伸了个懒腰："长昼如年啊，每个白天都是这么难熬，你有什么消遣的法子吗？"

官员回答："我以为读书最好。"

这是标准答案，但道光帝还是皱了皱眉头："读书当然好，可我说的是那种可用于消遣的书。我已经找遍内务府藏书，从没见到过啊，不知道外面有没有这样的妙书可以看？"

官员恍然大悟："哎呀，皇上，外面的妙书可多了，光我就看过……"

道光帝长居深宫，对这些"妙书"别说看，甚至连名字都没听说过。因此，道光帝表情很是茫然，只好说："嗯，我记下来了。"

第二天早朝，道光帝在军机处碰见一位军机大臣，这位军机大臣状元出身，书香世家，家里多的是书。于是，道光帝便笑着问军机大臣："听说你家里藏书丰富，像这些妙书一定买了吧？"

接着，道光帝列出了一连串"妙书"的名字。

军机大臣不听犹可，一听大惊失色，立刻趴在地上一个劲地磕头。

道光帝不高兴了："朕不过是想跟你借来看看而已，你不借也就算了，用得着这么惊恐吗？"

军机大臣却早已汗流浃背，因为那些"妙书"的名字是这样的：《金瓶梅》《肉蒲团》《品花宝鉴》……

这些都是当时如雷贯耳的"三级名书"啊。军机大臣身为状元就算曾经偷看过，但在大庭广众之下也不能承认，再说皇帝这么皮笑肉不笑的不明白是什么意思啊。

军机大臣一个劲地否认："这些都是淫书，臣家里绝不敢买，更不会收藏。不知道皇上是从哪里得知臣有这些书的，真是太冤枉了啊！"

当知道这些"妙书"竟是"淫书"时，道光帝当场愣在那里，脸上青一阵白一阵，心想：说是要对天下人进行"敦崇教化"，自己却第一个看"淫书"，说出来岂不让人笑掉大牙。

回去后，道光帝气呼呼地写了个手谕，把推荐"淫书"的那位官员狠狠地骂了一顿。

那些年，道光帝不光自律甚严，而且广开言路，鼓励御史上条陈发表意见。这些条陈，道光帝亲自批阅，然后分发军机处及各部处理。当然，条陈里面免不了会由事及人，对军机大臣或各部大臣提出尖锐的批评甚至是举报。常见的情况是，当事官员不敢不遵从皇帝的旨意，但会牢牢地记住举报人的名字——"哼哼，我可是讲究人，今天你摆我一道，说不定哪一天我也会让你变成死玩意儿！"

道光帝留了个心眼儿，他会把条陈中御史的名字和上书日期都一一裁去，但有的条陈从行文风格和语气上就很容易让人看出是谁谁谁，他就索性把前后文也裁掉，只保留中心意思。这样一来，哪怕是心眼儿再窄的大臣也难以打击报复，而御史们要是还不明白就等于"白活"了。

道光帝所谓"以德治国"真不是一句口号，它首先体现的是他自身的素质和水准，而厚道也是其中一种。

道光帝的道德境界是连自己"精神出轨"都不允许，而这也成为他对朝廷官员评判优劣、"甄别贤愚"的一个重要标准。

常言道，"三年清知府，十万雪花银"。不过，在清代，这句话说的是地方上的官吏，而京城的普通官员都没什么额外油水，小日子也没那么好过。有位翰林家里很穷，薪水不高，又不愿到地方上做官，生活因此陷入窘迫，常常靠跟朋友借钱度日。某天，这位翰林又去朋友那里借钱，去了之后当然不能一开口就说借钱的事，于是两人下棋赋诗一直到傍晚，这就把借钱的事给忘了。

道光帝听说后把这位翰林调到了内阁，并且告诉说没有人保举和推荐，要给予提拔的正是他自己："为什么要提拔你，因为从借钱那件事上，我就看出你是一个进退有操守的人！"

千里马

当然，"德"只是一个方面，道光帝并没有忽略官员的能力。在道光帝刚刚登基的那几年，除了拿自己做榜样，倡导"以德治国"外，还没忘记大力推行实政。

所谓实政，用道光帝的话来说，就是要"实心实力办事"，只重效果，不求虚名。在倡办实政的大旗下，道光帝当起了伯乐。

1824年冬，运河大堤忽然溃决，导致运粮的漕船搁浅，这让执政才四年的道光帝大为不安。从皇家宫廷到各级官员，再到驻于北方的八旗军队，其粮食大部分都要依赖于南粮北运，一旦河道运输卡住就都面临着饿肚子。

道光帝赶紧召集文武百官商议，有人提出"暂雇海运"，从海上开辟新的运粮通道。当时，大部分官员都反对，理由不是说海运不可行，而是说以前没这个先例，因为谁也没见老祖宗从海上运过粮食。

道光帝力排众议，旗帜鲜明地支持漕粮海运，并任命陶澍为江苏巡抚具体经办此事。

陶澍就是得到道光帝赏识的那一匹千里马。据清代野史记载，出人头地之前的陶澍曾经非常落魄，家里穷到锅底朝天，只能靠做私塾先生度日，同时只要有俩钱就拿去喝酒赌博，横竖没个能混出头的气象。

很自然地，陶澍遭到乡邻们的各种嫌弃，没人叫他大名，而是直呼"陶阿二"，即陶二流子之意，以致体面一些的人家都不愿意搭理他这个二流子。

到后来，陶澍的妻子都忍不住嫌弃他了。陶澍的妻子崔氏带着哭腔对丈夫唠叨，说："这破家也太穷了，简直处处戳我的心哪。这样不行，我不能跟你一块儿饿死。"

崔氏提出的解决方案是，要么你把我给卖了换钱，要么直接下一纸休书。

陶澍怎么也不可能下作到把自己的妻子给卖了，所以只能"休"。这里所谓"休"，其实说穿了不是陶澍休崔氏，而是崔氏要离开陶澍。

可怜陶澍当时穷得就只剩下和妻子相依为命了，让崔氏如此一逼，他倒真的有一种今人所说的"问君能有几多愁，恰似喝了一瓶二锅头"的感觉了。

陶澍强笑着劝崔氏回心转意："夫人的见识也太浅了一点吧，我不过是还没交上大运罢了。前不久有算命的先生给我测过，说我日后必将发达，你不要着急，总有机会跟着我吃香的喝辣的。"

崔氏根本听不进去："你说的交大运得什么时候，让我继续等，等成一具干尸啊！好吧，我相信你是有福之人，自然有女人可以和你同享富贵。咱们现在就分开，但愿我出去后真能听到你的好消息。"

在崔氏的催逼下，陶澍迫不得已，只得写了"休"书。很多年后，陶澍进京赶考，得中进士，此后一路升迁，真的做到了朝廷大员。

这就是那个时代的传奇。因此，科举纵有千般坏处，但它毕竟也可以使一些生活在底层的寂寂无名者咸鱼翻身，从而施展其才华。

陶澍不同于范进那样的迂腐之辈，年轻时所传闻的喝酒赌博也并不能掩盖他那一颗济世之心。早在不得志时，陶澍喜欢读的就是一些经世致用的"野书"，别人看着都为他着急："你赶快看点'正经书'，争取考个状元什么的吧！"

陶澍不慌不忙，而且还能洋洋洒洒地说出一番道理来："读书人的使命是什么，不光是求得荣华富贵，还要转变国运世运，所以我看这些书是有用的。"

如果陶澍还是"陶阿二"，这番高论就只能是自说自话；但当陶澍真的做官后，这些曾为大部分士人和官员所轻视的学问，果真令其大放异彩。

古人讲究"忠孝节悌"，朝廷对符合这一要求的人物不仅会下旨表彰，还会按人头下发费用用于建造牌坊。当然，孝顺儿子、乖巧弟弟虽不多，但贞女烈妇总是不少，建造牌坊的费用加一块儿就成了一个不小的数字。在实际操作过程中，这笔钱往往被办事的人贪污吞没，但反过来又狮子大开口地向当事人勒索修牌坊的钱，而相关的费用也由三十两被无端地提到了百余两之多。

陶澍初任江苏巡抚时便发现了这个问题，他想出了一个妙招：将当地的贞女烈妇放在一块儿，由官府按地方统一在一个地方建造一座牌坊。

于是，第一块牌坊，上面有五百多人；第二块牌坊，三千多人。这样，既为朝廷省下一大笔钱，又减轻了百姓的负担，何乐而不为呢。

陶澍在自己的辖区内施行后，还怕别的省不知道，特地将这一做法刻印成册，让各省仿照推行。这件事情尽管看上去不大，却是其他墨守成规的同僚所不愿尝试的，由此也可见陶澍为政之实。

尚武精神不能丢

其实，道光帝一开始推行实政的时候并不喜欢陶澍。陶澍为官做人不够圆滑，平时喜欢的是评点众人，尤其身任监察御史时更是对人丝毫不留情面。每每说起某人某事，陶澍都是一副声色俱厉的样子，乃至于激动到胡子都会当场翘起来。

那时候的道光帝正鼓励群臣大胆直谏，可作为一个从小接受严格的皇家教育且极度自律的人来说，他实在看不惯陶澍的有些做派，甚至怀疑此人是不是说一套做一套，纯粹是为了搁人面前显摆来了。

结果，道光帝私下一查后知道陶澍言行一致，这才转而对他大加赏识和重用，而且经常挂在嘴边的一句话就是："你这个人尚有良心，肯说几句正经话。"

在陶澍主持海运之前，漕运方面正一筹莫展，乃至于付出了几百万两银子连个影子都见不着，这让道光帝大为恼火，而多名官员也因此遭到重责。

那些受责官员能够把应试内容倒背如流，也可以写一手漂亮的字，但他们对漕运一窍不通，说什么什么都不懂。在这方面，陶澍就强多了，也只有他才能胜任如此复杂浩繁且无先例可循的工程：调运和雇用多达千余的粮船，组织水师一路督运护送，监控从兑米到验米的每一个环节。

此次漕粮海运相当成功，属于道光帝早期办得最为成功的实政之一。对道光帝和陶澍来说，此次漕粮海运都称得上是生平的一大政绩。

文治是必要的，但武功更不能少。事实上，从乾隆帝到嘉庆帝，他们寄望于道光帝的也正是这一点。

年轻的道光帝身上具备很多乃祖乾隆帝的气质，血脉之中有辽阔的大漠，有驰骋的骏马，乃至那些习惯和语言。按照清代制度，满蒙官员在大殿上跟皇帝谢恩请安，一律使用满语。可是，满人入主中原已经两百多年了，说汉语在很多满人中也逐渐形成了习惯，反而满语倒变得有些陌生。有位满人武官回北京，在给道光帝谢恩时，不知道是不是因为太紧张，就忘了这条禁忌而从头至尾都用汉语。

道光帝不是听不懂汉语，但他越听越恼火，心想："满语是我们满人的基本语言，老祖宗那会儿就一直说，可你作为满人一句都不会就是忘本！得，立马革职。"

对于道光帝来说，满语代表着百年前那个强悍的马上民族，如今虽然早已从马上到了马下，但尚武精神不能丢，否则就不足以应付类似"林清之变"那样的变故，而呼啸的羽箭也随时可能再次插进皇门的匾额。

在道光帝即位的第六年即 1826 年，"张格尔之乱"爆发。

早在乾隆年间，南疆就发生过"大小和卓叛乱"，乾隆帝多次出兵平叛，有名的"香妃故事"即源自这几次军事行动。在晚年乾隆帝自夸的"十全武功"中，南疆平叛独占三席，而且最为耀眼。后世史家认为，"十全武功"多有自吹自擂的成分，唯独这三仗名副其实。

南疆叛乱失败后，始作俑者大小和卓死了，大和卓的孙子随乳母逃到了境外。张格尔便是大和卓的孙子，他多年来总是隔三岔五地过境滋事，不是杀哨兵、抢马匹就是烧房子。不过，张格尔一般都是小规模寻衅，而且只要听到一点风吹草动就会一下子跑掉，驻疆官兵也拿他没什么办法。

1826 年，张格尔第三次入境，这次他成功地把当地回民煽动起来，掀起了大规模叛乱。当年 8 月，叛军攻破喀什噶尔（今喀什），参赞大臣庆祥兵败自杀，随后南疆四城全部陷落，"大地上血流成河"。由此，西北边陲一片混乱，形势严峻，让人恍然又回到了"大小和卓叛乱"的年代。

此时，道光帝肩上所要承受的重担，不比当年的乾隆帝轻多少。在"张格尔叛乱"中，裹从的回民超过数万人，而这让道光帝感到十分不解。自从乾隆帝平定"大小和卓叛乱"后，中央政府在南疆实施的一直是轻徭薄赋的政策，并没向当地人收多少税、征多少役，而且新疆回部也"久已习为恭顺"，渐渐地服从中央政府了。那么，为什么南疆的回民们又突然会被张格尔所裹从呢？

道光帝敏锐地察觉出了蹊跷，他随即下令文华殿大学士长龄负责查访。经过调查，长龄确认原喀什噶尔参赞大臣斌静贪横不法、民愤极大，是导致张格尔乘隙作乱的间接诱因。斌静被迅速革职拿问，由刑部按照"激变良民"律处以斩监候，后交宗人府"永远圈禁"，这就是震惊朝野的"斌静案"。

道光帝宣布，对叛乱分子区别对待，胁从者如果能解甲归降，就予以赦免，各归各家，只对"一条道走到黑"的予以严惩，这就等于最大限度地孤立了张格尔。

"奇奇正正，虚虚实实"

在道光帝的平叛大军中，长龄有统率之才，遂授以扬威将军。帅之外还要配将，将的人选是陕甘总督杨遇春，授以参赞大臣之职，作为长龄身边的左膀右臂。

此次征讨，道光帝从吉林、黑龙江、四川三省调集兵力达五万之众，为平定"大小和卓叛乱"时兵力的两倍多，但他仍无必胜把握。

与大小和卓时期不同，张格尔的叛军属于中外混合部队，除当地的一部分死硬分子外，还包括相当数量的浩罕（今乌兹别克斯坦境内）士兵——他们骑着马，挥着刀，嗜血好杀，彪悍善战，非常难以对付。在大军出发之前，道光帝特地把出征将帅召集到一起，指着地图交代自己的作战方略："看见这个地方没有，此地名叫阿克苏，乃南疆之要冲，你们的先头部队到达这里后不要急于冒进，以防中计。"

那么，留在阿克苏干什么呢？

"等！等后续部队全部到达，厚集兵力，才能做到一鼓作气。"

道光帝的判断是准确的。张格尔在攻克南疆四城后，也把阿克苏视为重中之重，叛军一度距离阿克苏仅四十里之遥，与城池隔河相望。

杨遇春作为先锋官，已先一步到达了阿克苏。作为一个行伍出身的老将，杨遇春一生经历乾隆、嘉庆、道光三朝，大小数百战，其中嘉庆年间的白莲教、天理教皆由其一手平定。杨遇春长于练兵，别人认为熊样的兵到他帐下可能就生龙活虎了，而他的精锐部卒如果归其他将领指挥却不一定好使。

随杨遇春先期到达阿克苏的一共只有五千陕甘兵，在立足未稳时便面对强敌进攻，但杨遇春没有紧张到手足无措，而是毫不慌乱地自己第一个先冲了出去。

杨遇春行伍出身，从士兵做起，每升一级都拿军功说话，这才完成了从士兵到将军的历程。杨遇春打仗从不怕死，总是身先士卒、一马当先。不过说来也怪，在战场上冲在最前面的人也不一定就是死得最早的人，尽管周围全是箭矢、火药，以至于杨遇春的战袍都多次被毁，但他本人始终毫发无伤，因此嘉庆帝曾赞叹他为"福将"。

在杨遇春的带头冲杀和直接指挥下，官军两面夹击，共击毙和俘虏叛军千余人，"大河以北，已就肃清"，即大河北岸的叛军全给解决了。

这一击非常关键。当张格尔尚准备在大河以南整兵再战时，长龄已率后续部队赶到，并按照道光帝的部署实行严防死守，使张格尔夺取阿克苏的企图彻底化为泡影。

得知首战告捷，道光帝忽然改变了他的军事计划。

按照道光帝最新发出的密旨，长龄一边向张格尔散布假消息，宣称官兵将按原计划继续驻留阿克苏，短时间内不会立刻进剿，一边却暗暗地分出兵力对喀什噶尔进行突袭。

张格尔吃了败仗，士气不振，如今正是出击的时候。因此，道光帝才会变"静"为"动"，这就是军事上常说的"奇奇正正，虚虚实实"。

收复喀什噶尔，柯尔坪（今柯坪）为必经之地。张格尔熟知南疆地形，他的眼力也很霸道——"你必过，他必守"，其时柯尔坪共有三千叛军用以据守。

显然，要啃下这块硬骨头，没副好牙口可不行，于是长龄和杨遇春都不约而同地想到了杨芳。

杨芳时任陕西提督，他是杨遇春一手提拔的老部下，也可以说是杨遇春帐下最出色的一员战将。

那还是在与白莲教作战的时候，杨芳奉命进行侦察，发现对方一支军队正在渡河撤退。这是发起强袭的最佳时机，但是杨芳这个骑兵侦察小队，包括他在内共九个人、九匹马，而敌人却密密麻麻足有数千之众。当然，杨芳知道敌众我寡的形势，但若等回去报告后再行动肯定来不及，到时候没准人家早就乘着船跑了。于是，杨芳当机立断，派两名骑兵回去报信，他自己则带着余下的骑兵纵马直冲过去。

白莲教虽然人多势众，但大家都急着逃跑，军心不稳，这一冲便把队伍给冲乱了。当时已有五艘船只离岸，杨芳搭弓引箭，嗖地射了过去。这一射倒不在于能不能射中目标，而在于让对方受惊，而受惊之后船上的人你推我搡，本来就拥挤不堪的船只吃不住重，立马就翻掉了。

杨芳连发五箭，连翻五船。杨遇春随后驱大军赶到，消灭了这支白莲教军队，此役被称为"军中奇捷"。由此，杨芳得到了杨遇春和朝廷的重视。

仿生军事训练

军中关于杨芳的传奇故事还有不少。某次，一支官军因待遇不公而闹哗变。杨遇春督军平变却吃了败仗，急得不知如何是好。杨芳对杨遇春说："这批官军曾是我的部属，大家处得如兄弟一般。现在，他们见了我都躲着走，显然仍记着我的好，所以我愿意一个人深入虎穴去劝回他们。"

说完，杨芳单人独骑去了对方军营。起先，杨芳说道理："你们难得打赢一仗也没什么了不得，该吃亏还得吃亏，如果早点投降悔过的话，还来得及。"

不过，这些人仍然犟着脖子不为所动。见此情景，杨芳又赶紧拿多年的兄弟情说事，而且越说越激动，直至说得声泪俱下。"男儿有泪不轻弹"，众人大为感动，也跟着流下了眼泪，一场兵变就这样被予以化解了。

论在朝野间的名气，其时的杨芳不如杨遇春，但他是最有可能超越杨遇春的人，而南疆平叛给予他的正是这样的天赐良机。

1826 年 10 月，杨芳奉命突袭柯尔坪，却只带了两千多兵卒。杨芳的老本行是侦察兵，因此非常注重侦察，无论行军还是扎营，周围随时都有探马负责察看敌情，即使突袭也不例外。这一招成了杨芳的护身符。其实，在距离营地仅几公里的林丛中潜藏了两千多叛军，为的就是打埋伏，但他们已被杨芳的侦察兵提前发现了。一场遭遇战之后，伏击的叛军反而被杀得大败而逃。

第二天，杨芳采取两面夹击的战法，在柯尔坪将叛军牢牢夹住，双方冷热兵器一齐上，直杀得天昏地暗、日月无光。这一战，基本将柯尔坪叛军予以全部歼灭。

柯尔坪的克复，为直取喀什噶尔创造了先决条件。不过，此时南疆逐渐进入冬季，大雪封山后，道路崎岖难行，官军被迫暂停进攻。

从各地调集的大军陆续集中于阿克苏，但这么一块巴掌大的地方短时间内一下子集中如此多的人马，吃穿成了最大难题。政府的后勤补给点远在陕甘，往新疆运点粮草不容易，相比之下，乌鲁木齐的屯粮倒是很足。道光帝马上决定将乌鲁木齐设为新的粮台，并派钦差大臣具体督办，就近采买粮食。

从乌鲁木齐到阿克苏，路途比内地近了一半还不止，平叛大军再不用为粮草不继而发愁，因此长龄等人转忧为喜。

肚子是吃饱了，但天气还是不好，进攻喀什噶尔非得推到第二年不可。此时，就明年究竟如何打，君臣之间展开了争执。

清代皇家时不时就要举行的"木兰秋狝"式围猎，实际上是一次次向祖先致敬的"军事大演习"，所谓"围猎以讲武事，必不可废，亦不可无"。正是在这样不间断的仿生军事训练中，道光帝知道了要如何"运筹帷幄之中，决胜千里之外"，知道了怎样才能"给馈饷，不绝粮道"，也逐步培养出了"连百万之军，战必胜，攻必取"的信心和决心。

自从开战以来，不在前线的道光帝比在前线的长龄还要忙。为了毕其功于一役，道光帝为来年作战构想了一个出奇制胜的策略，即三路进兵，一正二奇，一路为"正兵"，两路为"奇兵"，从而给张格尔布下天罗地网。

可是，道光帝的这一战策也存在不足。张格尔在喀什噶尔驻军不下数十万人，而官军加起来才五万人，很多还没到达，加上又要分兵留守阿克苏，实际上能够进兵喀什噶尔的只有两万两千人——这种情况下，兵分得越多其实越不利。再者，若完全按照道光帝的奇兵路线行军，官军要经过长达数百里的大漠戈壁，沿途的少数民族部落又被张格尔所蛊惑，部队还要一边走一边防备，效果将大打折扣。

长龄是一个军事行家，他看出了问题所在，因此在收到道光帝的密旨后直接给皇帝打了回票。

对于长龄的抗旨不遵，道光帝没有动怒："好了，当地情况你一定比我更了解，我不会再遥控指挥，你觉得该怎么打就怎么打。"

命中克星

春暖雪融，到了全力一击的时候。1827年2月6日，长龄主帅亲征，率队向喀什噶尔大举进军。张格尔闻报，急忙在喀什噶尔外围的村庄筑起防线。张格尔非常懂得在战争中利用地形，他事先挖坑设坎再引水淹没，使得村庄外多出了许多不知深浅的水渠，以此来限制对手的骑兵战术。

骑兵过不去，长龄就组织步兵突击。张格尔则把水渠当成屏障，用俄制的燧发枪进行隔河阻击。在近代武器谱中，燧发枪和火绳枪同属前装滑膛枪，但燧发枪比火绳枪又先进了一步，其点火装置为摩擦燧石，射速和射程都要明显优于火绳枪。

这样，持燧发枪的叛军在火力上压制住了持火绳枪的官军。不过，两方对峙之下，长龄还之以连环铳炮——这是清末官军在火器运用中的一种常用打法，实战时由鸟枪兵和火炮兵一排排上，交替配合，以保持枪炮连续不断。

如此，连环铳炮反过来压制住了单个的燧发枪。在连环铳炮的密集打击下，临渠防守的叛军纷纷中弹倒毙，重重叠叠地倒压于水渠之中。

就在双方处于胶着之时，长龄派出的骑兵部队从左右两翼发起包抄，使得叛军阵营大乱，再也支撑不住。官军乘胜追击，于1827年2月29日进至喀什噶尔城下。

张格尔图穷匕见，决定倾巢出动，十余万人临河列阵，黑压压竟长达二十余里。面对着数倍之敌，长龄只能智取，不宜强攻。长龄挑选敢死队，准备实施袭扰战术，以疲惫敌军，但是当晚敢死队出发后，忽然出现了一个谁也没想到的意外状况：平地刮起大风，一时间飞沙走石，连前面的道路都看不清楚了。

看上去，这不是好兆头。面对敌众我寡的形势，假使张格尔借着这阵大风发起反击，官军未必抵挡得住，于是长龄和杨遇春商量要不要退营十余里，待风停后再攻。

为什么要退？这不正是老天助官军一臂之力吗？大风一起，张格尔不知道官军有多少兵，又怕官军借机渡河，必然心虚。作为一支客军，打持久战不利，最好的生存方式就是速战速决。于是，杨遇春对长龄说："我认为，不是退，而是要进，不是用敢死队，而是要大部队！"

杨遇春到底是久经沙场的老将，有见地，于是长龄点头表示同意。长龄当即就派出千余名骑兵，打马直奔护城河的下游，虚张声势地做出要从那里渡河的假象，以牵制叛军主力，而杨遇春则亲率主力以夜色为掩护，从上游实施抢渡。

一过河，官军再次发挥连环铳炮的威力，炮声夹着风沙，给张格尔上演了"一部声光俱佳的立体大片"。叛军有性能较好的燧发枪，但缺乏杀伤力大的火炮，不仅城下连营被轰得稀里哗啦，城池也很快就守不住了。

占领喀什噶尔后，官军已取得明显优势，长龄不再害怕分兵会削弱战斗力，除他自己坐镇喀什噶尔外，杨遇春和杨芳分别出兵将南疆四城全部予以收复。

仗是打赢了，但道光帝并不高兴，原因是张格尔跑了。其后，道光帝尽管下谕旨再三缉拿，仍然到处都没有张格尔的踪迹，就好像人间蒸发了一样。

自古"擒贼先擒王"，张格尔乃此次南疆之乱的祸首，三番五次地来兴风作浪，其人不除南疆则得不到真正的安宁。于是，道光帝很生气："我以前为什么一再强调要出奇兵，为的就是要在正兵从正面出击的同时，以奇兵截断张格尔的归路，如果当时那么做，张格尔还能跑得掉吗？"

长龄无言以对，交不出人来，即使挨骂也得受着。

张格尔到哪里去了呢？大家都以为张格尔又逃去了浩罕，没承想他跟浩罕国王也闹掰了，人家拒绝收留，于是只好暂时钻进了游牧部落的帐篷里。

如果张格尔就这么做了牧民放放牛羊，倒可能没事了，毕竟南疆这么大的地方，而长龄也就那么点兵，不可能进行地毯式搜索，更不可能长期驻扎。

可是，当不了良民的终究还是当不了良民。道光帝也深知张格尔的秉性，他决定不仅"瞒天过海"地故意派人四处散布官军已然全部班师的假情报，而且还使出了反间计。

南疆不止一种教派，有对张格尔死心塌地的，自然也有跟他不是一条道的。道光帝通过积极善后，竭力取得不跟随张格尔的这些教派的支持，并告诉他们：以后你们只要看到张格尔这个到处惹是生非的人，记着一棒砸过去就是了。

张格尔对道光帝设下的局深信不疑，便在当年年底凑了一支五百人的骑兵重新冒了出来。出来后，张格尔确实没看见官军的大部队——杨遇春真的撤回了内地，但张格尔撞见了维吾尔人，而这些维吾尔人就属于跟他不对付的。

见维吾尔人密密麻麻，不是热烈欢迎，而是捕捉猎物的神情，张格尔赶紧打马就走。

在道光帝的"瞒天过海"之中，杨遇春走人是"正"，还有一个"奇"始终在南疆蹲守，而率领奇兵之人称得上张格尔真正的命中克星——他就是杨芳。

在得到张格尔终于再次出现的报告后，杨芳发力猛追消灭了张格尔所率骑兵，并将张格尔本人一举擒获。1828年1月，道光帝在紫禁城内获知了这一特大喜讯，当即题写了两个大字——"绥边"。

平定"张格尔之乱"的功臣被绘像于京城紫光阁内，其中长龄、杨芳、杨遇春居于首位。

"陋 规"

不过，不管曾有过怎样的精彩，总会有一些生命中的魔咒让人无奈。当年，平定"林清之变"后，嘉庆帝对当时的二阿哥旻宁（道光帝）大加褒奖，称其有胆有识。旻宁回奏，说"那时候我也是气血上涌，不知道恐惧，但是事后还是越想越怕"。这话并非完全出于谦虚，从一个正常人的反应来看，旻宁说的是实情。

在执政的最初几年，道光帝也不知道恐惧，可以微服出宫，可以把一个普通翰林直升内阁，也可以在不动声色中指挥一场又一场可与其祖父乾隆帝相媲美的大战役。

当最初的激情散去，道光帝仔细打量面前的这副摊子时，才猛不丁地发现其中的可怕之处。

从嘉庆帝开始，为了对付各种突如其来的民变，"康乾盛世"留下的国库几乎都被用空了，以致到了捉襟见肘、入不敷出的程度，至道光帝即位时国库仍然是只出不进。

例如，张格尔一役，经户部核算，军费没有一千万两白银下不来，而国库无论如何也拿不出这么多，最后只得左挪右支，却还是差了两百万两的缺口。

"一分钱都能逼死英雄汉"，何况两百万两呢？清朝自康熙帝开始就有"永不加赋"的祖制，道光帝想来想去，只能在内务府想办法，于是吩咐由内务府拨出这笔钱。内务府大臣一听就着急了，宫中用度已经够少了，每年不过二十万两，一下子却要挪出去两百万两。

满人在东北生活时本有简朴、节俭的传统，道光帝与清室的前代皇帝相比，堪称是这一传统的最佳继承者。道光帝现在遇到难关了，他对此的感悟变得更加深刻了，想着挤一挤总会有的。

在内务府大臣眼中，曾经智勇兼备、英姿飒爽的道光皇帝，终于彻底变成了"一个一毛不拔、毫无风度的铁公鸡"。

为此，最"受伤"的还是道光帝身边的那些近臣。从内务府大臣到太监，这些人从宫外采购物品多多少少都有回扣，可是由于道光帝近乎极致的"抠门"，他们的隐性收入也大为减少了。

说是伺候皇帝，得到的油水还不如一般王爷，谁会没有怨言。某天，道光帝想换换口味尝尝片儿汤——一碗汤罢了，不算"出格"吧，便交给内务府一份制作片儿汤的食谱，说你们让御膳房照做就可以。

内务府汇报说，做可以，但要另外盖一间厨房，请专门的厨师，这样共需经费六万两，另外还需每年再加一万五千两的维护费。

道光帝听了吓一大跳，他皱着眉说："我知道前门大街有一家饭馆能够做这种汤，每碗不过四十文，你们可以每天让太监去买。"

内务府的人嘴上不说，肚子里已装满了怨气："每天买？我们辛辛苦苦跑断腿，却连一文回扣都拿不到。"

过了几天，内务府向道光帝汇报："您所说的那家饭馆已经关门了。"

道光帝怅然若失，唯有叹息而已："我这个人向来不贪嘴，也从不肯浪费朝廷的一分一厘，可是我一个皇帝难道吃碗汤都不可以吗？"

就这样，道光帝在吃穿上百般算计，甚至连碗汤都喝不成，结果平叛的军费当然是省出来了，但却不能从根本上改变帝国的风气。

说起来，这股风气已有上百年的历史。较之唐宋，明清的开国皇帝都过于苛刻而精明，官员的薪俸能开低绝不开高，因此各级官员得到的俸禄都非常少。许多官员"十年寒窗"好不容易熬出头，动力之一就是"书中自有黄金屋"，希望做官后能够过上体面的生活，结果却如此这般寒碜，哪里能够安之若素。

从顺治年间开始，清朝朝野上下便流行"陋规"：商民要给小吏送礼，小吏要给官员送礼，地方官员要给京官送礼。长此以往，社会风气逐渐败坏，行贿受贿更是成风。

在清朝皇帝中，雍正帝最为务实，他实行"高薪养廉"提高了官员待遇，但此时"陋规"已像是被放出闸的洪水，再也遏制不住了。到嘉庆帝死后道光帝即位时，"陋规"已俨然成为一种谁也离不开且见怪不怪的社会现象，从下到上办什么事都要暗中"孝敬"（行贿），否则就寸步难行。

道光帝要"以德治国"，当然也想整顿和清查"陋规"，并在即位之初曾专门下达过相关谕令，但谕令遭到了官员群体的一致反对，几乎没有一个赞成的。

面对巨大的反对声浪，以及官场已经出现的混乱迹象，道光帝只能被迫收回成命，同时做了"自我检讨"承认自己"刚做皇帝，不懂吏治，做事难免冒失"。

等到真的"懂"了"陋规"的影响之后，道光帝就更加不敢动这样高难度的"外科手术"了。事实上，道光帝也的确没有什么办法，他在历数祖祖辈辈之后就知道根本不能拿"陋规"怎么样了。

比拼演技

在道光帝执政的中后期，实政已经进行不下去了，早期实施的也大多虎头蛇尾而不了了之。例如，陶澍承办的漕粮海运，等到河运的状况稍稍好转后，海运即被予以废除。

除了观念守旧，更主要的还是开辟海运挡了很多人的财路。与陶澍同一时代的清末思想家魏源就曾经说过，至少有三种人对海运不满：负责收税的税吏、负责收粮的粮官、负责河运的船队。

漕粮河运这个食物链很长，相关的人都想从中层层牟利，他们上下相通，所掀起的舆论压力也足以使道光帝望而却步。

道光帝以一人敌天下，纵然是皇帝也无能为力，而"陋规"不除他的以身示范似乎也只能为帝国官场添些笑料。

道光帝很少为自己添置衣服，最多一个月才换一套。他有件旧的黑狐皮袍，衬缎稍微大了一些，便想改一下在袍子四周再添些皮子。

内务府报了个账，说需要上千两银子才能完成。道光帝毫不意外地迅速抽手，决定不添了。

第二天，军机大臣值班，把这件事当新闻一样传播了出去。从此，文武百官都把道光帝看成怪物一般，以为他有节俭的癖好。正所谓"上有所好，下必甚焉"，既然皇帝好这一口，再不跟风而进拍马屁就是傻了。

道光帝"喜欢"旧衣服，大臣们也都跟着穿旧衣服，新的直接拿到当铺去换旧的穿。京城官多，需求量大，争相购买的结果竟然是把旧官袍的价格都托抬起来了，一件旧的比做两件新的还贵。

道光帝的一条裤子破了不舍得扔，便让内务府打上补丁，叫作"打掌"。大臣们见了纷纷仿效，明明裤子没破，也非得在上面打一补丁不可。

道光帝召见军机大臣，发现他的裤子打了补丁，就问他，怎么你也"打掌"啊？

军机大臣的回答是："再买一条费钱，所以就打掌了。"

再问："打一个掌，需要多少钱？"

军机大臣被问住了，衣服上打补丁不过费一块碎布的事，就是说出花来能用多少钱，但又不能不答，愕然良久，只好往大了讲："得三钱银子。"

道光帝满脸羡慕之色："外面的东西真是太便宜了，宫中内务府给钉这样一个补丁，足足用去我五两银子呢！"

从三钱到五两，加了十倍还不止，道光帝当然不甘心。因此，道光帝决定还要省，最好是也能用三钱银子打一补丁，这样的对话其实就是在打听行情。

对这样的问题，不老实回答无疑会有欺君之罪，太老实又容易得罪内务府。

要知道，内务府那些人尽管拿皇帝没辙，却一定会把你牢牢记在心里，山不转水转，没准下次让人绊倒头破血流都不知道是怎么摔的。

所以，回答一定得有技巧。例如，皇帝问，你家吃鸡蛋，知道一个鸡蛋需要多少银子吗？

说多说少都不好，最佳答案是避实就虚："我吃不得鸡蛋，不知道价钱。"

实际上，朝臣们公开场合争穿旧衣服，给新裤子打补丁，都是为了应付道光帝。

皇帝待己对人都那么严苛，"甄别贤愚"的标准是看是不是有德，换句话说，就是有没有向其看齐靠拢。谁能做到？大部分人都做不到，那只有比拼演技了。

道光帝曾经不打招呼地跑到军机处，为的就是检查里面的人是否有迟到早退的现象。有了这次遭遇后，大臣们学乖了，每天都会留下一人，以应付类似的突然袭击。

道光帝果然又来了，看到天色这么晚军机处仍有人在办公，很激动："他们都回去了，你为什么单独留下来？"

被问的人早就准备好了答案："臣责任重大，哪敢贪图安逸！"

道光帝连连点头，当天便给这位"会说话"的幸运儿送去一块匾额，上书"清正良臣"。

一地鸡毛

做得好不如演得好，渐渐成了官员们的葵花宝典，如武英殿大学士曹振镛更是把这种演技练到了炉火纯青的地步。

曹振镛历仕三朝，长期居于高位，号称政界不倒翁。有门生向曹振镛请教做官秘诀，他报之一笑："能有什么诀窍呢，不过是多磕头少说话罢了。""多磕头"，就是要顺着皇上的心思来，他喜欢什么你跟着做什么，哪怕是做到不近情理的地步。

曹振镛每天上朝都是一副标准打扮，上面披一件旧袍，下面套一条"打掌"的裤子。这倒也没什么稀奇，因为文武百官都是如此，乍一看整个帝国朝廷跟丐帮也没什么两样。说曹振镛绝，就绝在他下朝之后还有更为精彩的"演出"。

下朝之后，众人脱去朝袍如释重负，该咋样仍咋样。曹振镛也换上了日常装束，但他换完装就挤进集市买菜去了。

曹振镛买菜与普通人家大婶毫无区别，甚至还有过之而无不及，常常为了讨价还价与小贩争到面红耳赤、头破血流。

小贩："看您老人家像个体面人，能多少讲究点不？我的价已经喊到最低了，这一文钱无论如何不能让。"

曹振镛："一定还能便宜，那一文钱你让也得让，不让也得让。"

小贩生气了："我不卖还不行吗？亏本生意，搁谁也不能答应啊。"

这时，曹振镛就会唰地掏出他的腰牌："我是内阁大学士，明察暗访，专门抓不法商贩，你现在就跟我去衙门吧！"

小贩一看腰牌魂都吓飞了，这么大的官一辈子也没见过，人家只要凭一句话就能"咔嚓"一下把我给弄折了栽盆里啊："得，别说区区一文钱，您就是白拿也行。"

曹振镛倒也不会白拿，只要"演出"成功就开心了。

当曹振镛拎着小菜扬扬自得地打道回府时，有关他的"新闻"自然早就传遍了街头巷尾，更传到了皇帝的耳朵里。道光帝一听，我是平民皇帝，你是平民宰相，觉得十分投缘，于是见到曹振镛总是特别亲热，臣君之间的关系如同知己。

据史书记载，曹振镛的确是个清官，没有明显的劣迹。可是，一个宰相除了当清官，更重要的是还得干实事。但是，曹振镛什么实事也不干，甚至也从不轻易对政事发表意见，这就是他的"少说话"。

当皇帝当场问话时，曹振镛不敢装哑巴，他直接装聋子："您问这事该怎么办，嗯，容我想想，这个这个，那个那个——对了，刚才您问什么来着？"

曹振镛确有一点耳疾，但并不是听不见，可这被他当成了护身法宝，谁都拿他没辙，连皇帝也无可奈何。

由于曹振镛演技出神入化，且无懈可击，遂被外界称为"模棱宰相"。

道光帝忙乎半天，帝国的整体局面仍是一地鸡毛，到处都是这样做一天和尚撞一天钟的"模棱宰相"和"模棱官员"，如果要他们干点实事，他们既可以阳奉阴违，也可以巧言搪塞，反正是总能围绕政策找对策。于是，朝堂之下"马照跑，舞照跳，酒照喝"，"以德治国"和实政都刚打开一个缝就"吱呀"一声关上了门。

就这样，理想的胳膊终究没能扭过现实的大腿。于是，道光帝施政开始以守成安静为归，执政之初的勇健和敢为也逐渐被疲惫和保守所取代。看流传下来的清宫帝王图像就知道，在脸型和面部表情上，道光帝的父亲嘉庆帝下颌宽厚，祖父乾隆帝雍容华贵，只有道光帝五官紧凑、脸庞瘦削，在给人局促和压迫感的同时还多少显得有些忧伤。

道光帝尽管连碗片儿汤都喝不上，但他的工作量却着实不小，每天群臣送上来需要批阅的奏折都能堆成山，从早到晚都在与这些奏折战斗，而且似乎永远看不到有解脱的希望和可能。于是，道光帝悄悄地问计于身边的心腹大臣："你有没有什么好法子，能够让我稍微喘口气的？"

对方想了半天，给出了个主意，不过看上去很像馊主意。上朝时，道光帝就依计把一些奏折给单独拣出来，然后痛斥大臣："我真是高看了你们，瞧瞧你们写的这些奏折，连格式都出错，字也写得不端正，歪歪扭扭，别以为这是小问题，这是态度问题，后果很严重！"

道光帝所说的后果，就是要交吏部处分，降级的降级，撤职的撤职。如此一来，群臣全给吓傻了：奏折不符合"标准格式"，字体用了稍显随意的行书，而非中规中矩的楷书，竟然就得如此严重的后果，如果奏折内容里再出一点格，那还不得抄家杀头灭九族？

其实，上奏折跟发俸禄并不挂钩，换句话说，就是一个字不写也不会被扣俸禄。于是，大臣们的奏折很自然地变少了，内容也变得空泛无物，就算是御史上的条陈中也基本找不出什么刺。那些奏折越来越像八股，既规范又严谨，但毫不例外都在重复着各种各样的假话、空话和套话。

官场的这股倾向很快蔓延到了考场。一张考卷，考官往往不看考生阐述了些什么，有没有真材实料，只要用词上犯了忌讳，或者写的字不合心意，甚至哪怕是写错了一个偏旁，那就只能等着名落孙山。

科举是那个时代选拔人才的最重要的渠道，如此取士势必导致很多真正优秀的人才无法脱颖而出。浙江杭州进士龚自珍素有才名，他在殿试中针对"张格尔叛乱"后的南疆治理大胆提出改革主张，洋洋千言，令阅卷考官都惊叹不已，但结果因其楷书写得一般，只被打了个中等分数，连"优"都没够得上。

龚自珍一生不得志，四十八岁那年辞官归隐，留下了那句著名的慨叹——"万马齐喑究可哀"。

洋人地里的泥巴

就算不再清理"陋规"，不再推行实政，乃至于连待办的奏折也人为地减少下来，但皇帝仍然忙得气喘吁吁，席不暇暖。

仅一个"张格尔叛乱"，前前后后、左左右右无一不需要皇帝为之操心，真是费尽心神。好容易消停了那么几年，紧接着另一件让皇帝伤透脑筋的事再次跳了出来，这就是禁烟——禁绝鸦片的问题。——说"再次"，是因为大家已不陌生，算是老相识了。

鸦片是舶来品，但鸦片输入中国也并非源自清代。事实上，早在北宋时期，官方药典上就已经有了关于鸦片的记载，只不过当时仅仅作为药用而已。据考证，民间吸食鸦片的风气起自明末，算起来也有几百年的历史了。

从雍正朝开始，大清国即宣布禁止鸦片输入。道光帝即位后，再次重申禁令，所以这虽是他第一次禁烟，但对于大清国而言却不是第一次。

其实，道光帝当皇子时也抽鸦片。有一年春天，还是皇子的道光帝正在书房里读书，读着读着犯了春困，便让家仆给他敬烟。据记载，道光帝自己说，吸烟后整个人都变得神清气爽，不仅不再犯困，还得以文思泉涌，并当场作小诗一首。为此，道光帝感叹道："以前的人都说酒很完美，要我说，只有烟才是最如意的。嘿嘿，真是太开心了。"

道光帝即位后既然已自居道德模范，自然再不能偷偷抽鸦片了，而且已把对待鸦片的态度与"以德治国"和清理"陋规"联系起来，因此在禁烟方面他必须表现得比从前更严厉、更无情才行：吸食鸦片败坏社会风气，使人堕落，助长沿海走私现象，导致官员们内外勾结、偷奸耍滑，这么坏的东西绝对不能容忍，一定得予以取缔。

按照帝国实情，一般情况下光发禁令还不行，得皇帝用眼睛紧紧盯着。可是，在道光帝即位之初，他急着要办的大事太多，如海运漕粮、"张格尔叛乱"，哪一件看上去都比禁烟来得紧急，只好先把禁烟搁置了。

等忙完了海运漕粮、"张格尔叛乱"以后，道光帝已经意兴阑珊，连他自己都没兴趣和热情再去主动干什么实事了。不过，禁烟是个例外，不干不行，而且道光帝在道德纲纪之外又发现了鸦片的更大害处——拐了他的银子。

中国本身没有大的银矿，早期的钱主要是指铜钱。当时，南美洲的墨西哥是世界上白银的主要出产地，自明朝以后南美的白银才开始随着贸易大量涌入中国，使中国俨然成了一个白银的国度。但是，到道光帝即位前后，好巧不巧地爆发了拉丁美洲独立运动，致使全世界白银产量锐减了一半多，因此清廷也出现了银荒。

当然，道光帝不一定清楚白银的来源，他只知道把每一两白银都尽可能留在国库里。然而，根据御史递上的折子，每年洋人们依靠鸦片贸易要从中国赚走数百万两白银。一年数百万两好像不多，但如果对比一下大清帝国日渐窘迫的白银储量以及皇帝一分钱掰成两半花的节俭，这数字就相当可观了。

另外，还有一种流传已久的说法则更令人光火，说那些看上去黑黝黝、黏糊糊的鸦片，其实是洋人地里的泥巴——这些洋人竟然拿这些一钱不值的泥巴来换我们白花花的银子，世上还有比这更可恶的事情吗？——当然，鸦片实际上不可能是洋人地里的泥巴，但这个说法却令中国人有被当傻子耍弄的感觉，无比生气就在所难免了。

于是，道光帝第二次下达鸦片禁令。相比第一次，这一次的范围更广，力度也更大，从东南沿海到全国，从县令到督抚，实行全民总动员。

对于成功地办理漕粮海运、平定过"张格尔叛乱"的道光皇帝来说，他认为自己大风大浪都经历过了，确实想不出一块"洋泥巴"会有多大的能量。

当然，大臣们上奏的折子里的信息似乎也在验证这一结论，每年年底在各省送上来的查禁奏折中都是一片报捷之声。到1835年底，道光帝自己都似乎确信已经"天下无贼"了，至少在大清帝国境内再也无人敢顶风吸食或私种鸦片了。

三年之后，即1838年，真相逐渐露出了尾巴。道光帝吃惊地发现，鸦片贸易不仅没有销声匿迹，而且每年都在呈倍数快速增长。

举个例子，嘉庆末年走私的鸦片每年不过才四千箱。在道光帝第一次发布禁烟令期间，首次突破了一万箱，到第二次发布禁令时已接近两万箱，似乎是禁令越严烟民越多，有的官员自己也成了如假包换的"瘾君子"。

鸦片进来，白银当然就要出去。每年两万箱的"洋泥巴"，足足从中国人手里赚走了上千万两银子，而且那些御史在奏折中还添油加醋地将上千万两说成是七八千万两，给道光帝造成的印象就是即使想明天不破产都不可能了。

穷日子磨出来的琐碎，已经足以把皇帝折腾得苦不堪言。现在，银子还要被抢走，而且不是一两一两地抢，是千万两千万两地抢，这无异于在挖心挠肺，用一千把小刀子捅着皇帝的心。

道光帝非常愤怒，继两次禁烟失败后宣布了第三次禁烟，并不比以往地要动真格了。1838年9月，庄亲王奕铕、辅国公溥喜被削去爵位，其中庄亲王乃是皇族中地位最高的"铁帽子王"，原因就是吸食鸦片。削爵令下，一时震惊朝野。

道光帝刚拿皇亲国戚开刀完毕，就接到奏报在天津查获了走私烟土十三万两。这是自清政府宣布禁烟以来，一次性查获烟土最多的大案。

道光帝这才发现他自己仍然错误估计了鸦片的能量，那不是普通的"洋泥巴"，而是威力无比的"洋魔土"。

面对如此顽固和强大的敌人，再按部就班地一点点来，无疑是在瞎忙一气，最后只能落得"竹篮打水——一场空"，因此得出重手——使绝招了。道光帝相信，只有堵住源头，鸦片走私才可能完全绝迹。

鸦片走私的源头在哪里？在广东。

天津方面奏明，所查获鸦片都是由广东商人在广东购买，再从广东运到天津来的。其实，就算天津案不爆发，此事也早有端倪——广东查禁到的鸦片量每年都排在全国第一，换个角度看也足以说明那里的鸦片走私有多么猖獗。

这是用得着"千里马"的时候，必须派得力官员前去主持禁烟了。说起道光帝最喜欢的"千里马"，当属陶澍无疑，此人办理漕粮海运的气魄和才能至今仍然历历在目。但是，无奈时年六十多岁的陶澍健康状况不佳，已经中风躺倒在床，实在指望不上，于是道光帝想到了林则徐。

将鸦片斩草除根

林则徐从小家境贫寒，父亲是私塾先生，由于家里人口多，有时还不得不以卖柴为生。不过，林家穷归穷，但林则徐从小就显示出了极好的个人品质。某天，林则徐和私塾里的小伙伴出去玩，看见一位老太太掉了串铜钱在路上，两人就帮着一道捡，谁知小伙伴中途用脚踩住了一文铜钱，等老太太一走就偷偷地藏进了自己的口袋。

林则徐看在眼里，非常不高兴。后来，林则徐做两广总督，那人也恰好被派到了广东，本以为林则徐会看在童年小伙伴面上给安排个肥缺，不料久无结果。那人找人一打听，林则徐则很干脆，说你以前那件事我还记得，"儿时心术如此"，连一文铜钱都要贪，而现在当官了，我决不相信你会保持廉洁。

那人碰了钉子，便托关系改派到了别的省，而此后其果如林则徐所言，让他中箭落马的正是贪污受贿。

林则徐晚年给子孙分家产，三个儿子一人拿到了六千串铜钱，全部铜钱加起来按银价折算还没一万两白银。要知道，林则徐任官四十年，仅封疆大吏就做过二十年，到老只能留下这点积蓄，称得上是官场中的奇迹。因此，后来连曾国藩都对他弟弟说，大吏能清廉到（林则徐）这种样子，"真不易及"，我们这些人很难做到啊。

自古及今，清官都不是判断好官的唯一标准，但林则徐的厉害之处在于他还有绝不低于陶澍的实干作风和能力。

陶澍在考中进士入翰林院后，曾在年轻翰林们中间组织诗社，几乎将道光年间的"千里马"都比了下去了，包括龚自珍、魏源都曾加入过诗社。原因是，这个诗社不光讨论如何写诗作赋，还研究"实学"，与道光帝曾倡导的"实政"可谓相得益彰。

明清一代，科举考试皆以"程朱理学"（也称宋学、新儒学）为正宗，试卷的标准答案都是理学家们所提供的。在高榜得中之前，陶澍这些人也没有一个敢逾越雷池半步，但是等通过考试步入仕途后，他们马上就发现自己学过的大道理亦即所谓"义理"至多可以用来提高一下自身修养，办事的时候却百无一用。于是，这些聪明人便想到把义理中"内圣外王"的含义拓展开来，从而以"经世致用"的学问来填补"外王"之不足，这就是清末"实学"的最早起源。

在研究"实学"的诗社里面，陶澍居首，林则徐排老二。当然，林则徐还是个有心人。早在林则徐坐船进京赴试时，他就一路上向人打听关于漕船的事。对此，别人觉得很奇怪："马上就要考试了，你不多读书，问这些干什么？"

当周围投来疑惑的目光，林则徐只是一声叹息："读书人什么事不要留心呢，怎么可以漠然而视之？"

林则徐和陶澍都想到了一块儿，因为漕运、河工、盐政是被称为帝国"三大政"的。"三大政"搞得好不好，直接关系国家兴衰，自然而然也就成了早期"实学"乃至"实政"关注的核心。

有心才能办事。1831年，道光帝调林则徐治理黄河，这是"河工"中的重点，也是难点。

要跟黄河对峙，最现成的办法就是把秸秆即摘了穗的高粱秆堆成一垛垛用以防护大堤，但是每年数不清的钱投下去就是难以见效。林则徐一语中的，说弊端就出在秸秆上，他检查这些秸秆堆时不看头几层光鲜的，而是专门从里面几层抽取秸秆，结果发现全都是杂草和秸根。

林则徐抽丝剥茧，顺着秸秆一路追查下去，谁是问题秸秆的提供者便追究谁的责任。这下子无人再敢造次，只能全都老老实实地把合格的秸秆如数送来。

在林则徐之前，奉旨治理黄河的大臣不少，但没有谁能有这样的见识，也没有谁可以做得如此精细，加上出任督抚期间的其他出色政绩，林则徐很快就得到了皇帝的关注和认可。

无论陶澍还是林则徐，他们对禁烟的态度都很坚决，而时任湖广总督的林则徐在缉拿烟贩、收缴烟具方面更被视为地方上的楷模。当道光帝就禁烟一事遍询诸臣时，林则徐上书请用重典，并断言："此祸不除，十年之后，不惟无可筹之饷，且无可用之兵！"道光帝收到林则徐这一附片后，起初并未有任何表示，亦无上谕下发，直到后来发生了皇族吸毒和天津缉毒两大案这才感到情势严重，并嗟叹道："呜呼！烟毒不除，朕有何面目见祖宗于地下！"

在获悉天津案的次日，道光帝下了一道特别的谕旨："林则徐著（着）来京陛见。"

林则徐奉令进京后，在一个月内受到道光帝连续八次召见，且每次召见都特准在"紫禁城内骑马"。在紫禁城内骑马是清代皇帝给予重臣的一个特殊礼遇，其本意确是要让大臣骑马代步，但后来考虑到能得此礼遇的臣僚多数已经一把年纪，光是跨上马背就不容易，同时紫禁城内守卫森严，怕把马给惊了，反而弄得秩序一团糟，于是实际上"紫禁城内骑马"就变成了大臣坐在一个小椅子上，由两个侍从抬着入朝。

除了把林则徐抬入朝中，道光帝还让人在朝中地面铺上了毡垫，以方便正式交谈。前者从乾隆帝起即有先例，后者却是大清开国以来从来没有见过的，不仅一般大臣享受不到，甚至就连曹振镛这样七老八十走路都要打晃的三朝元老也不可能有这个礼遇。

当然，礼遇跟责任也是相匹配的，给多高的礼遇，就要准备承担多大的责任。此时，道光帝已将鸦片视为"中国一大患"，他把除患的使命交给了林则徐："朕任命你为钦差大臣，前往广东查办，以便正本清源，将鸦片斩草除根！"

虎门销烟

1839 年 3 月 10 日，经过两个月的舟车劳顿，林则徐抵达广州。履任之后，林则徐就像当年治理黄河那样，一条条对照禁烟令，哪个疑点都不放过，并且谁的人情也不给。此时，这位钦差大臣只知道鸦片这个大患不除，国家就难以看到明天，所以他决不轻言放弃。当然，至于林则徐未来在世界禁毒史上的分量，他自然是更不知道的。

林则徐致信洋商，要求鸦片贩子们必须在三天内将走私入境的鸦片全部交出："若鸦片一日未绝，本大臣一日不回，誓与此事相始终，断无中止之理。"

广东不是第一次禁烟，过去也曾是查获鸦片最多的一个省份，但作为鸦片走私的源头和最大集散地，这里的鸦片贸易却一直都没有消停过，而且还眼看着是越查越多，其中一个弊病就是洋商会拿银子去衙门开路，所谓"天知地知你知我知"。林则徐突然来这么一手使得"潜规则"就失效了，以至于鸦片贩子们一个个惶惶不可终日。

商人重利，虽然怕归怕，但这些人还抱着侥幸心理，在磨磨蹭蹭地察看风向。在这种情况下，林则徐传令封锁驻广州的英国商馆，同时缉拿商馆内最大的鸦片贩子。

林则徐的雷厉风行，让正在澳门的义律坐不住了。义律的身份是英国驻华商务监督，其职责是保护在华英商的利益。见英商们已成困兽，义律赶紧穿上全套海军服从澳门赶到了广州。

义律要进商馆，但遭到了官军的阻拦，于是便拔出一把剑做出一副要跟人决斗的架势，结果硬是挤进了商馆——毕竟他也是个洋人的大头目。

直到进入商馆后，义律才感觉自己的脑袋嗡嗡作响起来。原来，商馆里面的日子真苦啊：在雇佣的中国仆人撤走后，商馆里三百多号洋人，包括义律在内，只好自己做饭、洗衣服，由于水源被切断，到后来他们甚至只能用洗澡水来烧饭。

义律的"英雄梦"被削得粉碎，他转而劝告那些惊慌失措的商人："再不把鸦片交出去的话，咱们都得饿死、渴死在这里。"

"我们收购鸦片可是花了大价钱的呀，又不是被海关没收，如果这么白白交出去，岂不是要把老底都给赔光啦？"鸦片商人们靠走私牟取暴利，虽然明知道政府除派义律前来交涉外，短期内不可能还有其他援救渠道，但他们牢记在心的仍是一个"利"字。

此时，义律真的有些后悔到广州来了。对于这些要钱不要命的鸦片商人，义律也只好用谈生意的办法来解决矛盾："这样吧，你们把鸦片全部交给我，然后我再上缴给中国人，王国政府将对你们被没收的所有财产负责。"

有了这句话，洋商们乐开了花。在商馆这么多天的煎熬之后，大家巴不得早点从水深火热中解脱，他们担忧的仅仅是一个血本无归的问题，而现在义律既然以政府的名义出面担保就没什么担心的了。

眼看禁烟风头如此之紧，鸦片上缴都是早一刀晚一刀的事，于是鸦片商人同意上缴——"交，全交"，甚至有人把尚在路上或储存在福建沿海的鸦片也交了上去。

林则徐将收缴到的鸦片集中于广东虎门，亲自进行点验，以防洋人偷梁换柱。检验的结果是，两万余箱鸦片都是真货。

确认无误后，林则徐奏请派人解送鸦片进京，而道光皇帝的答复是在海滨就地销毁。

1839年6月3日，虎门销烟开始。当时，如何销毁鸦片是个技术难题，最简单的办法是用火烧，弊病是烧不完的鸦片渣会渗进泥土，难保那些瘾君子不会挖地三尺把这些渣土再给刨出来。

林则徐在虎门销烟时采用的是水泡法。销烟人员事先在海边凿一个大池子，投以盐卤和石灰，使鸦片得以完全溶入池子的海水里，然后再趁退潮时往大海里冲。

为此，林则徐还特地祭告海神，说他只能将鸦片这种毒品冲入大洋之中，请海神让水族生物腾出一片海域，以避其毒。

这是19世纪中国历史上最著名的事件，经过连续四十多天的销毁，两万余箱鸦片全部化为乌有。虎门原本只是中国南部海边一个并不起眼的小镇，然而亦因此被载入史册，为天下人所熟知。

第二章

命运的傀儡

虎门销烟尽管解气，但它却使中英关系从此走向恶化。

在19世纪早期，鸦片还不是世界公认的毒品。当时，世界一致认为有四种东西会使人乱性，依次是酒、茶、鸦片、香烟，鸦片只能排在第三，仅仅盖过香烟。

当时，如果要说有毒，英国人则会说茶才有毒。为此，他们还做过实验，找来两头猪，一头喝茶，另一头不喝茶，结果一个劲地喝茶的那头猪后来死了（当然，谁也没想过它是不是水喝得太多胀死的）。因此，在英国社会，茶叶曾像海洛因一样遭到严禁。直到后来茶叶普及后，你喝我喝大家喝，也没见有什么事，英国这才开禁。

因此，在当时英国人的眼中，鸦片并非毒品，只能算是普通商品。要说英国人理亏，实际亏在鸦片属于走私贸易，而走私在英国这样的"文明国家"是不合法的，所以英国政府在公开场合对此也是遮遮掩掩，并对商人们强调：你们要贩鸦片是你们的事，赚了钱自然归你们，要是被中国海关没收了，对不起，也别哭着喊着来找我们！

可是，虎门销烟之后就不一样了，原因是在义律对鸦片商人们做出承诺后，英国政府对那些被没收的鸦片就负有了保管的责任。

无知者无畏

义律上缴鸦片纯属无奈，他没料到林则徐会眉头都不皱一下，就将两万多箱鸦片毁个精光。事后，义律也只能在洋商面前装聋作哑，但洋商们可不干，他们抱定英国政府这条大腿不放，非得把损失捞回来不行。

西方国家好坏都在"民主"两个字上，政府得听从舆论。于是，这些洋商就托人回国游说，活动经费采取摊派的法子，按每缴一箱鸦片摊派一元，两万箱鸦片一共集资了两万元经费。

这就是所谓院外游说团，经过游说团如此这般地一运作，果然就把英国国内舆论给炒了起来。中英这两个不同文化背景的国度，原本就互不了解，最易生出敌意，只要有煽动力的话题一出现，自然不怕没有随之鼓噪的人。

鸦片商人们的在华遭遇被无限扩大，包括他们如何在商馆里"无故"失去自由，失去饮食，以及被威胁要结束他们的生命等。在这次舆论中，偶尔也有人提到走私这桩事，但立刻就会遭到反驳："走私，那也是没办法！我们是想跟他们正常贸易的，可他们又不允许，合着你能贩我茶叶，我就不能卖你鸦片？"

还有人煞有介事地进行考证，说中国人禁烟是假，其实是那些贪官污吏在耍阴谋诡计，他们的真正目的是想把英国的鸦片商人全部赶走，然后好自己种鸦片做独门生意。

就这样，英国政府这下再也"脱不了干系"了，由此伦敦的空气对中国变得十分不利。

其实，林则徐并没有那么蛮不讲理。在收缴并销毁鸦片的同时，据说林则徐还以一箱茶叶换一箱鸦片的方式给了英国人补偿，可问题是中国的"陋规"实在防不胜防，经办的官吏以次充好——在茶叶里面掺了很多沙石。

彼时的茶叶贸易已不比从前，英国也在印度大量种植茶叶，因此英国人喝的茶大部分是印度茶，中国茶只占其中的一小部分。当时，印度茶叶的价格很低，中国茶质量若再不行的话根本就卖不出去，于是英商最后只好自己花钱将茶叶重新寄回中国。所以，英商不仅没能捞回本，还又搭进去不菲的运费，自然火气更大，叫嚷得更凶了。

虎门销烟之后，林则徐发布命令，规定洋商如再向中国销售鸦片，主从犯将被分别处以斩首和绞刑，同时要求各国进口商船必须写下保证书，向中方保证"夹带鸦片，船货充公，人即正法"。

葡萄牙和美国都愿意写保证书，唯独英国不愿意，事情就这样僵持下来。与此同时，由于洋商对广州产生了畏惧心理，其商船经常停泊的地方也换成了香港九龙的尖沙咀一带。

1839年6月20日，水手们到岸上的尖沙咀村去游玩，而这帮水手就像遭查禁的鸦片商人一样同样是英美混杂，里面既有英国人也有美国人。然后，美国水手喝了酒，跟村民吵起架来，但美国水手人少，看看打架也不一定能占便宜，就溜走了。

不过，美国水手没溜远，他们钻进了村里供奉神像的小庙。这帮家伙打不过村民，就拿神像撒气，把庙里的一座神龛给捣毁了，而且这还不算完，临走时还顺手牵羊偷走了神像头上的装饰金叶。

村民们发现后非常生气，拔脚就追。不过，村民们没追上美国水手，却碰到了一大群英国水手，而且这些水手也喝得酩酊大醉。

当时，村民们谁也搞不清楚美国人和英国人有什么区别，反正都是蓝眼睛、高鼻梁的洋人，又全是一个个酒气熏天的样子，便将英国水手错认成了美国水手，双方发生了一场拳脚加棍棒兼石块的大冲突。在冲突中，有个叫林维喜的村民被打倒在地，最后不治身亡，这就是"林维喜案"。

骑虎难下

听说出了命案，义律急急忙忙地赶到现场进行处理，他对水手们打赢群架可一点儿都不觉得高兴："销烟案还没处理，又出这种事，真够闹心！"

义律想"大事化小，小事化了"，便决定用钱来堵住中国人的嘴。于是，义律拿出一笔钱，除了赔偿村民和打点底层官吏外，还企图和死者家属"私了"。当然，村民们是不难打发的，林维喜的儿子便写了张字据，证明他父亲"纯属死于意外，与洋人无关"。

拿到字据后，义律如获至宝，他为此一本正经地贴出悬赏，宣称谁能提供证据指证凶手，将重重有赏。

事情似乎办得十分妥帖，但林则徐那么精细的一个人，怎么可能被轻易骗过。林则徐下令当地知县重新查办，一查下来发现原来是英国水手打死了人，于是当下便向义律提出交涉——"交人，至少交一个"。

在证据确凿的情况下，义律同意继续给死者赔钱，但他拒绝将凶手交出，理由是英国人要由英国人自己来审判，这叫"领事裁判权"。

义律以为抛些新名词出来可以起到震慑的作用，不料林则徐竟回以"国际公法"。

林则徐被后世称为近代中国"睁眼看世界的第一人"，诚非浪得虚名。到广州后，由于经常要跟洋人打交道，林则徐也意识到不能老是鸡同鸭讲，必须了解一些国外的法律知识。"林维喜案"发生后，林则徐就让身边担任翻译的幕僚，再加上一位美国传教士，用合译的办法将《万国公法》的相关部分翻译了出来。

这样，就搞清楚了英国在中国并不享有领事裁判权，而英国的法律也只在自己的国家才生效。换句话说，别说区区一英国水手，就是英国女王来了，也要遵守中国的律法。

义律很是狼狈，但又不甘心，他知道按照大清律法得一命抵一命，交出去的水手便难逃一死，于是决定单方面行动。

1839 年 8 月 12 日，义律在英国的船上开庭，对五个打人的凶手分别处以罚金和监禁，并送回英国监狱服刑，之后他才正式通知中国官方。林则徐闻讯大怒，三天后，他下令中止中英贸易，同时派兵进入澳门，将在澳的英国人全部驱逐出境。

英国人想赖着不走，林则徐就仿照围困商馆之例停水停食，撤走所有中国仆人和买办。这个办法最为有效，英国人乖乖地撤出澳门，全挤到船上去了。

当然，船上的日子很不好过。事情发展到这一步，义律也没了退路，何况他手里还拿着一张可以证明其"无辜"的字据。1839 年 9 月 5 日，英方派人与林则徐进行谈判，可是双方的要价实在相差太大，根本就谈不到一块儿去。

谈判未果，中英在九龙打了起来，史称九龙之战。作为鸦片战争的前奏，这场战役小到不能再小，却是两国海上军事力量的首次碰撞和测试。

英国海军船坚炮利，早在 17 世纪中期就已跃升为世界第一海上强国，曾经的海上霸主西班牙、法国无一不是其手下败将。此次亮相的英军木甲战船，设计方面已日趋完善，由于所处位置往往远离陆地基地的支持，因而这种船具有很强的独立作战能力，船上安装的火炮多达一百二十门。相比之下，广东水师尚不能称为海军，若套用西方标准，大体只相当于海岸警卫队。与此同时，广东水师的平底风帆战船也只不过是巡逻船，甚至可以说就是有武装的民船，不仅吨位小，而且船上仅安装了十门左右的炮，到了海上别说攻击，甚至连自卫都很难。

对于此次中英之战，观察家称为"16 世纪与 19 世纪的冲突"，双方军事力量的差距竟有三个世纪那么远。在这样的对垒中，广东水师即使以多打少，也占不到任何上风。仗虽然打得异常难看，但是林则徐接到的战报却都是一片捷报，这也导致他在给道光帝的奏折中给出了与实际情况相去甚远的描述。

道光帝看到战报，自然是兴奋得不能自已，而在他头脑中浮现的分明就是在南疆擒住张格尔或成功击退浩罕士兵时的情景。

因此，道光帝给林则徐的批示是："不患卿等孟浪，但戒卿等畏葸。"直白地说，就是"既然打都打了，就不要跟他们客气，我不担心你们冲动，就怕你们胆小"。

既然皇帝把话说到这份儿上，林则徐就算是想"客气"一些也不行了。至此，中英双方枪来炮往，冲突不断。1839 年 11 月 3 日，又发生了穿鼻之战。

穿鼻之战和九龙之战并没什么两样，损失的都是广东水师的人船，然而最后放到林则徐和道光帝案上的仍是捷报。

林则徐是以讲求实学、倡办实政闻名的大吏，做事又十分细致，虚假战报或许可以骗他一次，但绝对骗不了第二次，只是事情既然开了那么好一个头，不是说改变口吻就能马上改变的，可谓骑虎难下。

经过权衡，林则徐决定采取分化战术，一方面宣布停止中英贸易，另一方面对答应"改悔"并写下保证书的英商区别对待，准许他们在广州经商，所谓"奉法者来之，抗法者去之"。可是，道光帝批评了林则徐，主要还是批评他"畏葸"："什么区别对待？不用他们交保证书，全部赶走！"

到这个时候，道光帝已经完全不把英国放在眼里了，心想对方真的是"边夷"，分明与张格尔和浩罕还差着一大截子呢。

其时，洋商在粤海关的交纳虽多，但绝大部分都已作为"陋规"和贿赂，进了官员和行商（垄断对外贸易的中国商人，自乾隆时期起锁定为广州十三行）的私囊，最终上缴朝廷的正税每年仅为一百万两白银，不过占清王朝财政收入的百分之二至百分之三左右。因此，道光帝对中英贸易持无所谓的态度，他给出的方案是一刀斩断："朕知道会因此损失一点海关税收，可那又有什么关系呢？区区税银，何足计论？倒是英夷（英国人）惨了，他们卖不成鸦片、买不进茶叶，岂不是死路一条？"

接到谕旨，林则徐只好改"畏葸"为"孟浪"。1840 年 1 月 5 日，林则徐宣布正式封港，完全断绝中英贸易。

这下子，真把英国人给惹急了。

"知道了"

英国的民主程序很烦琐，可是反应并不慢。早在 1839 年 10 月 1 日，英国内阁就做出决定，为恢复贸易，将派遣完整的海军舰队前去中国海域，"林维喜案"由此成为鸦片战争的直接导火索。

这尚是威慑性的，等到中方封港后，内阁议案便被提交国会进行激烈辩论。1840 年 4 月，国会进行正式投票，虽然很多议员都不主张用兵，甚至有人认为销售鸦片乃不义之举，但在维多利亚女王及外相的影响下，最终还是以 271 票对 262 票，仅多出 9 票的微弱优势通过了军事行动案。

英国政府并不把这次出兵称为战争，他们认为仅仅是在用武力进行交涉，交涉的目的是"对中国此前之侵害，要求赔偿，英人在华之安全，要求保证"。不过，从后来战争的结果来看，英方的意图远不止于此，多数史家都认为英国其实是在报复，即对中国拒绝向世界打开贸易大门进行报复，正如当时一些殖民主义者所说："中国听不懂自由贸易的语言，只听得懂炮舰的语言。"

6 月 28 日，义律下令封锁珠江口，第一次鸦片战争开始。

直到穿鼻之战，与广东水师作战的都只是少数英国军舰。就此，林则徐认为，这"一小撮"军舰远道而来，兵饷给养都要依赖于商船，现在封了港、断了贸易，只需再守上几天，到时必然攻又攻不动、吃又吃不饱，除了打道回府再没有其他更好的选择。

让林则徐料想不到的是，他即将面对的不是"一小撮"而是一大批，整整四十多艘军舰，对方也并不需要商船提供补给，随船而来的粮草已经足够。

就在广东局势陷入无比紧张之时，又一个意外出现了：义律没有进攻广州，他除了留下几艘船继续封锁外，主力均随其北上前往浙江定海。

当时及后来的很多评论都想当然地做出判断，认为是林则徐防住了义律让他无机可乘，而义律又不能干坐着，就去钻别的空了。其实，事实完全不是这样，早在英国出兵之前，英国内阁给义律下达的指令就是占领定海，因为觉得定海处于广州与北京的中段，不仅能直接给予中国皇帝以震慑，还能作为继续北上的根据地。

尽管林则徐之前曾通知包括江浙在内的沿海各省，要他们防备英军进攻，但江浙官员承平日久，没人相信火会烧到自家门口。当英国舰队抵达定海时，当地政府还以为来者是被风吹迷了路的商船，其战备状况可想而知。

7月6日，义律对定海发起进攻。毫无悬念，战斗进行几个小时之后，定海即告失陷。

道光帝获知这一消息后既吃惊又纳闷，他不明白英国人怎么会突然变得如此坚挺了，左思右想后得出结论是浙江官员太熊样了——"这些人平时养尊处优，像个木偶人一样，也不做好准备，临到打仗就张皇失措，当然只有挨人揍的份儿：革职，全部革职！"

不过，定海失陷的暂时受挫并没有动摇道光帝的自信心和优越感——"这帮小丑，不过凭借着他们船快小小得逞了一下，等我大清的军队开过去，他们还不是该咋的就咋的？"

与道光帝不同，远在广州的林则徐则表现得忧心忡忡。英军攻打的是浙江，起源却是广东，这说明他事情没有办好，革职的人里面虽然暂时没有他，但并不代表他就没有责任。

在林则徐送往京师的奏折中，他向道光帝"自请治罪"，并要求把他派往浙江前线，以便戴罪立功。不过，道光帝的回复只有三个字："知道了。"

君臣间极其微妙的情感变化，尽在"知道了"三个字中。过去，道光帝曾把林则徐列为最宠信的大臣，他百分之一百地相信这位能吏可以把广东那边的事办好，就在定海沦陷之前他还下旨要将林则徐调任两江总督，以接替病逝的陶澍。

直到浙江送来战报，道光帝才知道事情并不是他想象的那样，而他心中产生了疑问——"林某还是那个天下第一能吏吗？得打个大大的问号了"。

要知道，一旦在信任上出现问题，态度就完全两样了。林则徐在奏折中曾发出警告，指出英军极有可能再北上天津，提醒皇帝做好防范，但道光帝不以为然地笑了："定海被偷袭一把也就算了，天津是什么所在，那是国都卫城，还能让夷船占到便宜？"

"洋窦娥"

道光帝的轻蔑尚未从嘴角消失，英国的军队就来了。1840 年 8 月 6 日，义律在其堂兄、英国远征军司令懿律的陪同下，率英国舰队到达了天津大沽口外。

话说道光帝即使瞧不起"夷船"，但人家的舰船快是个事实，现在别说收复定海，连防守天津都成了问题。根据直隶总督琦善的报告，天津方面根本还没来得及做好防守准备，理论上在册的两千多名防军却只有六百人可以征调来应急。

琦善并没说假话，因为他也算是个有名的"能吏"。

琦善是含着金汤匙出生的满洲贵族子弟，一生下来连根手指头都不用动，就已经是一等侯爵了。

相对于别人拼着命读书是为了考取功名，琦善是不用那么累的，他托老祖宗的洪福天生就拥有朝廷赏赐的荫生资格。这个荫生根本不用读书，只要形式上去考一次试、走一下过场，就能做官了。

琦善得到的官职是刑部员外郎候补，这一年他才十六岁。当时，琦善年纪小，又没怎么读过书，毫无疑问是纨绔子弟和不学无术者的代名词。在同一个部门里面，好多汉人官员从寒窗苦读开始，胡子熬到了白都还没能爬到这个位置，要想让别人心理平衡几乎是不可能的。因此，老资格的前辈有时就不免借用事务之机，对琦善暗中奚落几句："这乳臭未干的小娃娃，除了身上那件大人给披的马甲，什么本事都没有，估计官也做不长。"

琦善的自尊心很强，听到议论后气得不行："要面子要脸，非得做出点名堂让你们瞧瞧不可。"

于是，琦善花了三百两银子，用重金从部里请来一个退休老吏并拜其为师，专门学习做官的技巧和本事。两年期满，"尽其技"，把能学到的都学到了。

出师后的琦善果然不同凡响，十八岁正式补官，二十九岁便当上了独当一面的河南巡抚，接着又历任山东巡抚、两江总督等职，其升迁之路犹如坐了火箭一般。至鸦片战争时，琦善的正式职位是直隶总督兼文渊阁大学士。在清代督抚中，直隶总督最为显赫，乃疆臣之首，连两江总督都要排在其后。至此，前辈们曾经对琦善的预言已彻底破产。

尽管这样，琦善经常告诉别人自己仍是"本大臣爵阁部堂"。

琦善之所以能飞黄腾达，一方面是由于他善于"阴探上旨"，知道怎么对上司察言观色、投其所好，而另一方面也与其敢于任事和勇于负责有很大关联。

与陶澍、林则徐之类的知识型能吏不同，琦善走的是"古灵精怪"路线，即所谓"诡道怪行"，脑子里随时冒出各种各样新奇的点子，而且常常能歪打正着把事情给办妥了。当初，漕粮海运的成功实际上就少不了琦善的一份功劳，他自始至终都参与了海运的谋划和运作，连陶澍本人也请教过这位"点子大王"。

因此，史书上称琦善"明干有为，政声卓然"，是一个精明强干且有不错政绩的官员，乃至于"宣宗至赏之"，即道光皇帝特别赏识他。

在道光时代，尽管"模棱官员"到处都是，但道光帝看人的眼光并不差，除曹振镛这些需要摆在桌面上给人看的元老外，他真正欣赏和重用的人极少是平庸之辈。

道光帝知道琦善在天津防务这些大事上不会且也不敢胡说八道，所以心里立刻虚了起来。道光帝不是一个没有军事经验的皇帝，他当然清楚在敌方大军压境的情况下防务空虚意味着什么。

天津乃北京的门户，天津若破，京城必危。事到如今，道光帝不改变态度都不行了。于是，道光帝告诉琦善，只要"夷船"不先开枪开炮，就不要急着动手，双方先接触一下再说。这可以算是道光帝的缓兵之计。在此之前，别说皇帝，就连浙江巡抚对英国人都待搭不理。

琦善奉旨前往天津大沽口，表面是去拿义律递交的照会，暗地里也有刺探"英夷"舰队虚实的目的。不过，琦善不看还好，看了心里怦怦直跳：英国那"夷船"一看就知道是高吨位的大家伙，其船舱分三层，每层都有百余炮位，军舰首尾还各有一门重炮；在速度上，"夷船"更是了得，"它们不管顺水逆水，都能飞奔来去"（琦善的形容）。

琦善的报告就像在给道光帝放一部文字版的资料片，一直困扰着他的一些疑惑顿解：原来英国人的船速和机动能力根本就不是他所能估测的，即便他可以在平定"张格尔之乱"中做到几乎一步不乱；原来英国人"船坚炮利"的传闻并非空穴来风，难怪守备本来就差劲的定海会在几小时之内就失陷了；早先林则徐曾从广州发来捷报，言称海上作战"七战七捷"，如今可算知道其中有多少虚假成分了，恐怕要做到"一捷"都不可能。

天津之战，显见是打不了。再看琦善拿来的英方照会，这实际上是英国外交大臣巴麦尊发来的一份通牒。但是，若要真这么说，皇上的面子往哪里搁，于是琦善解释它是"英夷"的申冤书，洋人们像窦娥那样受了冤屈，让您这个"大皇帝"来给他们洗冤昭雪。

洋人提出的条件也并不高，就两样：一是要"雪冤"，也就是处理查禁和没收他们鸦片的林则徐；二是要"乞恩"，请求皇帝能够恢复广州贸易，给他们这些可怜的洋人一点活路。

话得分怎么说，琦善这么一说，道光帝心里就顺多了。

魅力攻势

林则徐在京期间，受到道光帝八次召见，每次君臣密谈的时间都超过四个小时。他们当时究竟谈了什么，林则徐后来虽有透露，但未细说。不过，从林则徐与友人的书信，以及他到广东后的众多奏折来看，道光帝给予林则徐的训令除了禁烟，应该还包括一条：那就是不能因为禁烟发生边境冲突或战争，即所谓"开边衅"，概括起来就是"鸦片务须杜绝，边衅决不可开"。

说起来，"张格尔之乱"是道光帝登基后所面对的第一个大规模"边衅"，他整整花了七年时间、动用四万大军、耗帑一千多万两白银才最终解决，而他自己也被弄得疲惫不堪。在起用林则徐禁烟时，道光帝的心理底线就是不能再出现大的战乱和动荡，因为他明白帝国日益窘迫的财政已难以应付下一个"张格尔之乱"，而且他本人也已年近六旬，不再如年轻时那么能折腾了。

道光帝在京城中是这么跟林则徐交代的，而林则徐去广东后也曾一次又一次向其保证不会发生大的战争，然而结果还是和"英夷"打起来了。此时，在道光帝的眼中，鸦片战争虽然仅仅只是和"张格尔之乱"一个级别的"边衅"，但既然已经突破其心理底线和预期，他自然有理由对此表示不满。等到英国舰队到达天津大沽口后，道光帝的承受力终于到达了极限："好你个林则徐，我让你查查鸦片，怎么最后弄到大动干戈让人杀到皇城门口来了？"当然，最惨的还是由于大清帝国的军队来不及准备，一时间似乎还打不过英国的军队，而这不光是谁赢谁输的问题，更关系到"天朝上国"的体面。

就在道光帝辗转反侧考虑要不要扮演清正廉明的大老爷给"洋窦娥"们一个公道，也给自己一个台阶下的时候，不识相的林则徐偏偏发来密折，上面讨论的仍然是如何跟英国人打到底的事。

道光帝再也忍不住了，冷淡和不睬也终于变成了无法遏制的冲冠一怒："我这连耍猴都快用上了，就怕再打起来，而你在那儿还要说空话、瞎呛呛，嫌我还不够闹心是不是？"

林则徐是个宁折不弯的人，决不会因为外来压力而轻易改变自己的主张。当林则徐接到道光帝怒气冲冲的批复时，他立即意识到皇帝在和战策略上正动摇不定，所以紧接着他又发来了第二道奏折。

"英国人船坚炮利不过是用来吓唬我们的，只要我们拿出银子来打造船炮，制服他们就绰绰有余。如果不早点动手，只怕祸患将无穷无尽。"在这道奏折中，林则徐再次重申，禁烟是没有错的，"鸦片之为害甚于洪水猛兽"，就算是尧舜那样的圣人在大清国也会力主严禁。

可是，这份"主剿"的奏折在道光帝那里激起的只是更多、更大的愤怒："我要不要动手，早点还是晚点动手，还用你来教吗？你说'英夷'在吓唬我们，我看是你学"英夷"来吓唬我才对吧！"

道光帝提起笔唰唰地给批了个上联"无理"、下联"可恶"，最后是横批"一片胡言"。至此，林则徐在道光帝心目中的位置一落千丈，曾经"才略冠时"的光环也黯然失色。

1840 年 9 月 28 日，道光帝下旨将林则徐予以革职，罪状为"受人欺蒙，措置失当"。虽然是朝廷内部的处罚，其实也是做给洋人看的，告诉他们皇上替你们"雪冤"了。

换下林则徐，道光帝要起用一个更好的"能吏"，此人就是琦善。

随着琦善走上前台，清廷的对英政策也由"主剿"迅速转向"主抚"。所谓"剿""抚"都是中原王朝沿袭下来的政治术语，其中"抚"实际上袭用的是汉代以来的"羁縻"政策，即用施恩手段来控制周边桀骜不驯的少数民族，以避免不必要的、代价高昂的战争。对道光帝而言，他对英国人的"抚"绝不是承认自己软弱或屈服于对方，而是另一种形式的"家长式"控制。

琦善正是诠释清廷"主抚"政策的最佳人选。在从义律那里拿到照会的同时，琦善就派人给英国舰队送去了"一份包括牛羊鸡鸭的丰厚食物"，包括义律、懿律兄弟在内，船上的英国水兵已经很久没有吃到新鲜食物了，一看到这么多好吃好喝的没法不感到高兴。此后，琦善又在天津大沽口亲自设盛宴招待义律及英国随员。据其中的一名上尉说，他们当时吃的有"精美的牛羊肉、燕窝汤、海参和蔬菜炖肉，花样、数量之多，给这场盛宴以新颖和奇特的气氛"。

鸦片战争前，琦善主要在北方做官，没有直接和西方人打过交道，对西方和西方人的看法与他的同僚们在观念上也毫无区别，即都视之为"蕞尔小国""化外蛮夷"，即便大沽口外的"夷船"令其大为震撼，但这种基本观念亦不会有所改变和动摇。当时，中国官员描绘英国等"外夷"的常用套语是"夷性犬羊"，而在琦善给道光帝的各种奏折中"夷性犬羊"则成了最典型的词语，同时他对英国人也毫无赞赏之意。然而，这只是在清廷内部。在对外与义律等人打交道时，琦善就立刻换了一副面孔。据义律后来回忆说，琦善接待他时穿戴优雅得体，"态度十分自然和沉静"，而且"非常谦恭有礼"；当着琦善的面，他说了一大通林则徐的坏话，而琦善居然没有一句反驳地全盘接受了。

令义律等人更为受用的是，琦善对他们还相当恭敬，甚至可以说是崇拜。在得知义律的堂兄懿律是英军司令后，琦善马上称赞懿律道："才能杰出，有阳刚之气，有清晰的洞察力。"

在此之前，义律眼中的清朝官吏不是高高在上，就是狂妄自大，无一例外。据义律回忆说，他在被调来中国的第一年，不仅受到中国官场的慢待，而且还在交涉过程中受到清军士兵的攻击，脑袋上被先后重重地打了两下。不过，琦善打破了义律的成见，让他颇有又惊又喜之感。

自中英因为鸦片贸易发生"纠纷"以来，义律自觉受的全是夹板气：巴麦尊小瞧他，认为他没能力；鸦片商人们嘲讽他，觉得他对商人未尽到应有的保护之责；林则徐教训他，指责他和鸦片商人们同流合污。作为义律本人来说，他也心心念念地盼望着中方谈判代表能够设身处地多"体谅"一下他的不易，而琦善的"善解人意"可谓恰到好处地迎合了他的这一心理，使他相当满意。

俗话说，"吃人的嘴软，拿人的手短"。琦善恭维奉承的这一套做法，其用意讲穿了就是要先让英国人舒服，接着再自动自发地为他们的用兵动武感到"羞愧"。果然，义律等人再没有一个个紧绷着脸了，似乎他们是想到起初大动干戈的那副凶相也确实有点"难为情"的样子。于是，琦善趁势提议："眼看北方天凉了，要不我们到广州去谈吧？"

琦善一边声称"对中国皇帝来说，赔偿鸦片烟价既不合理也不公正"，一边却又向义律暗示"中国皇帝可能会改变主意，只是'需要更多时间来好好考虑这个问题'"，而且还信口开河地忽悠义律说："皇帝陛下已经决定派一位钦差大臣去广州……证明朝廷处理问题是仁慈的、平和的。"

琦善在进行暗示时特意表现出胸有成竹且大权在握的样子，让义律感觉到面前这位中方高官就是"这个国家最重要的人之一"，而且必定就是"中国皇帝派赴广州的钦差大臣，只是他自己不便明言而已"。

不管是在广州也好、在天津也罢，只要是和琦善谈判，义律就一百个愿意，他也认定只有从琦善这里才能得到一个相对让他满意的结果。被琦善着力恭维的懿律亦作如是想，二人略作考虑之后即同意撤回广州。

就这样，英军兴师动众而来，最后除了好吃好喝以及琦善的几句奉承话外，义律兄弟几乎是什么实质的也没得着，但他们还是心甘情愿地撤回到广州。义律在向巴麦尊报告时再三称赞琦善，并且竭力为自己撤回广州的决定辩解，说如果他当时粗暴地向琦善施压会如何如何不好意思，接着又表功说自己是怎么怎么做才没有引起这位"中国最大的总督"的恶感，使得对方同意亲赴广州与之继续谈判。

琦善并未向英方做出任何承诺，仅仅靠"魅力攻势"就解除了英军在大沽口的威胁，把"巨无霸"式的强敌给哄回了广州。于是，道光帝认为琦善很有能力，可谓堪比诸葛亮那样的神人："你的片言片纸简直可胜十万雄师！"

作为一种奖赏和勉励，道光帝决定让琦善去广州接替林则徐的钦差大臣一职。

其实，另派钦差大臣去广州本是琦善用来敷衍搪塞义律的套路，没想到却成真了，更没想到的是这个棘手的活儿还落到了他自己手上，然而事到如今他也只能硬着头皮上路。

能要人命的符咒

11 月 29 日，琦善作为新任钦差大臣到达广州。

曾几何时，琦善和林则徐都是坚决的禁烟派。在道光帝宣布第三次禁烟后，琦善在天津进行了雷厉风行的查烟活动，共起获烟土十五万余箱，而当年广东起获烟土二十六万余箱，居全国第一。琦善所辖的直隶虽次于广东，但已远远高于当时由林则徐主政的湖北，后者起获烟土数也仅为两万余箱。

这里必须说明的是，琦善当时禁烟禁得狠，并不表示他跟鸦片有多过不去。其实，查与不查都可以归入"官场技能"范畴——各地大吏在政治上都无定见，唯以揣摩皇帝旨意，讨皇帝欢心，投机适应为能事。琦善在这方面堪称高手，他对道光帝的心思可谓猜得既准又快，在多数人还摸不清风向的时候便知道皇帝要对严禁鸦片动真格了，所以大事小情无不使着劲上。等到道光帝把禁烟的态度摆明，封疆大吏们可以说没有一个不是禁烟派，即便原来倾向"弛禁"的亦不例外，递上来的奏折无不是要"痛打落水狗"，但他们的动作这时候还是晚了，因为琦善早就凭着禁烟的政绩已经排在全国第二了。

现在，大清帝国的朝臣们又开始重新站队，因为林则徐"主剿"被革职了，琦善改了"主抚"高升了。因此，在大清帝国的官场上，不能不说随风而变有时也是官场生存的一大法则。

12月4日，琦善正式接任两广总督一职，中英谈判也在同一天启动。由于懿律因身体不适已去职，义律便作为英方的唯一全权代表与琦善进行谈判。

琦善这个总督大人跟帝国所有督抚一样不通洋文，英国人递上来的文件怎么看都像是一堆道士画的符咒。不过，等到有人把这些文件翻译出来时，琦善蒙了——那真是能要人命的符咒啊！

出京时，道光帝和琦善所定的谈判底线是"雪冤"和"乞恩"，具体一点说就是惩办林则徐和恢复通商。孰料义律对惩不惩办林则徐毫无兴趣，他要做的是生意——除了通商，还有割地赔款。

这可把琦善给难坏了，他做不了主，只能含含糊糊地向上汇报，同时尽其所能地拒绝英方的要求，随后谈判中止。此前，英国外交大臣巴麦尊已训令义律，让他不要跟中国人谈判并直接开打，而义律实际上并没有严格遵守这一训令；现在，义律见琦善不肯让步，他便搬出了巴麦尊训令中的撒手锏——"下令英军向广州发动进攻"。

经过前面几次的较量，即便林则徐可以将错就错不揭开真相，呈送假战报的广东水师也已有了自知之明，那就是自己的舰船没一艘合用——别看它们平时海岸巡逻、追走私船、打海盗还能凑合，要在海上跟正规海军作战就等同于白送。

在此前提下，林则徐也不得不承认与英军"交锋于海洋，未必即有把握"。不过，林则徐转而想到，既然海上打不过这些洋人，为什么不"诱擒于陆地"，把他们诱到陆地上来斗呢？

在被革职之前，林则徐采取的是一种"以守为战，以逸待劳"的古老战术，他特意对虎门炮台进行了检查和加固，力图以陆上炮台的优势来克服海上力量不足的弱势。按照林则徐的预计，英军只要敢登陆，准保让他们鸡飞蛋打——连根毛都捞不着。

虎门是广州的门户，而虎门炮台扼守着通往广州的水路。1841年1月，英军向虎门的第一道防线沙角炮台发起了进攻。

当时有一个流行的说法，将虎门炮台比拟为"金锁铜关，难进难出"。确实，虎门防御体系由广东水师提督关天培亲自设计，称得上是整个大清国最强大的海防工程，其特点就是形成三重门户，由分隔三地的炮台对来敌实行层层堵截，以达到御敌于广州之外的目的。这些堪称全国炮台之最的石头炮台，不仅建有高大的防护墙，而且装备的大炮也多，最多的有六十门炮。然而，问题也恰恰就出在这些老旧大炮上，它们大多是明朝时的火绳炮，好一点的是经火绳炮改良的所谓"红夷大炮"，二者都是两三百年前的老东西了，虽然看上去体量不小，但其实笨而无用，既瞄不准又打不远。

战前，英国将"复仇神号"军舰秘密派到中国战场，专门作为摧毁中国炮台的决定性武器。与九龙之战时的木甲战船不同，"复仇神号"是新式铁甲舰，也就是后来甲午战争时北洋海军拿来看家的那种铁甲舰——这种铁甲舰的装甲坚韧，射击精准，吃水深度也很浅。

沙角之战期间，明明海水都没有涨潮，但"复仇神号"照旧可以溯河而上，令人难以置信地闯入浅水区域。在炮台与"复仇神号"对射时，根本就是"你伤对方不着，对方打你却一打一个准"。虎门炮台又全都没有顶，任何命中炮台的炮弹都很容易造成大破坏和大伤亡。战斗中，有很多清军士兵其实是被活活烧死的，因为他们受伤后摔倒在地，手上鸟枪的火绳点燃了火药，而火药就捆绑在其棉制服的胸部和腰部处……在有的地方，清军阵亡者的尸体摞了三四层。对此，据一名英军军医形容说："海水都因死尸太多而变黑了。"

素以骁勇著称的副将陈连升殊死作战，由于"弹箭迸落如雨"，以致他"身无完肤"。陈连升的儿子悲愤欲绝，奋勇抵抗，一并死难。陈连升父子及炮台官兵的脑浆迸溅在墙壁上，炮台内到处都是他们"混杂在一起的焦黑难闻的"残躯，其情形之惨烈令英国人都感到目不忍睹。

在对炮台的远程防御火力予以完全压制后，英军开始登陆。虎门炮台在设计上有一个致命缺陷，它主要是用来对付海盗的，基本没有考虑来自陆地的攻击，每个炮台都防前不防后——侧背全空着。英军一直在现代战争中操练，在战术意识上也已与清军拉开了长长的距离，他们登陆后直接就从炮台侧背摸了上去，而不是如清军所想的近距离往火网里钻。

林则徐和清军所有将士都没人想到英军会出现于侧背，大家都想当然地认为"洋人之所以不会下跪，是因为膝盖不能弯曲"，这些只能直着走路的英军士兵不可能会如猿猴一样攀爬炮台。可是，英军就那样爬上了炮台，而且动作极其麻利，各炮台很快就告失陷。

关天培在此战中特派水师船队配合炮台作战，船队停泊的水域较浅，而船队指挥官原以为英国大船过不来，但孰料"复仇神号"的加入改变了这一状况。英军攻陷炮台后，先派一艘木质帆船切断水师船队的突围路线，接着"复仇神号"向船队逼近，一俟到达射程范围即向船队猛烈扫射。

"复仇神号"射出的第一发炮弹就击中了一艘战船的火药库，以致战船被当场炸飞，"船上所有人都一命归天，火光迸射，就像火山剧烈爆发一样"。伴随着烟雾、火光以及爆炸的巨响，现场状况十分惨烈，甚至一些炸碎了的四肢残骸从半空中落下，这让"最勇敢的人看到这种情景……都感到毛骨悚然"。水师为之军心大乱，其他船上的士兵也纷纷逃到岸上，任由他们的平底风帆战船漂向岸边，直至被"复仇神号"像打固定靶一样逐一击毁。

有人说，沙角之战时，琦善拒绝向虎门增派援兵，是战败的主要原因。其实，当时琦善已向虎门调派了足额的兵力，交战时清军兵勇超过一万人，每座炮台都给塞得满满的，后来者连脚都插不进去。可是，即便数量上占有这样的绝对优势，清军仍然遭到惨败，不仅丢掉炮台，而且死伤达七百多人。英军方面却仅有不到四十人挂彩，死亡一个也没有。

这一战让琦善大为惊骇。据清末笔记记载，琦善并不是完全不懂兵法之人，胆子也不小。后来，在琦善被起用与太平军作战期间，他完全称得上是一个督师有方的大帅。当太平军优势兵力逼近时，"众咸栗栗"，旁边的人都在发抖，而他仍然指挥若定，毫无慌乱之色，结果那一仗还打赢了。

太平军与清军之间虽然也差着级别，但双方还够得着、看得见。不过，英军与清军之间，一个悬殊了得——琦善即使踮着脚尖、仰着脖子都看不清楚对方，如此这般不惊骇才怪。

究竟安的什么心

既然还是打不过，那只有先谈一谈了。

如今，林则徐在虎门销毁的那些鸦片算是英国政府的财产——得赔，义律的开价是两千万两白银，但琦善只肯出六百万两。琦善可怜巴巴地对义律说："我赔这些钱给你，不知道要给皇上讲多少好话，没准皇上一不高兴还会重罪治我，而且我告诉你皇上其实也拿不出这笔巨款，得靠我自己想法子另外筹措。"

在谈判时，琦善给自己设计的角色定位很奇怪，一会儿像是义律和道光帝之间的调解人，一会儿又像是义律的中国朋友，横竖就不像一个正式的谈判代表。面对义律施加的压力，琦善始终保持着一副真诚无比、掏心掏肺的表情："你开高价勒索我不要紧，辜负我一片苦心也没事，就怕我被弄走后整个天朝上国再也找不到像我这样事事替你们着想的好人了，所以你一定要好好考虑其中的得失轻重才行。"

琦善的这一套对义律颇为有效，后者犹豫再三，终于还是做出了让步："六百万就六百万吧！"

谈判犹如做生意，起价高，还价狠，乃正常现象，可是足足三倍的差距，生意又好像不是这么做的，只能说跟油头滑脑的琦善在一起，英国绅士义律还是有些吃不消。

对于琦善来说，犹如菜市场买菜的谈判好办，最让他为难的是割地。义律坚持，"葡萄牙有澳门，英国得取香港"，说："给不给？不给的话，定海和沙角你们也别想要回去，而且我们还会继续进攻拿更多的地，都不用你给。"

彼时的香港，跟澳门一样是一个偏僻得不能再偏僻的"不毛之地"，定海和沙角要比其重要得多，倘若一定要割个地方给洋人，那么琦善无疑只会选香港。

可是，如果皇帝不点头，即使再偏僻的地方琦善也不敢说割就割，毕竟这不是他家的私产。于是，琦善耍了个滑头，他将"割让"改成了"寄居一隅"，意思是英国人择块角落住住可以但无产权，而且税收还得交给中国政府。

这就是"穿鼻草约"，属于谈判草案，不是正式文本。在未得到道光帝同意之前，琦善一直改来改去，而且以种种借口拖着不肯签字或盖印，其中仅笔墨官司就打了一个多月，双方来来往往的照会发了有十五通之多。

义律也不是一直都有这种耐心，可他一旦喊打喊杀，琦善马上就会说："我这就写报告代为恳奏，好好地劝一劝皇上，你不要着急。"

等到义律真急了，琦善索性装病躺倒在床："我病了，而且病情很重。不过，你放心，我只要一息尚存，爬也要爬过来给你签字。"

琦善这么一说，让义律不心软都不可能。事实上，"穿鼻草约"即便真的实现，距离英国政府的心理价位也还差着老大一截。义律这位全权代表之所以会弃英国政府指令于不顾，很大程度上倒真的是因为琦善的表演太成功、太感人了。

可是，有一个人看不懂了，不仅不懂，还为此大发雷霆，而这个人就是道光帝。道光帝同时收到了两份奏折，一份是关于沙角战败的报告，另一份是琦善的密折。

作为一个主持过重大军事行动的皇帝，道光帝并不缺乏对战场的基本判断力。道光帝相信，如果中英海战的话，己方可能确实不是英方的对手，但陆战则未必，过去平定张格尔和阻击浩罕都一而再再而三地强化了他的这种印象及自信心。

"海战不行，陆战行"，在这一点上道光帝与林则徐算是想到一起去了。可是，如何解释沙角之败呢？道光帝认为，这与琦善有关。

琦善在密折中描述了英国陆军力量的凶猛，强调了自己倾向于和谈了局的不得已。但是，在道光帝看来，这纯属被英国人吓破了胆，有你琦善这样的主帅，难怪打不了胜仗。

至于琦善提到的一些谈判细节，如英方的要价、中方的还价，就更让道光帝火大了。在道光帝看来，英方的要价中除了"雪冤"和"乞恩"，其他都是非分之想：拣出其中的任何一项，大清立国以来都从无先例，而答应其中的任何一项，自己今后也将注定无脸见列祖列宗。

在道光帝看来，就这样你琦善还跟他们谈，以至于代敌人索求条件，究竟安的什么心？于是，道光帝给琦善下了结论："林则徐是学着'英夷'来吓唬朕，你琦善是助纣为虐，帮着'英夷'来诓骗朕，十足的丧心病狂加丧尽天良！"

道光帝指示琦善，立即跟英方摊牌，关闭谈判的大门，通商也不给了，而且"朕志已定，绝无游移"——意思是"我下了最大决心，决不会再动摇"。

道光帝的这道"关门谕旨"以六百里加急，也即当时清朝最快的通信速度发出，半个月后到了琦善的手中。

皇帝的脸板到如此可怕的程度，就算琦善远在广州，他也能体会到那种不寒而栗兼如临深渊的感觉。不过，琦善却并未照皇帝说的办，不仅没有关闭谈判大门，反而更进一步改变了先前由专使从中间说项的做法，亲自前往虎门与义律直接会谈。

这已经属于"抗旨不遵"了，琦善当然知道后果，可他不得不如此，因为负责军事防务的关天培也需要他这么做。

关天培是武秀才出身的将领，胆略过人。当初，在办理漕粮海运时因风险太大，一开始没人敢督运护送，琦善和陶澍为此都十分头疼，关天培以区区参将身份毛遂自荐，主动要求担任押粮官。当关天培护送船队到达天津时，百万漕粮完好无缺，由此得到道光帝的垂青，成为他一生命运的转折点。

不过，诸如海运这种可以建功立业的机会毕竟少，因此关天培总是觉得不得劲。有一年，关天培出去跟朋友喝酒时喝醉了，忽然提到有人给他算命，说他"生当扬威，死当庙食"，也就是"活着的时候可以扬名天下，死了也会受到人们的纪念"。但是，关天培认为算命先生根本没算准："生当扬威，死当庙食，如今我都四十多了，哪里有啊？"

这回真不是装

驻守虎门时，关天培已经六十岁了。

关天培胆大，也不怕死。在战绩虚妄的"七战七捷"中，关天培这位老将军的英雄形象其实并不虚妄。关天培眼见得身边的水师舰船一艘接着一艘沉没，惊恐的水手们纷纷跳水，作为指挥官的他愤然拔出腰刀，大喝一声："敢退后者立斩！"

在关天培的督率下，已经破损不堪的旗舰仍然连续不断地开火，尽管炮弹根本就够不着对手。在当时的情况下，关天培几无生路，但他这种自杀式的英勇举动却打动了英方担任指挥的义律，后者挥挥手让下属不要再开炮，听任关天培突围而去。

如果可以坚持，关天培决不会轻言放弃，他觉得坚持不住是沙角之战以后的事。沙角沦陷后，英军将上横档岛也围困起来。上横档岛是虎门防御体系中最关键的一道屏障，近半炮台设于此处。关天培感到格外焦虑的是，上横档岛也有跟沙角一样的软肋，即侧背空虚，只要英军从侧背进行突破，正面的炮台就失去了作用。

所以，这个时候琦善"喊停"正是关天培最需要的，他需要时间喘息休整和弥补漏洞，甚至如果可以实现停战，也许是最好的选择——沙角之战是守军准备最充分，表现也最英勇的一战，但结果很惨烈，使得官兵士气大挫，一部分士兵甚至因此"闹赏"——不增发饷银就不打仗了。

谈判期间，在琦善的支持下，关天培一方面增发饷银，以鼓舞军心；另一方面，不顾英方的反对，一直在"偷偷摸摸"地对炮台进行补漏。琦善的"公然抗旨"，实质上起到了拖延时间，为关天培打掩护的作用。

如果说以前与义律谈判还有几分诚意的话，此后由于道光帝表明了"主剿"的态度，琦善就只能完全靠说谎来维持了。那段时间，琦善不停地变换各种能想得到的招数，往往到关键时候身体就出现这样那样的"状况"，然后顺势要求会议延期举行。

有一次，义律、琦善二人连谈了十二个小时，条文都重新拟好了，义律以为大功即将告成，结果竟然又让琦善忽悠了。

谈判间隙，琦善返回广州，迎接他的是两份文件：一份是道光帝的最新谕旨，言明会有新的"主剿"将军来广州就任，这表明他遭到罢黜只是时间问题；另一份是义律的照会，告诉他按照两人的约定，英军已经从定海撤出，所以这次他必须在限定的时间内签字，否则再也不会客气。

这样，两边的"债主"气哄哄地都来了，夹在中间的琦善再也支持不住，便顺着椅子就滑了下去。这回真不是装的，琦善整个人到了天旋地转、心神恍惚的程度。

不过，琦善还想再拖上两天。当然，"重病缠身"的情况需要在第一时间通知义律，不然人家不知道，所以琦善让专使给义律送去一个照会：请个假，顺便通知会议延期。

在专使身上，另外还带了一份琦善草拟的文件，这份文件上将"只许香港一隅"改成了"可许全岛"。琦善叮嘱专使见机行事，说如果义律见了照会后情绪不错，那就把这份"优惠文件"给他，继续讨洋人高兴高兴，反之则不要给。

专使回来时，把"优惠文件"又原样带了回来——看来义律真的挺不开心。不过，一天天就这么跟个"病人"干上火，正常人能开心得了吗？

当然，不开心，就要找别扭了。义律算是给足了琦善面子，在限定时间到来后又多等了三天，三天一过还是见不着琦善的影子，于是他就动手了。1841年2月23日，英军舰队向上横档岛进发。

这次关天培吸取了教训，为了不致重蹈沙角战败的覆辙，他趁着琦善谈判休战之机在上横档岛侧后加建了隐蔽式炮台并增派兵勇，以确保英军无法再抄袭后路。可是，关天培在补住一个漏洞的同时，另一个漏洞又被对手给紧紧抓住了，英军抢先攻占了关天培未能设防的下横档岛，并以该地为制高点设立了野战炮兵阵地。战斗开始后，英军部署在下横档岛的野炮居高临下，火力齐开，完全覆盖了关天培主防的上横档岛，打得岛上官兵一片混乱。

中英军事上的差距，不仅仅体现在武器和兵员素质上，技战术也是不容忽视的重要方面。要知道，在西方的近现代战争中，无论理论还是实践，建立制高点和凭借野战炮火实施打击都早已成为一个常识，绝不是什么新鲜事物。

倘若把背景放到冷兵器时代，关天培绝对出类拔萃，但在横档之战中，他仅仅在军事思维上就差着人家二三百年。战斗一天就结束了，关天培英勇战死，"身受数十创以殉，天下痛之"。这位老将再次以自己的无畏表现赢得了对手的尊敬，当家人领走他的遗骸时，英舰特地鸣放礼炮致哀。关于关天培个人命运的预言，则分毫不差——"生当扬威，死当庙食"。

与沙角之战相比，横档之战输得更加无话可说，中国军队死伤三百余人，被俘千人，而英军仅有五人受伤。

十多天后，琦善倒了霉，主要原因不是打了败仗，而是有人上密折控告他收取义律的贿赂"私许香港"。要知道，优柔寡断，同时还爱诿过于人，堪称是道光帝品性中两个最大的缺陷。于是，道光帝正好对广东局面不满，便顺势以此为由下令将琦善革职并锁拿回京问罪。就这样，曾经被道光帝捧上天的两位重臣——不管是之前的"主剿派"林则徐，还是后来的"主抚派"琦善，最后的命运竟然都是披头散发地被装入囚车，其间相差不过几个月而已。

倒是义律还挺"仗义"，听闻琦善受审的消息后，特意拟出否认自己对琦善行贿，以及英国官员不会也没理由对之行贿的文件转交广州知府，希望能够给琦善"雪冤"。广州知府并未将这份文件上达天听，也幸好没送上去——义律虽然在华多年，却并不真正了解中国官场。义律所不知道和不明白的是，倘若他的文件能够被中国皇帝看到，琦善的处境不但不会得到改善，反而还会雪上加霜，因为这恰恰可以作为琦善和义律确有"勾结"的直接证据。

根本不在一个水平线上

随着虎门炮台的陷落，广州已经无险可守，最近时英军兵锋距广州仅隔数公里之遥。

不过，在最需要英雄的时候，英雄终于出现了。1841年3月5日，杨芳赶到广州。

在道光帝看来，从沙角到横档虽已连输几轮，不过那都可以算作海战，陆战就难说了。道光帝不是一个锦衣玉食的孱弱天子，虽然不是"马上得天下"，但这么多年风风雨雨，起码也算"骑马保天下"，尤其在经历"张格尔之乱"的重大考验后，他是不会缺少指挥陆战并一战而胜的勇气和底气的。

道光帝认为，过去的张格尔不是也猖狂得不行，张牙舞爪的样子以为谁都拿他没办法，而当时的南疆纵然不算生死存亡却也在危在旦夕之间，形势之紧张绝不亚于如今的广州，结果还不是让我给活捉了。

当时的士大夫，从林则徐开始都相信"夷刀不能远刺，夷人腰硬腿直，一击即倒"，也就是说洋人在陆地上既不擅冷兵器刺杀，又无法弯腰攻击，稍微一击就会倒地。道光帝亦不例外，在他看来，洋兵只要离开他们的艨艟巨舰，就可以轻而易举地被击败。那么，之前海战中其实也掺杂陆战，为什么会输得那么难看呢？道光帝认为问题还是出在将帅身上，想想就明白了：琦善那么怕死，整天就惦记着跟英国人谈判，那仗能打好吗；关天培倒是不错，但他是水师将领，没有指挥过大规模陆战，即便输也并不令人意外。

于是，这次道光帝特地组建了一个全新的队伍，重新出征广州。在这个队伍中，杨芳不是主将，但他无疑是最为耀眼的，也最令皇帝所看重的。

当年平定张格尔之乱的"三剑客"，长龄、杨遇春都去世了，只剩下杨芳仍健在。这位生擒张格尔的英雄，其时已经是七十多岁的老人家了，而且还耳聋，与同僚交流都需要借助于笔谈。按常理，杨芳这种情况早该回家颐养天年抱孙子了，他自己也多次以病求退，可是道光帝环顾宇内像杨芳这样战功卓著且经验丰富的战将实在太过稀缺，所以他又被起用了，直到此次被任命为参赞大臣。

其实，道光帝派杨芳出征是希望将张格尔一役的胜利在广州重新复制一遍，并对此信心十足。道光帝丝毫不担心杨芳打不了胜仗，他怕的是英国人船快，别一打不过就要"远遁外洋"朝深海里跑，这样过段时间又要卷土重来，然后他又要再次遣师出征。

"杨芳，你要这么干，像平定张格尔之乱那样，先出奇兵断其后路，务使片帆不返，让他一条船都回不去，然后再四面出击扫荡干净，直至擒住义律，如此才算大功告成。"

在被任命为参赞大臣之前，杨芳官授湖南提督。接到谕旨时，杨芳正在江西，他火速到达了前线。

当杨芳现身广州，立刻赢得一片欢呼，无论百姓还是大小官吏，皆"倚为长城"。

到任后，杨芳迅速调兵遣将，组织兵勇扼守各个要点，但他很快发现义律并不是张格尔，而英军也比南疆叛军和浩罕骑兵厉害了不知多少倍。

在张格尔一役中，叛军已经装备了燧发枪，但数量并不是很多，用"连环铳炮"足以应付；但是英军不同，他们手中拿的全是燧发枪或更高级一点的后膛击发枪。相比之下，清军所使用的鸟枪仍为手工打制，可谓既差又老，有的用了几十年都没更换过，最离谱的竟然有用了接近两百年的。与此同时，各地的鸟枪质量还不平衡，具体来说，御用枪（主要为鸟枪，也有少量燧发枪）最优，八旗兵次之，绿营垫底。

鸦片战争开始后，调到前线征战的部队基本全为绿营，他们实际是拿着全国质量最次的鸟枪（火炮亦是如此）在应敌，即使这样也只装备了一半人，如此算来得多少支鸟枪才及得了一支燧发枪啊，所以"连环铳炮"毫无作用。

比枪更有发言权的是炮，不过双方的差距仍可参照枪比对。在性能上，清军的大炮既缺少瞄准装置，也不能转动，而且它们很少被及时退役更新，已经使用了几百年的比比皆是。由于缺乏保养，常年在室外承受风吹日晒，几乎每门大炮都锈迹斑斑。对此，一个曾在广州看过这些大炮的西方人很不屑地称其"破败不堪，像是蜂窝"。与大炮配套的火药在质量方面也很差，工艺水准落后了英军一大截，就算炮弹落到敌阵，对英军也造不成太大的实际伤害。

仅仅武器方面，清军和英军就已不在同一水平线上。于是，一到实战，大清帝国的兵勇便失去了招架之功，上多少死多少。久而久之，下面的将领们也都泄了气，有的临战前竟暗地派人与英军商量："能不能你不放炮，我不放炮，谁都不要放炮？"

后来，将领们一想不对，上面知道要杀头的呀，又赶紧觍着脸改口，说："要不这样吧，我放几次没有炮弹的炮，算给皇帝留面子，然后马上就走掉……"

当然，杨芳也傻眼了，以往的那些作战经验毫无用武之地了。

非常规战术

据野史中记载，在战事不利的情况下，杨芳曾派人全城竞购克敌武器，这些所谓武器既不是枪也不是炮，而是一只只马桶。

马桶是所谓"不洁之物"，在过去的所谓驱邪活动中是老法师的必备道具，甭管多么凶猛的魑魅魍魉都抗不住洁癖，只要拿马桶之类"秽物"一熏，对方指定遁地而逃。

除了马桶外，还请了法师，建了道场，扎了草人，整个是一个"天灵灵地灵灵，玉皇大帝来显灵"的气魄。

据说，这就是杨芳穷极无聊下想出的非常规战术，更准确一点讲叫作以非常规对非常规——"洋人整得这么吓人捣怪，一定是使用了'邪教善术'，那我也如法炮制，给他来个'以邪制邪'"。

不过，类似的段子虽然听起来像那么回事，但经不住仔细推敲。要知道，杨芳怎么说也是见过世面的百战之将，不是一天到晚偷看志怪传奇的书生，再怎么瞎合计也不至于干出这么没谱的事来。

事实是，杨芳确实收集过桶，不过并不是装大粪的马桶，而是能灌装桐油的木桶。杨芳收集这些木桶的目的是要置之于广州内河的木排之上，对进犯英军实施火攻。可惜的是，这些来自古典兵书的精妙战策，在近现代战争中的作用同样微乎其微。杨芳的苦心孤诣，换来的仅仅是英军受伤八人的回报，而己方却被打得稀里哗啦、一败涂地。

说是两军对垒的生死战场，但那些英军不像在打仗，倒更像在举行一场假日郊外狩猎。

杨芳再也无计可施。或许，在来广州之前，杨芳对琦善之类的"软骨头"

还会有诸多不屑，若是两人见了面没准连搭理一下的兴趣都不会有，可到这个份儿上他也总算是体会到了"滑头爵爷"琦善的难处——谁都不容易啊。

1841年3月18日，英军在时隔两年后重新占领了位于广州城外的商馆，并在那里升起了英国国旗。杨芳的努力只是维持了两个星期，两个星期之后他的英雄形象便土崩瓦解，而广州也再次成为一座危城。

这个时候，打已无力的杨芳不能不想到和谈，毕竟走道还是得匀称着走。3月20日，杨芳与义律达成停战协定，准许恢复广州通商。

谈和，琦善可以，因为他是钦定的谈判代表；杨芳不行，他是军事统帅，打仗才是他该干的活儿，停战协定之类完全不在他的职权范围之内。不过，事到如今，这已经不重要了，重要的是该怎么跟道光帝讲，假如猛不丁地照直说出去，岂不是要把皇帝和他自个都给活活噎死？

于是，杨芳也捡起了文人那一套，写起了粉饰太平的官样文章，经过一番文学加工和"合理想象"，那一个又一个败仗摇身一变全都成了鼓舞人心的胜仗。

在派杨芳出征后，道光帝的日子并不好过。为了尽快解决战事，这位极度节俭的皇帝不得不为此投入大量的人力和财力。在1841年的头三个月里，道光帝已经下令从七个不同省份调集大约一万七千兵勇前往广州，并增拨三百万两白银用于军费。然而，大清帝国的调兵和运兵速度都相当缓慢，先期聚拢广州的绿营兵勇尚不足三千人，这三千人能否在杨芳统率下起到出奇制胜的效果还真让人悬着一颗心。

其实，再没有什么时候比现在更渴望一场货真价实的胜利了。道光帝"日夜引颈东南"，天天都伸长着脖子，在焦急地等待前方凯旋的佳音。

"佳音"来了。读完杨芳的"胜利喜报"，道光帝如释重负，心里那个得劲、那个舒服就别提了。欣喜之下，道光帝对杨芳这位"晓畅军事"的大将尤其喜爱到不行："没有我的参赞大臣果勇侯，广州还能保得住吗？"

唯一让道光帝有些不解的是，既然打了这么多胜仗，为什么杨芳不一鼓作气把英军全给灭了呢？

杨芳的答复是，"不是我不能灭，您不是说过吗，这次一定要予以全歼，所以我使的其实是'羁縻之计'，等后续大部队到齐，再一网兜下去，管教一个都跑不掉"。

听了杨芳的解释，道光帝恍然大悟："征调的军队还未完全集结，这个时候如果太狠，确实有可能把英国人给提前吓跑。看来杨芳是真懂兵法啊，如果真那么做，是趋小利而误大局。你有眼光，有魄力，有计谋，待功成之日，一定要给你记首功。"

道光帝是个打过仗的人，当然知道什么叫作"将在外，君命有所不受"。过去平定张格尔时，道光帝就给长龄放过权，这次他也决定不干扰杨芳的"从权制驭之术"，等大部队到达广州时再说。

俗话说得好，"丑媳妇总有见公婆的时候"。经过前期的铺垫和试探，杨芳开始小心翼翼地触及实质问题，请道光帝对通商一事予以认可。

道光帝接到杨芳的这份奏折，已经是广州恢复通商将近一个月以后的事了。尽管杨芳在奏折上仍然依照从前的基调和口吻，把恢复通商说成"暂作羁縻"之计，但没骗得了皇帝。于是，道光帝从梦境中清醒过来，变得勃然大怒："如果我当时就答应了通商这件事，何必劳驾你老人家去广州，又何必费劲巴拉地调动这么多的军队，更进一步说我又何必将琦善抓起来呢？"

道光帝立即下旨将杨芳予以革职，但没像琦善那样押解进京而是革职留任。概因道光帝清楚，此时正是前线吃紧之时，派得上用场的军事将领绝对紧俏，所以骂归骂、罚归罚，但人还得用。

皇帝差你干什么来了

1841 年 4 月 14 日，团队总负责人、靖逆将军奕山到达广州。

论出身，琦善已经是上等贵族，但奕山还要"贵"，其玄祖是康熙帝的第十四皇子、雍正帝的亲兄弟允禵。

在康熙帝的众多皇子中，允禵的武功最为显赫，他曾以抚远大将军的身份挂帅出征，而后一举平定了西藏叛乱，被朝野认为是继承皇位的有力竞争者之一。可是，康熙朝又是一个优秀者相互猎杀的时代，康熙帝的皇子们都非常出色，结局当然"不是你死，就是我亡"。雍正帝登基后，对骨肉兄弟基本上是一个都不放过，而允禵因锋芒太露自然也难逃厄运，不仅没做成皇帝，还遭到长期监禁。

不过，这都是上上辈的事了，这些恩恩怨怨在奕山出世时早已化为尘世中的一缕青烟。奕山很有出息，他似乎继承了玄祖允禵的遗风，在家道中落若干年后再次走上了以武竞雄的道路，从三等侍卫、御前侍卫一直做到领侍卫内大臣。

领侍卫内大臣相当于御前侍卫总指挥，官衔为正一品，论品级在武官里面已经到了头。有如此争气的玄孙奕山，想必九泉之下的允禵也应该知足了。要说还有缺憾，就是奕山尚未能够像老祖宗那样在征讨"边夷"的战事中取得突出业绩。奕山虽曾参加过平定张格尔一役，但当时他只是一个普通的将士。

不过，这次奕山远征广州不一样，他一方面是三军统帅，连杨芳那样的英雄都要随其驱使；另一方面"英夷"嚣张、皇帝忧心，要想延续百年前家族的荣光，恐怕没有比这更好的机会了。

奕山对杨芳非常倚重，可是他在向对方问计时得到的答复却是"待机而动，不可浪战取败"，其潜台词是"乖乖地守着吧，别出去瞎打，一打指定后悔"。

当然，如果别人说这话，奕山没准会一脸不屑，但杨芳是活捉过张格尔且连长龄、杨遇春在世时都要另眼相看的百战之将，他说会打败仗就十之八九要打败仗，绝不会有多少水分掺在里面。

听完杨芳的话，奕山倒吸一口凉气，心里隐隐约约就有了不祥的预感。其实，奕山本来还想让杨芳打打前锋，至此也只好断了念想。

杨芳说的是实话。杨芳这个人一辈子打仗，打的胜仗多，吃的败仗也不少，但是以往不管怎样即使败也能败中求胜，广州之行却是唯一的例外：他从未见过如此强大的敌人，一言以蔽之就是怎么打都打不过，区别只在于败到怎样一种程度。因此，杨芳这个老将军再也不敢做任何建功立业的非分之想，只打算"以通商换和平"。

杨芳本以为说动了奕山，然而一个月后奕山还是下达了进攻命令。杨芳闻讯急得拔剑大叫，说"我给你讲了就是不听，这回要惹祸了"，而且局面也将难以收拾，"事且败而局难收"。

其实，奕山也很无奈。

当时，从各省调派的援军仍未完全到达，奕山分兵设防广州后剩下的兵力并不是很多，而这些人马还大部分是陆军，他们防守城墙可以，要用于主动攻袭对方舰船就显得有些勉为其难了。

在奕山看来，杨芳说的也许是对的，即此时不宜主动进攻，然而他奕山不能一直缩在家里，诸如允禵之子孙这些虚的姑且不表，最关键的是皇帝差他到广州就是来主动进攻"英夷"的。

奕山加封靖逆将军后，位高权重可比当年的允禵，出京后六道谕旨中的每一道上面都有"一意进剿""星夜兼程"这样的字眼。道光帝既然如此欣赏看重，如此急如星火，那奕山自然也不可能是到广州坐着蹲点的。

自从到达广州后，奕山又接连接到道光帝的两道谕旨。不过，皇帝的思维和感觉仍然停留在张格尔一役时期，谕旨里左一个"抄袭路径"，右一个"片帆不返"，还在拿对方当南疆叛军和浩罕骑兵，就怕让任何一个洋人溜掉。

当然，不光是道光帝三令五申，英国人也不是傻的——义律在得知奕山重新布防后，又杀气腾腾地挥师扑了过来。在巨大的内外压力之下，奕山纵算再难也势必冒险一攻，不然无法向方方面面交代。可是，怎么攻呢？

拼枪炮，连杨芳都说了指定没戏；使拳脚棍棒，奕山出京时倒也带了一批御前侍卫这样的功夫高手，问题是人家不能让你近身啊，所以这是比拼枪炮更不靠谱的事。

那么，剩下的只能向老祖宗讨教了，但老祖宗传下来的经典战法又无非两种：一曰水攻，哪座城池一时攻不下来，就引水漫灌，如水淹七军；二曰火攻，见对方势大，便烧他没商量，如火烧赤壁。前者无法用于水战，因为无法以水灌水；后者用到水战则是再妥帖不过了，如曹军水师"樯橹灰飞烟灭"的佳话倒是传了一代又一代。

继杨芳之后，奕山殊途同归地也想到了火。不过，杨芳点火，是为了守；奕山这一把火却是要用于攻，具体来说就是要趁着黑夜对驶入广州内河的英国舰船实施火攻。

注了水分的捷报

奕山见杨芳的桐油木桶已然不济事了，便命人在自己下榻的贡院内日夜打造秘密火器。这里面有射到对方人堆里就能引起大火的火箭，还有相当于现代燃烧型手榴弹的火球、毒火炸炮、毒火球，反正是绞尽脑汁把大清帝国能搜罗到的各种大小"发明"都翻腾了出来。除此之外，又在广东佛山装配火船和火筏，它们与秘密火器一起组成了一支具有相当规模的火攻船队。

以火攻水，一般陆军是玩不转的，因为光火船、火筏就驾驭不了。于是，奕山从福建雇募了近两千名水勇参战。

奕山本来在广东、福建还招募了五千名水勇，但这些人正在路上；此外，清军的准备工作也未全部完成。不过，由于道光帝越催越急、英军越逼越近，奕山已经顾不得这么多了，他便在未通知杨芳的情况下提前发动了广州之战。

1841 年 5 月 21 日深夜，火攻船队出动。百余只满载浸油棉花的火船从上游冲下，紧随其后的是运兵船。奕山的计划是先用火攻，继而让步兵登舰与英军近距离厮杀。

应该说，奕山的这种战法并无不妥之处，他的统兵指挥与临场表现也算中规中矩。遗憾的是，英国海军并非一千年前的曹军可比，几艘军舰转舵变向的速度都很快，移动也非常灵活，见火船冲过来能闪的都闪了，遭到破坏的最多是一些来不及躲避的小艇。

倒是临近的炮台发了威，趁着英国军舰争先恐后地往后闪避，一时顾及不到岸上，他们噼里啪啦发炮一连击中了三艘大军舰。

大清帝国炮台的岸炮虽然看上去个个"高大全"，但内囊都是虚的，甭管轰多少下都轰不沉军舰，顶多在表面搞些小伤疤。不过，这样已经算是不错的战绩了，而奕山更是乐坏了，他当即以六百里加急的方式给道光帝发去报捷奏折。

奕山这么多年来一直在皇帝身边转悠，要他不说假话、不吹牛皮根本是不可能的，只是多点少点的区别而已。这份奏折也毫不例外，尽得添油加醋之能事，在那上面"击中三艘军舰"变成了"烧毁六艘军舰"，至于英军的死伤——奕山干脆眼睛一闭用了一个"不计其数"来形容，还说"逆夷号呼之声远闻数里"，即英国兵的惨叫声几里之内都能听到。

这样，道光帝没有理由不高兴了。实际上，自从广州开战以来，道光帝几乎天天都盼着好消息，心情"焦切之至"，已经快急疯了。如今，奕山的那份不知注了多少水分的捷报如同春风化雨，立刻把可怜的皇帝从不幸中拯救了出来。

按照原来的要求，道光帝是要奕山一个都不放过地将英军予以全歼，但在林则徐、琦善、杨芳等"能人"一个接一个让道光帝心碎之后且又等了这么多天，他已经不知不觉地从"全胜"退向了"能胜"，像这样扎对手几个眼的事情也就能接受了。

然后，道光帝传旨嘉奖，奕山也以为自己得手了。但是，到第三天即1841年5月23日，风云突变，英军主力到达了广州。

义律的进攻令下得比奕山还早，但是由于此前英军驻于香港，所以迟了几天才在广州附近集结完毕。

在英军发起进攻后，奕山使出浑身解数，进行了局部的有效抵抗。据英方统计，从5月21日到25日，英军共死伤七十七人，创造了自鸦片战争开始以来英军伤亡的最高纪录。

可是，奕山并没有力量扭转乾坤，他像杨芳一样或许在传统的古典战争中可以如鱼得水，但在近现代战争中无一例外是寸步难行。5月25日，义律再次复制虎门战役时从侧后包抄和抢占制高点的打法，攻占了广州城北的四方炮台，随即建立了野战炮兵阵地。

四方炮台可以俯瞰广州全城，只要英军愿意，野炮可以打到城内能看见的任何一个位置。到了这个份儿上，奕山不得不投子认输。5月26日，义律开出停战条件，除中国军队需撤出广州城外，另索要六百万两白银赔偿，说白了就是"赎城费"。

撤是没有问题，残余守军本来就没什么作战能力；主要是钱让谁掏，如果写个奏折给道光帝，那包括奕山在内的好些人的脑袋就要骨碌骨碌地掉下来了。

还好，广州的本地商人有钱，不就六百万两吗？"我们给，只要你们不在城里打仗就行。"

"我与夷人的那点事"

双方都说妥了，但中间却插进一个花絮兼意外。由于在等待双方的谈判条件，英军实际上处于一种既不能打又不能撤的状态，按照军事原则英军指挥官只能改集中屯兵为分散驻扎，以防御对手随时可能发起偷袭。

当英军官兵集中行动或作战时比较容易约束，纪律尚可，争吵、酗酒乃至对附近区域进行骚扰的现象也少一些，但分开来就不一样了。英军从香港出发时仅仅带了两天的口粮，两天过后都吃得差不多了，他们就得到周边乡村去购买，中间免不了要顺手牵羊干出点类似于土匪的勾当。更有甚者，还有一些住在庙里的英军，他们闲着没事干竟然将庙里寄存着的棺材撬开——里面的尸体是经过防腐处理的，为的只是想看看那些尸体"已成干瘪的样子"。

遭到英军骚扰最多的是一座名为三元里的村庄，"洋土匪"的行径在当地百姓中引起了极大的愤怒。5月30日，由五千多民众和乡勇组成的队伍，手持长矛、盾牌、刀剑甚至是三齿耙一类的农具，聚集于山上的英军营地背面。

对于英军来说，清军正规军都不在话下，自然不怕这些百姓。对此，英军不以为意，派出一支先遣部队想将乡勇队就地驱散。乡勇队似乎也害怕英军真打，他们立即开始撤退，于是英军得意之余便在后面紧追不舍。追着追着，一场大暴雨突然不期而至，倾盆而下的雨水形成了一个巨大的雨帘，积水的路面与周围的稻田混为一体，使得几米之内一片模糊，什么都看不清了。

在大暴雨中，英军的燧发枪失去了作用。乡勇队之所以一上来就退却，其实就是在使诱敌深入之计，现在一场大暴雨更是天遂人愿，便趁势回过头来用长矛刀剑对英军发起了猛烈反击。英军开不了枪只得用刺刀应战，这使得广东人的功夫在雨中大显神威，英军被刺死砍伤多达四十九人，仅次于奕山组织的正规军作战。这就是著名的"三元里抗英"。

可是，这实际上对整个局面已经影响不大，英军很快派出持有后膛击发枪的部队前去救援。击发枪又叫雷击枪，这种枪械不怕雨淋。当英军一开枪，民众和乡勇即四散而去。

当然，老天爷不可能每次都帮忙，相信奕山如果与义律一对一贴近肉搏的话也未必就处于下风，可人家不会给这种机会，而且英军明确告知这种来自民间的攻击若不中止，停战协定便作废，即先把广州城给占领了再说。

奕山虽然在给道光帝的奏折中恨不能把"三元里抗英"的功劳也揽自己身上，但他是个聪明人，该服软还是乖乖服软，该交的钱也不敢少一个子儿。

1841年5月31日，英军拿到了全部的"赎城费"，开始陆续撤退。一周后，英军的海陆军完全退出广州，甚至连虎门炮台都交了出去。实际情况是，以英军这样的机动速度，以清军这样的防守能力，英军眨眼之间又可以重新控制广州，确实用不着捏在手心不放。

杨芳的担忧果然没错，折腾半天什么效果没起到，反而损兵折将并多付出去六百万两白银。事情到此还不算完，奕山作为主将得给皇帝一个理由，即一个战败和"赎城"的正当理由。

在随后发出的奏折中，奕山没有否认英军攻占四方炮台的情节，但他说这是"汉奸"作祟里应外合的结果，并不说明英军有多高明。

不管怎么编排，如此结果总是令人气短，而下面的发展若是照实说的话无疑会更令人沮丧，因为马上就要到战败认输的环节了。

到了这里，奕山显示出了丝毫不输于文学家的想象力和创造力，他笔锋一转端上了一盘比武侠小说还要精彩得多的"文学大餐"，题目或可称之为"我与夷人的那点事"。

据奕山的奏折里说，即使到这种关头他仍然临危不惧，下定决心要与广州城共存亡——"他们不过占领一个城北，如果他们来攻城，准保把他们全给从城头上撸下去"。

"这个时候，城外有夷人向城内招手，好像是要说点啥。往下一看，几个英军头目站在城外，嘴里叽里咕噜，而且有画面配合声音，他们一会儿指指天，一会儿指指心，总之动作十分古怪。听不懂，找来翻译听了，说英国人是要禀请大将军出面，以便向大将军申冤叫屈。"

这个"大将军"指的当然是奕山。当然，前面都是铺垫，下面就轮到奕山"尽情发挥"了：

"要请我出来？知道我奕山是什么人吗？皇上派来的靖逆将军啊，奉命而来，唯知有战，来这里的使命就是消灭你们。不见！

"我下面的一个总兵就依令站在城头上，把这帮不要脸的英国人痛骂了一通，说你们敢无耻地再说一遍，大将军是你们见得了的吗？

"亲爱的皇上，您都不知道这时候发生了什么情景，英军里面最大的头目忽然脱掉帽子向我们行礼。（请注意：奕山连细节都没放过，因为照传统的说法"夷人膝盖不能打弯"，所以在他笔下英军大头目的最高礼节不是下跪，而是脱帽。）

"行礼之后，大头目又屏退左右，他把手上的指挥刀一扔，然后便低着头一声不吭地站在城墙前。

"皇上，您是了解我的，照我一向的倔脾气，是绝不愿意搭理这些洋人的。但是，您也看到了，他们那可怜巴巴的样子太麻人，所以我就派翻译走下城去问他们——你等究竟有何冤屈。

"洋人说了，由于我们不给他们通商，导致他们'亏欠无偿'，已经卖出去的货也收不回本钱，亏大了。他们占领四方炮台，其实就是觉得离得太远怕说话听不见，就选了这么一块地方来就近递话。

"洋人们没别的奢望，就是求大将军转恳大皇帝开恩，把商欠也就是欠的那些本钱还给他们，然后让他们通商给个活路，从此再也不敢来滋事了。"

心累了

就这样，经过奕山功力不凡的"再创作"，在广州之战中求和的变成了英国人，"赎城费"变成了合理合法的"商欠"，给道光帝的印象好像这一仗还打赢了。

这真是一个天大的谎言。应该说，自林则徐禁烟以来，所有大吏没有一个不说谎的，不过总还有个限度。林则徐上报"七战七捷"，有鼓舞军心和让道光帝支持"主剿"立场的目的，但汇报英军的情况大多没掺假。琦善扯淡，主要是对义律扯，他对道光帝讲的也基本都是实情。杨芳呢，迫不得已也编过一些无中生有的"胜仗"，可再怎么编还是不敢说英国人会向他"乞和"……

不过，奕山到底是在皇上身边做侍卫的，他真是"艺高人胆大"——什么都敢吹，什么都吹得出来，给人印象就是"上嘴唇着天，下嘴唇着地"——整个完全不要脸了。

倒是道光帝似乎完全被奕山给蒙住了，阅看奏折后马上传旨嘉奖广州之战的一干"有功之臣"。

奕山可以撒弥天大谎，可是毕竟封不住其他人的嘴，有知道实情的官员随后就发来密奏弹劾奕山谎报战况。耐人寻味的是，道光帝并没有像以往那样一跃而起怒发冲冠。

道光帝超常冷静，冷静得像换了个人："再派人私下调查，看情况究竟怎样？"

调查的结果，说明奕山说的大部分是谎话。这时候，大家以为奕山该倒霉了，孰料还是没有。道光帝只批复"留览"，说放着看看吧，然后就烟消云散了。

其实，既不需密奏，更不需私下调查，毕竟道光帝又不是足不出宫的小孩子，他能真的看不出奕山奏折里的虚假吗？再说，道光帝派新队伍出征的目的就是绝不允许和英国通商，哪怕是"乞和"，而那杨芳巴巴结结半天还不就是奔着这个去的，要是通商就能止战，早就不用费这老劲了。

此时，道光帝不是看不出有人说谎，他是心累了。就像从前对付"陋规"和推行实政一样，一开始都是除恶务尽，非要怎么样怎么样，到了后来才发现原来是心有余而力不足——对方看似不怎么样，其实厉害得很，该惊着的也不是对方而是自己。

自鸦片战争以来，从林则徐到奕山，一圈人用过来了，可谓要文有文、要武有武，而且都是帝国官场出类拔萃的人物，可仍然不能像张格尔之役那样完美收官。对于道光帝来说，如果他不同意英国人的要求，那这一仗就还得继续拖下去，但这一拖消耗的都是白花花的银两，本来就捉襟见肘的国库显然已经承受不起了，所以他现在着急的是如何收场，哪怕是平局或略赢也认了。

奕山明白地告诉道光帝，只要答应了英国人的"乞和"与通商要求就可以，钱也都不用国库出，这样对方就再也不会滋事了。事到如今，道光帝已经没心思去追究奕山到底有没有说谎了。道光帝认为，他自己已经输得够惨了，再不收就收不住了，到时候后悔都来不及了。

"那就这样吧，夷人那种猪狗一样的东西，不值得跟他们计较，何况你在火攻中还惩戒了他们，何况他们还脱了帽子行礼。朕能够体谅你们不得已的苦衷，知道你们也挺难的，通商和商欠这两件事，准了！"

道光帝急于从奕山给搭的台阶上下来，可他疏忽了一件事就是义律与奕山达成的停战协议仅止于广州一地，令他想不到的是战火竟然还将向北方继续蔓延。

贪官亦是忠臣

道光帝以为战争已经结束，这个错觉说起来还不能全怪他，甚至不能全怪说谎话蒙人的奕山，这与义律也有很大关系。

原来，义律的北上军事计划推迟了。英军本来六月就要出发，但是军中流行疾病，连海军指挥官都病死了，躺倒在床的超过千人，远远超过虎门、广州之战中的死伤人数；好不容易熬到七月，英军恢复了一点元气，但又刮起台风，停泊在香港的英军舰队遭到重创，包括义律的座船在内共有六艘军舰沉没，其他舰船也不同程度受到损伤。

等台风过去，义律正要率军北上，却接到命令他被免职了。义律的免职跟杨芳和奕山无关，他其实是被琦善给抱着同归于尽的，原因就在那个从没被认可过的"穿鼻草约"。

当琦善因为这份"史上最晦气的谈判草案"而被革职问罪的时候，义律也正被英国政府骂得狗血淋头，外相巴麦尊甚至指责义律简直单纯到不可思议："我们的海军舰队已经赢得了完全的胜利，可是你看看，你弄来的都是些什么烂条件！'穿鼻草约'里答应的那点银子，连赔商人的鸦片钱都不够，想不通你这个白痴怎么会坐地就答应了。"

英国内阁开会决定召回义律，命令早下了，只是因为通信原因，相关文件才姗姗来迟。代替义律的是璞鼎查爵士，他的风格与义律完全不同。义律长期跟中国官员打交道，他在鸦片战争以前就没怎么被中方待见过，所以姿态一直放得很低。璞鼎查是一个军人出身的殖民主义者，相信"大炮就是真理"，而且义律的下场无疑也给他敲响了警钟——"软不得，只能一硬到底"。

1841 年 8 月 21 日，在璞鼎查的指挥下，英军扬帆北进，目标直指福建。福建的最高长官原先是邓廷桢，但邓廷桢因协同林则徐查禁鸦片而在处分林的过程中受到牵连，早已被革职问罪。正是在这个时期，道光帝碰到了一个很棘手的问题，即随着林则徐、邓廷桢这些人靠边站，海防前沿一时人才奇缺，甚至到了青黄不接的时候。

不管道光帝此前如何挑三拣四，但有一个事实连他也不能不承认，那就是林则徐、邓廷桢都属于第一线的能吏，所谓"三军易得，一将难求"，要找一个后继者何其难哉。

当然，没有一线的就只能找二线了，于是道光帝调任颜伯焘接任邓廷桢的闽浙总督一职。颜伯焘家世显赫，从祖父到父亲都做过一品大员，但汉人官宦家庭不同于满人，没有叼着奶瓶就能当侯爵的道理。颜伯焘是堂堂正正的进士出身，然后从翰林院编修做起，累官升至云贵总督，从而给这个官宦世家又增添了几分荣耀，被称为"一门三世四督抚，五部十省八花翎"。

居官期间，颜伯焘曾让人刻一"官箴"石碑作为自己的座右铭，上云："公生明，廉生威"。这是前人的句子，并非颜伯焘自创，但听起来煞是大义凛然。

如果据此以为颜伯焘是个清官，那就大错特错了。颜伯焘非但不"清"还贪得很，所谓座右铭只是给别人看的罢了。后来，颜伯焘被革职还乡，那排场简直惊煞人：光抬东西的杠夫就有六七百人，跟随左右的家属、仆人、杂役粗看一下则有三千多，吃饭的时候每天都要摆上四百多桌酒席，几天之内就花掉了上万两银子，简直比大观园的贾府还要奢侈。要知道，这还是在颜伯焘被免职的情况下，他在任时是什么样就可想而知了。

颜伯焘是贪官不假，但退一步说能做事的贪官总比不做事的庸官要强，而颜属于前者。史书记载，颜伯焘"娴习吏治，所至有声"，虽然不能跟林则徐相比，却也绝不是一个烂角色，而更重要的是林则徐他们曾经坐过的位置空了下来急待添置人手。

作为伯乐，既要识人，也要知道如何把对方的能量完全调动出来。道光帝一向把"德"放在首位，对官员摆排场花大钱十分痛恨，但在颜伯焘进京请训时却对这些一句未提，反而三天之内五次召见，一遍遍地鼓励新任闽浙总督"认真整顿，勉力而行"。

就是简单的这几句话，颜伯焘刻骨铭心，差点没感动得当场大哭以叩谢隆恩。

颜伯焘固然很贪，然而这并不妨碍他发誓要做一个忠臣，一个粉身碎骨也要报答皇帝知遇之恩的忠臣。

在颜伯焘去福建上任的途中，英军还未撤出定海。当颜伯焘听说奉命"主剿"的浙江钦差大臣伊里布迟迟不敢进兵，他不由大为生气，当即上奏道光帝要求重新起用林则徐，与伊里布一起负责"剿办"。

伊里布是颜伯焘过去的老上司，也算对他有恩。如今，颜伯焘这么做摆明是不给伊里布面子，但他不管这些，因为他现在心里装的全是道光帝交托给他的使命，谁要挡路就直接拍死。

闽浙总督的任所在福州，但是颜伯焘没待几天就走了——他要去厦门，其原因是广东方面传来消息，说在英国人想要开辟的通商口岸中厦门已经榜上有名。这让颜伯焘敏锐地感觉到，如果英军要进犯福建的话，厦门这座良港将首当其冲。

在离开福州时，颜伯焘将其他所有事务都一股脑儿移交给了福建巡抚刘鸿翱，从此一门心思地投入厦门防务。

"打的就是你"

鸦片战争之前，厦门的防御工事几乎是一片空白。在战争打响之后，邓廷桢在海边紧急督建了一座炮台，但是仅半年光景就快被海潮给冲散架了。颜伯焘一问，并非邓廷桢从中贪了工程款，而是经费所购材料只够支撑半年。邓廷桢和林则徐一样，都属于比较清廉的官员，申请经费也是谨小慎微，能节约尽量节约。在颜伯焘没来福建之前的一年多里，福建动用的军费全部加起来也只有五十万两白银。

颜伯焘做事素来大手大脚，他趁着皇帝倚重便奏请户部拨银，一张口就是一百万两，而其理由也很充分——"不能光看贼吃肉，不看贼挨打。没有钱，什么事都办不了"。

道光帝准奏，只是在旁边加了四个字"核减节省"，即"知道前线急用，但请你老人家能省还是要尽量省着点花"的意思。

户部虽有意见，但皇上都批复了是不能打回票的，只能打折扣，饶是如此钱也不算少了。在这么多银子里面，颜伯焘会不会贪或贪多少则是件说不清楚的事，唯一可以说清楚的是他没有把厦门工事给修成"豆腐渣工程"。

颜伯焘拿到了钱款后，决定将邓廷桢快要散架的炮台干脆拆掉，免得留下来反而坏事坑人，并重新修建一座"前无古人，后无来者"的海防长城——"石壁"。

用于建造"石壁"的材料是花岗岩，而花岗岩是最硬的石头。颜伯焘相中花岗岩，除了够牢、够结实外，还因为比较好找——闽南本身便是花岗岩的主要产区。在"石壁"之外，颜伯焘又修建了多处炮台，以与"石壁"形成鼎足之势，这样的构架有些像虎门炮台却无疑比虎门炮台要坚固多了。

就这样，颜伯焘仍然觉得不踏实。颜伯焘原计划在厦门外围设计一个"岛链"防守体系，即每座岛上都建有"石壁"炮台，岛与岛之间则通过大型战船来实行联防，这样英军尚未接近厦门便可能被打得落荒而逃。

设计得很是精巧，无奈没有这么多火炮来进行配合。要知道，"岛链"加战船，总共需要一千多门炮，一时之间哪里造得出来，只得放弃。

即便没有"岛链"，光一个"石壁"，也够英军"喝一壶"了。修好"石壁"后，颜伯焘放话出来，说"如果英军敢来厦门，便是自寻死路。我一定让他们'片帆不留，一人不活'"。

颜伯焘不怕英军来，就怕他们不来，以至自己错过立功报恩的大好机会。

世上的事，没有比等待更令人心焦的了。偏偏义律迟迟不动身北上，老在广州左一茬右一茬地磨蹭。颜伯焘实在着急，只能竖起耳朵打听，随时捕捉那里发生的风吹草动。

颜伯焘不打听还好，一打听才知道奕山不仅打了败仗、"赎"了城池，还欺瞒皇上，这下把他给气得牙齿咬得咯咯作响，恨不能把奕山从广州城里提溜出来好好地揍上一顿。实际上，弹劾奕山的那份密折就是出自颜伯焘的手笔，他在这份奏折中不避嫌疑，也不怕惹怒皇上，再次保荐林则徐"可当广东之任"。

道光帝看了之后不置可否。过了不久，道光帝发来谕令，说战争已经结束，让颜伯焘减少海防兵力，这样可以省点军费。

当然，颜伯焘的消息比道光帝灵通，判断也更准确，他可不相信"战争结束"这种说法。再说了，"战争结束"对道光帝可能是利好，但对他颜伯焘而言几乎就相当于一个坏消息：都不打仗了，他苦心经营的"石壁"给谁看呢？还有他对皇上的耿耿忠心，以及他痛歼"英夷"的雄心壮志，不都堵一块了吗？

可是，另一方面圣旨颁下，又不能不敷衍一下。颜伯焘是老官僚，做这套可谓游刃有余，他先压着装着没收到或是没来得及办，接着再拖：要下面的官员调查，下面调查完了他再调查，他调查完了再研究，研究了再请旨。

等一套官僚主义流程办下来好多天过去了，颜伯焘拿出的不过是一份酌定裁减兵员数量的单子。这份单子还得上报皇帝批准，来来去去又要许多天，所以自始至终福建海防其实一兵未减。

事实上，颜伯焘的预计与英军攻击的首选目标完全一致，璞鼎查要占领的正是厦门。就在颜伯焘把那份单子发出去的当天晚上，英军舰队就开到了厦门。

1841 年 8 月 25 日，英军穿过了厦门外围"岛链"。"岛链"里面虽有炮台，但只有很少的几门炮——隔靴搔痒，起不到什么作用。接着，就轮到了颜伯焘引以为豪的"石壁"，眼看着大兵压境却一点都不惊恐，只有兴奋——"终于来了，打的就是你！"

次日，颜伯焘坐镇厦门岛亲自指挥，从三面"兜击"英军。

"我们只有一条路可走"

战事一开，"石壁"首先引起英国人的注意，他们对这种防御工事的防炮能力和坚固程度留下了深刻印象。例如，一名军官夸张地描述说，对着"石壁"放炮，就算放到世界末日都伤不到里面的守军。

发现正面打不垮"石壁"，英军再次祭出"侧后包抄"这一战术。随着"复仇神号"铁甲舰驶至"石壁"背面，舰上的英军步兵蜂拥而下搭人梯爬上了"石壁"。

要说颜伯焘对广东情报搜集得很齐全并对此早有防备，但要命之处在于他也在不知不觉中上了广东方面"宣传"的当。从沙角之战到横档之战，再到广州之战，英军每次都从侧后发动袭击，但清军的口径从来不说是英军袭击而都说是"汉奸"所为。因此，在颜伯焘看来，汉奸能有多少能量呢，适当提防一下就行了。于是，颜伯焘虽守了侧后，但是派去的守军不多，也没有添置火炮。当发现英军从背后袭来，守军措手不及，只能以鸟枪、刀矛、弓箭甚至石头来匆匆抵挡，大多数人的反应都是匆匆打上几枪就跑。

在半小时之内，那足足耗去颜伯焘半年心血的"石壁"体系便散了架。一名英军军官爬上山后，看到修筑于悬崖上的一座炮台敞开着大门，便独自冲了进去。炮台里面倒是有四五十个士兵，但在英军军官冲进去时看到的是这些士兵或坐或躺，他们正在吞云吐雾地吸鸦片，枪支则被放在了一旁。士兵们发现来了不速之客后，他们都没顾得上看一看一共来了几个人便纷纷夺门而逃，结果区区一个英军军官居然就把整座炮台给拿了下来。

与鸦片战争中的其他任何一次战斗没什么两样，清军在厦门之战中也迅速落败。目睹这一场面的颜伯焘痛彻心扉，禁不住与身边的官员一起大哭起来。

当然，颜伯焘不能不哭，他一直在努力，一直在前进，从来没有想到过后退，但仍然被打败了，而这个败还不是光荣的败，是毫无尊严和骄傲的败。战后统计，守军减员达三百多人，包括总兵在内的将领就战死了八人，而英方伤亡仅有十七人，连个零头都算不上。

颜伯焘痛骂过奕山的无能无耻，可当败局已定他也只有仓皇逃跑的份儿，因为他的勇气早已被无声地吞噬，剩下的只有惊慌和不知所措。

在这无比现实的世界里，不管曾经怎样豪情万丈，一旦剥开假面，其实亦不过是命运的傀儡或弃儿罢了。

9 月 13 日，道光帝收到了厦门失陷的奏折，他这才清醒过来，知道战争并没有结束，而是在继续，遂赶紧谕令其他沿海各省加强防范。

这个时候，璞鼎查已经奔着浙江来了，负责浙江军务的是钦差大臣、两江总督裕谦。裕谦和琦善一样，都是满蒙贵胄出身，但他这个家族实施的是完全汉化的教育，这使得裕谦从小就规规矩矩，读书、考科举一样不少，之后考中进士，更成为八旗子弟中值得夸耀的例子。

裕谦在官场中也仅属于二线人才，比较勤勉，就是天资差了点儿，始终干不出什么值得夸耀的政绩，而这导致他一直升迁得比较慢，老在知府一级徘徊。

正是鸦片战争的突然爆发，裕谦得到了命运的垂青，使得道光帝将其破格擢升，短时间内连跳几级，以钦差大臣身份直接署理（代理）两江总督。在道光帝给裕谦的谕旨上，写道："朕只有早早晚晚地候着，等你报来捷音了。"

脑子不活络的人往往更容易认死理，而裕谦就是这种人。裕谦对皇帝的感恩戴德之情还要超过颜伯焘，他是真打算以一死来报君恩的。

裕谦对林则徐十分崇拜，不仅和颜伯焘一道一有机会就为起用林则徐鼓与呼，而且时时处处都向林则徐学习——学其耿直不阿，学其强硬立场——几乎形同于林则徐的影子，被公认为自林则徐被撤换后"主剿派"的当然领袖。

"主剿派"的对立面自然就是"主抚派"。同为八旗子弟，裕谦最看不起也最憎恶的人却正是当时在广州"主抚"的琦善。裕谦曾第一个上疏弹劾琦善，并列出了琦善的五大罪状，说琦善自以为得计，其实不过是被英国人玩弄于股掌之中的一个小丑，这种头号奸臣早就该革职了。

裕谦的奏疏轰动一时，大长"主剿派"的志气，连被革职的林则徐都为之击节赞赏，并对这篇"名疏"予以了亲笔抄录和评点。

就这样，一个裕谦让"主抚派"的官员个个抬不起头来。奕山敢欺瞒皇帝却不敢得罪裕谦，论地位他并不比裕谦低，但还是毕恭毕敬地写来亲笔信，信中一再解释自己的苦衷，话语中甚至不惜讨好求饶，就怕这位"大忠臣"来了性子会抓住他不放，让他也跟琦善一样倒霉。

在裕谦的任职范围内，他不需要道光帝提醒，从来没有放松过迎击英军的准备，其中最突出的就是精神上的准备。

英军第一次占领定海期间，由于严重水土不服，曾像在香港时一样遭遇大病疫，共有四百多人死于热病或痢疾，并将大部分做了就地掩埋处理。裕谦上任后，他让人把尸体全部掘出来，先"鞭尸"，然后或挫骨扬灰，或剁碎后投入大海。

这是对死的，活的也一个都不放过：抓到"通夷"的汉奸，斩；捉到零星的英国俘虏，杀！裕谦不给情面，不留后路，如此狠辣就是要让众人知道他有进无退的决心和意志，断了部下们的首鼠两端之念："我做得这么极端，'英夷'一定恨死了我们，所以你们别想再玩暧昧，更别企图搞什么谈和。我们只有一条路可走，那就是死战到底！"

"不是一个好兆头"

获报厦门失陷，裕谦马上集合群臣在关帝庙举办了拜神仪式。当然，拜神免不了要祈求关帝爷显灵，保佑定海这里能转败为胜，但最主要的环节还是带着文武百官发誓。

裕谦的第一句话十分悲壮："今日之事，有死而已。"接着，裕谦回忆起了他的曾祖父班弟。班弟在乾隆时期曾出征准噶尔，最后一战被围困于伊犁，实在突围不出去后选择了自杀殉国。

裕谦说："我会跟从我的曾祖父（班弟）。自我以下，凡文武将佐，敢说'退守'这两个字，或者私自投降英军的，一定明正典刑，让他受到天谴神殛。"说这番话时，裕谦言辞慷慨。定海总兵葛云飞等人原先信心不足，时有"张皇摇惑之辞"，见裕谦做出这番表态后也大受震动，不敢再犹疑不定。

除了思想舆论上绷紧弦外，裕谦还在定海亲自部署建立了空前规模的防卫体系。

自中英爆发军事冲突以来，从最早的九龙之战，到最近的厦门之战，尽管战场逐渐内移，将领也逐渐换成了以陆战见长的将领，但要论战争性质大部分仍只能算在海战范畴，这给包括道光帝在内的军事决策者们好歹留下了一份自信：那就是海战纵然不济，陆战还是有机会一决高下的。

有这份自信，人就还不会被逼得无路可走。裕谦在布阵时，基本舍弃了定海城外的岛屿，他将主要兵力全部集中于县城区域，为的就是转移战场把他认为"不善陆战"的英军聚歼于陆地之上。

不过，浙东不像闽南那样容易找到坚硬的石头，裕谦没有条件筑"石壁"，他打造出的是一座面积很大的"土城"。所谓"土城"，是把县城前的空旷地带全部用土墙围起来，这种土墙系用泥土和石灰掺和所制，虽比不上花岗岩那样坚不可摧，但也具有相当的牢度。

裕谦是个文官，按照魏源的评价是"裕谦任事刚锐，而不娴武备"，但他显然也对中国的传统兵法做过一些研究，知道如何利用地形。在"土城"附近的山上，裕谦建立了炮城炮台和瞭望哨，以便对进入"土城"的英军进行俯瞰打击，可以说该注意到的地方都注意到了。

在给道光帝的奏折中，裕谦信心满满地说"形胜已握，人心愈固"，即既占有陆战地利之便，军心民气又被鼓了起来，这仗还怕打不赢吗？

1841年9月18日，英军舰队陆续集结于定海。当月26日，英舰在靠拢海岸时遭到"土城"炮台轰击。此后的五天内，英军曾多次派出水兵分队登岸，守军也果断出击，予以一一击退。

五天的"首秀"是很让人得劲的，一轰就跑，一打就走，谁看着心里都会觉得舒坦。可是，大清帝国的官兵们并不知道，这五天其实是英军完成火力侦察和部署的五天，真正的总攻并没开始，更糟糕的是由于"土城"炮台的火炮射程太近，从头到尾也没能对英军造成什么损失，反而上上下下、左左右右都被对方瞧了个仔仔细细、明明白白。

裕谦用的是冷兵器时代的传统兵法，而璞鼎查掌握的却是以热兵器为主的近代战术。在那五天里，璞鼎查完全搞清楚了"土城"点线结合的布局，知道"土城"的要害其实是山上的炮台，换句话说，只要打垮了炮台，则"土城"不攻自溃。

当然，英军有充裕的时间建立更好的火力制高点，他们在内港的山岛上设置了野战炮兵阵地。守军看到后也曾用炮火进行射击，可惜的是根本够不着，人家完全可以哼着小曲安安心心地把阵地工事垒起来。

10月1日，英军总攻开始。战斗打响后，英军野战炮兵阵地率先启动，将中方炮台上的火力予以完全压制，紧接着"复仇神号"铁甲舰把步兵运上了岸，他们绕开"土城"直接攻向各座土山。

在过去的五天里，定海连降大雨，守军对火力侦察这一套又不明就里，大动干戈的结果是把自己搞得十分疲惫，而此时骤遭重击后很快就顶不住了。负责督阵土山炮台的葛云飞等三名主将都先后力战而亡，后来他们被合称为"定海三总兵"，虽然三人至死一步不退，但仍无法挽回败局。

英军在付出伤亡二十九人的代价后，攻占全部土山，至此"土城"已起不到任何屏障作用，随即定海县城失陷。

与定海一水之隔的就是镇海，亲自驻防镇海的裕谦眼睁睁地看着悲剧一步步上演，他终于认清了一个始终不愿承认的现实，即以海战见长的英军不是不擅长陆战而是太擅长陆战了，他们在陆战方面的水平和能力远在清军之上，无论是"石壁"还是"土城"在他们面前都一样不堪一击。

如果防守工事起不到作用，裕谦就只剩下一条路可走了。当裕谦经过读书人聚集的学宫时，忽然对着学宫前的池子发起了愣，而池子旁立了一块石头，上镌"流芳"二字，正是这两个字触动了裕谦的心思。

裕谦叹息着对幕僚说："我的曾祖父班弟是乾隆二十一年八月殉难的，现在也正好是道光二十一年八月，如此凑巧，真不是一个好兆头，这大概就是人们所说的命！此地不错，你们以后要记着在池旁替我收尸了。"

以身殉国

1841 年 10 月 9 日，英军舰队进至镇海。早前一天，裕谦遣退了身边的幕僚让他们先走，并且嘱咐说："我明天会在镇海城头亲自指挥，你们在离城池数里的地方观战。如果赢了，就可以给我写捷报；如果败了，不要管我，你们自己逃命去吧。"

幕僚们悲戚不已，而裕谦还不忘给大家打气："东南尚可为，勉之。"——朝廷很快就会再派大将镇守曹娥江一线，大局还是有希望的，你们好好努力吧！

10 月 10 日，英军发起登陆行动。裕谦闻讯，立即登上城墙进行指挥。这时，由于战事不顺，浙江巡抚余步云登城面见裕谦，请求"暂事羁縻"：实在顶不住了，就服一下软不行吗？

余步云并非一般武将，他曾跟着杨芳参加张格尔之役立下殊勋，其画像还上过紫光阁。在幸存的纯武职官员中，论名气和功绩，杨芳以下就轮到余步云了，这使得他平时颇有些倚老卖老，对裕谦这位上司也瞧不上眼。但是，当大难临头时，看似文弱的裕谦又显然要从容镇定得多，于是余步云的请求被一口回绝了。

第二次，余步云又回来了，这次他要求撤退到宁波，理由则冠冕堂皇，声称只有这样才能避免镇海百姓遭殃。

此时，炮声震天，声音小了对方都听不见。裕谦大声对余步云说："你如果要撤到宁波，那你到时自行上奏。我不能下这个命令，而且我是不会走的，如果镇海沦陷，我会即刻殉节。"

余步云见裕谦毫不动摇有些急了，索性把话挑到了明处："这样打下去，无非死路一条。我死就死了，只可怜了剩下的一家老小。大人，你知道吗？我还有一个女儿，正好今天出嫁，我都看不到了！"

裕谦当初连英国俘虏都杀，看上去何等绝情狠辣，但听余步云说到此处亦不免黯然神伤："我知道，儿女情长谁都免不了，可是忠义事大。我们都对着关二爷发过毒誓，谁不遵守自己的诺言，必受惩处。"

余步云发现不可能再让裕谦改变主意，于是回营后就自顾自地跑了。当然，余步云跑不跑对战局而言关系都不大，只是跟他个人有关——一年后，余步云被问责处斩，成为鸦片战争中唯一被判处极刑的高级官员。

守军很快就顶不住了。就在镇海即将陷落的一刻，裕谦来到学宫前的那座池子旁，他先朝着京城的方向磕头，完了纵身一跃跳入池中。一旁的随从急忙将裕谦救起，救上来的时候人已经昏死过去，但还有一口气，接着送往余姚，在半路上即气绝身亡。

1841年10月18日，道光帝收到了镇海失陷的奏折，他的本能和第一反应仍是要找个人来承担责任，那就是处罚裕谦。但是，仅仅几天后，裕谦殉难的消息便传至北京，于是道光帝又转而决定给予其哀荣和高规格的祭葬。在此期间，裕谦自杀的细节让道光帝忍不住落泪，而英军的逢城必拔则令他"愤恨之至"。

道光帝随即任命奕经为扬威将军，并从内陆八省调集一万多兵勇赶赴浙东参战。这完全可以被看成一个复制的"张格尔一役模式"：在征讨张格尔一战中，道光帝就将扬威将军授予长龄，而调兵一万之举同样可类比于当时大规模的调兵遣将。

当然，对于道光帝此举，可以说这是在重拾旧梦，而换个角度也可以说是黔驴技穷，因为道光帝手里能打的牌实在已没几张了：海战打不过，陆战更够呛；一线的能臣用完了，二线的也基本出尽了。

面对"有将不可恃，有兵不可用"的困境，道光帝只能勉强再博这一把，至于结果如何，他已不敢去多想了。

作为皇族成员，新任扬威将军奕经比奕山更为显贵，他是雍正帝的四世孙。到雍正帝立嗣时，皇子们之间的权力争夺已不像康熙帝时那么激烈了，一方面是前面的骨肉相残把后面的人都给吓得不行，另一方面则是雍正帝设计了"秘密立储"制度告诉大家都不要抢，到时打开匣子就知道谁能当皇帝了。

皇位争不了，于是众皇子们都变得本分起来。奕经的爷爷就是个很有名的书画家，一辈子跟笔墨丹青打交道，从没有扛过枪拿过刀。到了奕经这一辈，他才开始拿刀，不过是拿的小刀，也就是像奕山一样做宫廷侍卫。

奕经虽说曾外放担任过黑龙江将军，还曾跟着长龄出征南疆，但他似乎只继承了书画家爷爷的血脉：性格偏软，适合从文而不是从武，对征战杀伐这套学问也始终没能真正领会。

要论兵略，奕经都不如奕山。这么说吧，奕山算是皇族成员中的一线能臣，奕经至多排在二线，而皇族成员与满汉大臣在能力方面又差着档次，因此奕经的实际水平只能到三四线外面去找。当然，道光帝也不是不知道奕经有几斤几两，只是他实在没有什么更好的选择了。

第三章　一叶而知秋

在奕经上殿面君之时，道光帝特地交给他一纸诏书："凡失守各城的逃兵逃将，一律军法从事。"

虽然授予了这么一柄沉甸甸的"尚方宝剑"，但在前方连战连败的不利境况下，奕经的奉旨出征早已没了奕山挂帅时那股雄赳赳、气昂昂的气势。同时，道光帝本人在"剿""抚"的态度上也开始出现松动，变得不甚明朗起来。

第一个窥测到这一切的是首席军机大臣（也称领班军机大臣）兼大学士穆彰阿，他给道光帝上了一个奏折，请求释放琦善出狱，让他跟着奕经到前线去效力。

此时，琦善已成了"主抚派"的象征。若放在过去，穆彰阿是断然不敢上这样一个可能引火烧身的折子的，而现在他敢上就是抓住了道光帝的心理变化。果然，道光帝看过奏折后，很快予以批准。

穆彰阿这道折子有迎合皇帝的意思，但也有意无意地救了琦善一条命。此前，琦善已被定为斩监候，秋后就要勾决问斩了。

奕经本来是个天生没主意的人，皇上让带着琦善那就带着了，但他的一位幕僚颇有政治眼光并力劝其不能这么做：您以扬威将军的名号出征，主要使命是"战"而不是"抚"，让琦善跟着算怎么回事呢？别人肯定说你三心二意，又想"战"又想"抚"，最后可能是两边都不讨好。

奕经一想是这么个理儿，便上奏说不带着琦善了。其时，奕经这个扬威将军的话很管用，道光帝听后马上就改变了主意。这样一来，琦善死罪虽免但活罪难逃，而奕经不带着他，那他就只有被押到关外做苦差去了。

乱点鸳鸯谱

奕经的态度是有了，可世上的事光有态度不行，还得有能力，而恰恰他欠缺的就是能力。奕山出征广州还知道要发动火攻，而奕经则是一脑袋糨糊——啥也不知道。

当然，如果为帅的不行，底下将佐若厉害一些或者还可以予以弥补，可跟着奕经出京的官员基本全是一些废物。他们这些人平时久居皇城，既无实权，也没油水，愿意出来只是为了到基层打打秋风，哪有一点能打仗、会打仗的样子。

奕经着急，心想带着你们这些没用的家伙，要是上了战场可怎么办？还好，因为征集那一万兵勇需要时间。出于"谋定而战"不打无把握之仗的原则，道光帝暂时也没急着催他上战场。

利用这段时间，奕经决定发扬民主——从民间招纳贤才。奕经在营门外安了一只木柜，说只要对打仗有独特见解的，就可以把建议和自己的名字写成字条放进木柜，将军三日后予以接见。

"招贤柜"一出，惹得营外人来人往跟赶集似的，好不热闹。柜子里的字条倒是塞了很多，但奕经乃无主见之人，字条一多反而把眼睛给看花了，不知道哪一条是克敌制胜的妙招，又有哪一位真的是"奇才异能之士"。

干脆，"乱点鸳鸯谱"——抽到谁算谁。在奕经主办的这次"招贤"活动中，共有四百多人献策，被奕经招纳的"贤才"有一百多个，结果却是所有的"策"没一条能派上用场，而"贤才"也大多是鱼目混珠之辈，不比那些京城官员强上多少。

队伍大了，反而更不好带了。从皇城下来的京官自然是一个个心醉神迷，到哪都以"小钦差"自居，俨然在奕经一人之下而他则在万人之上，连地方官员们见了都得长跪不起并口称"大人"。这倒也罢了，那些鱼目混珠的"贤才"竟然也有样学样地跟着作威作福，被称为"小星使"。

"小钦差"和"小星使"们成事不足败事有余，一路上都弄得乌烟瘴气，以致奕经的队伍还没到前线，周围已经是谤议四起，没有人不骂的。

如此折腾来折腾去，奕经已全无一点离京时的志气。奕经驻节的地方是被称为"人间天堂"的苏州，吃喝玩乐应有尽有，而他躺在温柔乡里哪儿都不想去了，更别说上前线打仗。

主帅迟迟不能现身，可把浙江方面的官员给急坏了，便隔三岔五地派人来催，但奕经就是赖着不肯动身：那谁谁丢了城池就严惩他，我有皇上赐的"尚方宝剑"呢。总之，反正一句话，"你们别打扰老爷我的雅兴就行"。

这么一赖皮，年都过去了。到第二年年初，连内陆援军都差不多到齐了，奕经没法再推托，不得不移师赶往曹娥江前线。

裕谦生前企盼的大将终于来了，只是这位大将迷迷瞪瞪，始终找不到取胜的法宝。

奕经自己靠不住，随从京官和"贤才"又都不行，束手无策的他天天做梦，企盼着在梦境中得到上苍的指点。——你还别说，上苍很够意思，第一时间就给奕经托梦：在梦中，奕经看见穷凶极恶的英军竟然收起摊子，撤出了已占领的东南城池。

这梦很有些不可思议，但显然合上了做梦人的心意。不过，奇怪的是，跟奕经一齐出京的参赞大臣也做了一个同样的梦，让人不心跳都难。

"不会吧，我还没进攻，洋人怎么就会撤兵呢？"奕经对此也有点将信将疑，然而前方传来的消息却不由得他不信，英军真的撤出了已占领的余姚等三座城池。

原来，在镇海之战结束后，英军又连夺三城，但这样一来力量有所分散，加上冬季到来了，于是璞鼎查决定收缩兵力等来年执行新的作战计划，便未再组织新的进攻并退出了所占领的城池。

事到如今，连奕经自己都觉得不可思议：如此"佳兆昭著"，看来老天爷还真是向着我啊！

"虎头人"

奕经在有了这么一个称心如意的梦之后，自此对"怪力乱神"的一套就特别着迷。在开赴曹蛾江前线前，奕经专门前往杭州的西湖关帝庙抽了一签，签上批了一句话，叫作"不遇虎头人一唤，全家谁汝保平安"。

相比那个一看便懂的梦，签上的这句话就太古怪了，什么意思呢？奕经百思不得其解。三天后，奕经恍然大悟，而当他恍然大悟的时候只能被迫用手强压住胸口，因为就怕心脏经受不住刺激猛不丁地从里面喷出来。

"虎头人"来了，这不是梦！

眼前突然出现的"虎头人"，一律头戴虎头虎爪帽，身穿虎皮坎肩，屁股后面还拖着一条虎尾，加上身材魁梧高大，简直就是一个个活生生的"百兽之王"。惊喜交集之下，奕经一打听，原来是增援浙东的四川藏兵，因为离得远，所以才刚刚前来报到。

四川藏兵来自川西阿坝的藏区部落，这些地方的男人个个勇猛矫健，过去他们曾披着虎皮行头多次协助政府军队参加平定边疆的战役，并且屡建奇功。

奕经开心死了，"虎头人"既已齐集，接下来就是要选一个进攻的良辰吉日。翻完皇历，时辰定了下来，是为壬寅年壬寅月戊寅日甲寅时。这是有讲究的，在十二生肖中，寅属虎，因此可理解成"虎年虎月虎日虎时"，共占四个"虎"。

不过，"四"是不吉利的，于是奕经又任命一个属虎的总兵为大将，总算凑足了"五虎"，他要用"五虎"来扑"羊"。

"羊"者，洋人也。以"虎头人"为前锋，以"虎大将"为指挥，五只猛"虎"共逮一只软塌塌的小"羊"，这还能没胜算吗？

谁说精神的鸦片没有作用，至少它提气啊。此时，奕经一扫之前的颓丧，重新变得神采奕奕且胸有成竹起来。随后，奕经给道光帝上了一道长达四千字的奏折，上面列出了一个详细的反攻浙东计划。

虽然隔着千里万里，但奕经的激情明显也感染了道光帝。在道光帝看来，从前派出去的钦差或将军，汇报的无非是如何守住地盘，而这奕经多少天不吭气，突然之间竟然能够组织反攻，还布置得如此妥帖周密，真是应了那句话——"不鸣则已，一鸣惊人"。

"想不到啊想不到，看来冥冥中确有贵人相助。"道光帝举首向天，跟奕经一样为老天爷的仗义而慨叹，并相信奕经"必能成此大功"。

奕经自己已经忍不住了，他在战前把幕僚们召集起来，组织了一次提前书写捷报的"文章大赛"。奕经的幕僚打仗不行，但写起锦绣文章吹起老牛来一个比一个厉害，不一会儿就交来了三十多篇文章，放在桌案上堆得像座小山似的。

这使得奕经大人都为难起来，看着这篇篇佳作，究竟选哪一篇好呢？当然，名次还是要有的，奕经忍痛割爱地亲自筛选出了第一、二、三名——第三名，语句华丽，不错；第二名，有声有色，鼓掌；第一名，如临其境，过瘾！

1842 年 3 月 10 日，奕经发动了鸦片战争中唯一一次反攻行动。

在奕经抽的签批上，至少有一点是预言对了。如果说反攻部队中有一支特别争气的话，那就是"虎头人"，他们在攻打宁波的战役中勇不可当，曾依靠里应外合一举冲入城内。可是，这个签批又没有全对，藏兵勇则勇矣，但他们攻城时所携带的武器只有长刀，而英军却在巷战中罕见地动用了榴弹炮，这使巷战变成了单方面的屠杀。因此，冲进城的藏兵无处疏散、无处躲藏，死伤惨重，天亮后又只得仓促退出城外。

当浙东反攻失败的消息传来，奕经大惊失色，连"虎头人"都保不住他的

"平安"，这个扬威将军的意志立马像雪崩一样地溃散下来。当时，奕经就想跑，好歹被幕僚给劝住了，才勉强支撑了一晚。

第二天实在受不了了，奕经铁了心要逃，幕僚拉都拉不住。奕经连夜西奔，一气逃到杭州，后来还跟道光帝解释说自己不是逃跑，而是检查钱塘江防务去了。

当浙东兵败的奏折传到京城后，道光帝的心情可想而知，这么长时间的准备，换来的却是"张格尔一役模式"的彻底破产。

在道光帝看来，此时奕经还检查什么防务，净整这些没用的，于是在奏折上批了一行字"愤恨何堪，笔难宣述"，气得都不知道说什么好了。

道光帝手中再也没有任何可以用来出奇制胜的利器了，这场战争差不多耗尽了他所有的精力以及财力。自战争开始以来，大清帝国的国库光军费已用去三千万两白银，足足为张格尔之役的三倍，可迄今为止连取得一场小胜的迹象都没有。

战争之初，道光帝还难得地露出了大方模样，沿海各省所需军费要多少给多少。当然，那是因为道光帝以为战争很快就会结束，但随着时间的延长情况却越来越不对劲，到颜伯焘失守厦门时户部开始靠挪借银子度日，再到浙东反攻失败时国库存银已寥寥无几，整个帝国已经陷入了一个恶性循环：越败越要花钱，花了钱败得更快，然后再花钱，再败。

对道光帝来说，战争正逐渐变成无底洞，往后的日子不知道该如何过下去，而这是最让他感到困窘的地方。

打不如偷

尽管道光帝一度对琦善等人深恶痛绝，但此一时彼一时，他终于又不得不动用"抚"来收场了。但让道光帝难堪的是，这个"抚"已明显不同于以前的"抚"，以前的"抚"属于骗骗边疆的小兄弟们，自己仍然可以高高在上，而现在的"抚"则是给逼得没招了，才被迫做出低头姿态，说难听一点就是"求和"。

难堪也只好难堪，现实永远都比面子更重要，特别是当接连不断地被扇耳光的时候。如今，道光帝深刻体会到了这一点。

不过，道光帝也非常清楚另一点，在英军"凶焰甚炽"且嚣张得不知道手往哪里放的情况下，如果一味求和，就等于光着身子跟人家谈判，铁定只有被诓被宰的份儿。

道光帝决定再派钦差大臣前去浙江，临走前授之以"先剿后抚"之计，即多少打一场胜仗，哪怕只是极小的胜利，然后再谈和，以求在谈判桌上能够讨价还价。

新任钦差大臣叫耆英。耆英一到任，奕经立刻从中感受到了对他的威胁。正好英军放弃了宁波，奕经如获至宝，赶紧拿来当成自己的功绩向道光帝报告，说"英夷"终于被赶跑了。

每位出征大将都是这样，先咬着牙死磕一下，磕不过再进行"文学创作"向上谎报战功。不过，人们奇怪的是，英军为什么要突然撤出宁波呢？

说起来，这里倒也少不了奕经"唱戏"，但他并非故事中的真正"主角"，充其量只不过是个串场角色而已。

自从反攻浙东大败后，奕经其实早就没了继续组织反攻的勇气和能力，但他也不能什么都不干：既然不敢出门，那就玩玩捉"汉奸"吧。

某日，又抓到一个"汉奸"，准备处死。帐中有一个随军效力的当地知县一看，哪里是什么"汉奸"，分明是他认识的一个小偷，大约平时一副鬼鬼祟祟的样子，便被当成"汉奸"捉了过来。

知县很可怜这小偷，便当着面对小偷说："你偷东西而已，罪不至死。我给你一个求生的机会，可以保你不死。"

知县的求生方案是这样，说穿了也是偷，不过是"偷人头"！知县承诺，如果小偷能把"鬼头"，也就是宁波城里的英军脑袋割下并送过来，不仅可以减免死罪，还会请奕经将军重重赏赐。

"杀个人而已，又不是到天上摘星星，能用洋人的头代替自己的头，有什么不愿意的？"小偷满口答应。知县便抱着试试看的心态，将小偷放了。

连当官的都认识且亲自为之说情的小偷，一则说明这小偷是惯犯，二则这小偷肯定也非无名之辈，属于那种行走江湖且黑白两道都吃得开的人物。果然，这小偷有名有姓，他叫徐保，从小臂力过人兼身轻如燕，在当地民间名闻遐迩，颇类似于后来的京城神偷"燕子李三"。

徐保返回宁波城后，没过多久，果然送来一个英国兵的脑袋。英国人的长相跟中国人完全不同，脑袋没法冒充，所以鉴别都不用鉴别就知道是真的。

奕经见了那个高兴劲，自己费劲巴拉地组织一次反攻，顶多也就干掉几个洋人，看来真是"打不如偷"啊——赏，重赏！

在兵荒马乱的岁月里，别的不出，尽出小偷和强盗。宁波城里光数得着的小偷儿就有六七十个，被徐保这么一示范后个个都眼红不已，他们争先恐后地盯准了这一"新兴产业"。于是，英军据守的宁波城就出了一个怪现象，那就是小偷如云，特别是到傍晚黄昏的时候"遍府中无非偷者"，钻洞翻墙出出进进的高手们全是想偷洋人脑袋的人。

英军肤色不一，有英吉利白人，被称为"白鬼"，有印度人，被称为"黑鬼"。奕经开出的赏格以黑白分出档次，"黑鬼"脑袋的价格最低，"白鬼"翻倍，还有就是如果能够活捉，则倍上加倍。这就等于把洋人们送上了摊位，大家伙瞧他们的眼光都是两样的：得计算啊，这个黑的不错，那个白的更好——哇，马上要赚翻了。

某夜，英军晚上巡街，两个兵一前一后嘻嘻哈哈地说笑，突然后面的没了声音，前面的纳闷扭头一看，头发立即根根直竖——只一眨眼的工夫，同伴的脑袋竟然没了。

在这部超惊悚的"恐怖片"面前没有人能够保持镇定，英军士兵吓得连叫都叫不出声，就像根木桩一样地僵立不动了。

呼，一道亮光闪过，这位英军士兵自己的脑袋也不翼而飞。

"黑水党"

对于英军来说，宁波城中的气氛已经变得越来越诡异了。一天，一位英军士兵远远看到有人跟他打招呼，其人完全是英国人装扮，手里拿着根竹杖，看样子也没什么威胁性，便不假思索地走了过去。未料，对方不知从哪儿拔出刀来，一刀就把这位士兵的脑袋给削了。

实际上，这是易容术的效果，而跟其套近乎不为别的，纯为借其项上人头一用。

当然，活的更值钱。一般是尾随在后，突然用布扣住单个英军士兵的头，让其叫不出声来，然后像背猪一样将其背到偏僻的巷口，捆好并用口袋装起来，接着再送出城去。

有时正好不远处有个英军士兵见同伴被背走，自然要跟着追，但这一追就坏了。小偷儿们早就设计好了桥段，当你追的时候，另外一个小偷儿会从小巷中钻出来，跟在后面取你的脑袋——要知道，小偷儿们都是宁波人，地形还不比英军士兵熟？

就这样，城里的英军士兵们不是脑袋掉了，就是突然失踪，令驻城英军不得不加强防范，或者严格限制进出，或者成群结队巡城，但这并没有难倒热情高涨的"猎头者"们。

小偷儿们不进城了，就躲在城墙底下——"信不信，照样取你脑袋"。

城头上有英军往来巡逻，当听到下面有喧哗声，忍不住要探头俯视，只听"嗖"的一声藤环飞来，正好套中头部，再一用力则人立即翻了下去。由于是晚上，其他英军看不清楚，说："这小子是不是失足掉下城啦？真不小心，有好奇心也得注意安全嘛。且让我瞧瞧，看能不能把他给救上来。"

于是，其他人也伸头来看，又成了下一个猎物。

等城上的英军惊觉开枪时，小偷儿们已带着活捉到的英军士兵呼啸而去且迅捷如飞，追都追不上。

随着时间的推移，加入"猎头"行列的民间高手越来越多，袭击方式更是五花八门。以上这种袭击守城士兵的手法最为常见，叫作"杀哨"，除此之外还有放毒的、埋炸药的，甚至有趁黑夜自己驾一火船去烧英军军舰的，"奇策秘术，莫得而详"——都不知道里面究竟有多少门道。

小偷儿从此换了名称，因其多着黑衫黑裤，且出没于东南沿海，所以称为"黑水党"。

奕经坐享其成，觉得英军士兵的脑袋也不稀罕了，便给"黑水党"下达一条命令，说"得群夷百不如得酋一"：抓一百个当兵的及不上抓一个当官的，要是你们能活捉一个英军指挥官回来，少说点一万两白银，外加封三品官，实在抓不到活的，死的也要。

这样的"金脑袋"谁不想去偷啊，但英军指挥官可不是普通哨兵，他们往往都住在指挥所里，就是出去也是里三层外三层且周围全是卫兵，而且由于小偷儿们前面搞得动静太大，对方已经有了防备，指挥官一晚上都要换好几个住所，让你飞檐走壁都找不到下手的机会。

以徐保为首的"黑水党"想了很多办法，始终无法得手，只得作罢。尽管如此，"猎头行动"已经令入侵者闻风丧胆，据说仅宁波一地被擒斩的英军就多达四十多人。

所谓"明枪易躲，暗箭难防"，英军一路上攻城拔寨可以说轻轻松松，怕就怕来自暗处的袭击。他们实在搞不清楚这股暗杀潮是从什么时候开始盛行的，又没有特别有效的办法来加以制止，只能在军中发出警告，告诫官兵们平时不要"独自一人在城内游来荡去"。

1842年5月7日，英军撤出宁波和镇海，外界纷纷传闻是因为英军不堪"黑水党"的袭击待不下去了，才被迫放弃。

在奕经的表功奏折中，当然不会提及"黑水党"，只说是自己进兵反击才导致"夷人惶惧"，弃城逃遁。

道光帝见到的说谎折子多了去了，但这回奕经言之凿凿说不仅有"鬼头"

为证，还抓到了现成的俘虏。

因此，道光帝一听还有俘虏就信了：这是真正的胜仗，不然怎么可能抓得到俘虏？太好了，凡有功官吏，全部奖赏。

要说奕经还算是厚道之人，虽然没提"黑水党"，但他还是把徐保作为自己的属下报了上去，所以徐保也得了一个五品冠带。因此，"黑水党"也名震东南沿海。

奕经因打了"胜仗"而涨了身价，而道光帝的心理也随之又发生了变化，他觉得既然形势不错则"抚"就是亏了。

道光帝念头一动，便下了道圣旨准备将耆英给调走。

先剿后抚

奕经又一次因撒谎而得了便宜，然而他不知道的是，其实英军撤出宁波和镇海与"黑水党"的捣乱同样没多大关系。

尽管"猎头行动"多少造成了英军一些心理恐慌和人员损失，但要说这就足以影响英军的军事布局，那就太"科幻"了。想当初，英军第一次占领定海，遭遇病疫袭击后死了四百多人，义律还不肯轻易退出定海，这一点损失又算得了什么。

璞鼎查如此部署，是为了集中优势兵力发动新的进攻。1842 年 5 月 18 日，英军出兵攻陷离杭州更近的乍浦，由此杭州城内一片大乱，准备登船逃难的民众把港口都堵塞了。

这时，耆英还没收到道光帝要调走他的旨意，眼见奕经吹破了牛皮却杭州危急，于是他赶紧祭起既定的"先剿后抚"方略找英军联系"抚"。

道光帝和耆英对于"抚"的范围，不过还是"以通商换和平"的那一套，通商也仅限于广州一地。但对于英国人说，这等于没讲一样，广州那里都已经通商一年了，到现在却还来说这个不就相当于来消遣自己。

耆英不"抚"还好，一"抚"之下璞鼎查更是气不打一处来，干脆对其置之不理。过后，耆英也很快收到了调令，这令"抚"彻底无果而终。

英军对"抚"毫无兴趣，他们准备做一票大的，好让中国皇帝知道知道他们的实力。5月28日，英军撤离乍浦，将攻击矛头指向吴淞。

吴淞是扼守长江的第一道门户，继裕谦之后的又一位两江总督牛鉴正坐镇于此。

道光帝本人对牛鉴是很赏识的，早在牛鉴在翰林院当编修时就曾两次单独召见，而要论外放出仕后的政绩，牛鉴也比裕谦强得多。牛鉴的问题主要出在他自己身上，为人过于直率，有想法就说，为此不知得罪了多少同僚或上级。在担任陕西布政使时，牛鉴就与陕西巡抚意见不合，上下级关系弄得很僵，他一气之下称病辞官——回家歇着去了。

道光帝倒是一直想着牛鉴，不久又把他召回京城，并且当着面对他说："你得了什么病，朕心里是很清楚的，无非就是和巡抚有不同意见嘛，不要紧！从这件事上，朕反而看出你是一个守正不阿、和而不流的人。"

按照道光帝的本意，他是希望由其他朝臣举荐牛鉴复出，那他正好可以顺水推舟。没有想到的是，牛鉴"人缘之坏"已闻名官场，只道是道光帝又暗示又侧击，眼巴巴地等了半天，却始终未能等到这样的举荐奏折。

然后，道光帝直接下旨把牛鉴补授为河南巡抚。河南是黄河水患的重灾区，此前到那里治理黄河的都是林则徐这样的人，由此也可见道光帝对牛鉴的器重。

在牛鉴赴河南之前，道光帝曾六次召见他，并且实话实说道："朝中没人肯举荐你，是朕执意要用你。你感谢朕的法子，就是把官当好，不要毁了朕这个伯乐的名声。"

牛鉴执政河南后，果然没有辜负道光帝的期望，不仅"甚有政声"，而且颇得民心，以至河南老百姓非常爱戴他。

以道光帝的眼光来看，牛鉴是完全可以进入一线能吏行列的。道光帝之所以没有把牛鉴调到海防前沿，那是因为黄河发大水这样的事比"剿夷"还来得迫切和危险。

就在道光帝以为英军已经在广州被终结的那年夏天，暴涨后的黄河忽然决堤，大水直接冲了龙王庙，哗啦哗啦地把当时的河南省城开封都一股脑儿包围了起来。其间，开封面临的险情十分骇人，水一直涨个不停，尤以城北受压最大，城墙已经有十多处地方被冲毁了。

眼看城池难保，一时人心惶惶。牛鉴正在决堤处组织抢堵，闻报立即赶往开封。但大水围着进不去，牛鉴就乘上一叶小舟来到城下，然后再用绳子绑着吊入城内。在开封被洪水围困的六十多个日夜里，牛鉴始终不辞劳苦，白天黑夜都立在城头进行指挥。

牛鉴的举动让百姓大为感动，开封居民全都争先恐后地加入抗洪阵营，有人甚至拒绝接受政府发放的工钱："父母官为了我们都不要命了，我还能拿这钱吗？不要！"

尽管牛鉴采取了"抛砖石成坝"等办法来与洪水厮斗，但开封这座危城仍是奇险频出，看上去随时都有被冲垮的危险。因此，东河河道总督上奏，要求迁移省城，放弃开封。

自黄河决堤以来，官民在开封能坚持得住，其实都是靠人心所向。假如迁移省城的消息一传出，开封定然人心崩溃，军民将各自逃生，谁还会主动去抗洪抢险呢？同时，怕就怕迁移省城还没来得及实施，城内已经大乱，小偷、强盗全冒了出来，结果是抗洪也抗不成、逃生也跑不掉，那样的话情况将不堪设想。

在黄河治理方面，河道总督的权威性显然要比主管一省民政的巡抚大。然而，自处危地的牛鉴并不领情，他也递上奏折，力言开封决不可弃。牛鉴的防洪攻略是"省城可守不可迁，决口可堵不可漫"：根据以往规律，一过白露节气，黄河水势就会减退，只要挺到那时候且同时不断抢堵决堤口，一定可以化险为夷。

道光帝认为牛鉴说得有道理，遂批复同意。在牛鉴的指挥下，洪水渐退，开封保住了。

溃散一空

裕谦死后，两江总督的位置空了下来，但这把交椅可不是谁都能坐的，所要肩负的担子和承受的压力太重了，于是道光帝又想到了牛鉴。

河南的士绅百姓得知牛鉴要调走急得不行，立即推举代表上疏朝廷，请求让牛鉴留任。即使在牛鉴动身启程的前一天，还有一千多人守在巡抚官署的门口哭着求牛鉴不要走，并一再劝说也不肯散去。牛鉴无奈之下只得绕行，然而跪送的百姓仍不绝于途。时人评价说，"百姓于抚军之去，犹婴儿之失慈母矣"，意思是河南人失去牛鉴简直如同婴儿失去慈母一般。

就任两江总督后，牛鉴延续了身体力行的办事风格，他亲自坐镇宝山县城，并制订和落实了一份具体详尽的迎敌方案。在方案上，不仅按照通常要求修缮了炮台、增加了炮位，还吸取以往多次战败的教训，在英军可能从侧翼发起绕袭的地方配置了一定数量的正规部队。

对于前线的作战方案，道光帝见得多了，但牛鉴的这份方案还是令他眼前一亮，称赞其"水陆交严，深得以静制动之法"。

不管邻近的浙江怎样败得一塌糊涂，牛鉴仍对在吴淞挡住英军抱有自信，除方案务实外，一定程度上与他手下拥有一位不可多得的大将有关。

这位大将就是江南水师提督陈化成，一个与关天培齐名的老将。关天培守虎门时六十岁，而陈化成此时已经七十多岁了。

"老骥伏枥，志在千里"，陈化成镇守吴淞，没有人能不信服。整整两年时间里，陈化成坚持和普通兵勇一起，住在炮台旁的帐篷里。有一次冬天下大雪，雪把帐篷给压坏了，为此陈化成一晚上都被搅得睡不着。早上起来，陈化成不急着给自己修帐篷，而是去营帐检查，发现部下们衣着单薄，便马上派人赶制棉衣送来。

又有一次，狂风大作，暴雨如注，水都快要漫到帐篷里来了，部将请陈化成移帐。陈化成说："我这是中军大帐，不能轻移，否则会惊扰三军。再说了，我一个人搬到干燥的地方去了，士卒还'卧泥水中'，这怎么可以呢？"

其时，裕谦担任两江总督，正驻节宝山。裕谦常听别人说陈化成如何吃苦耐劳，常年"枕戈海上"，他还有些不信，以为对方是在作秀。现在，裕谦看到雨下得这么大，想想陈化成定然招架不住总得移帐了，于是专门派了匹快马前去探看。

裕谦一看，陈化成稳坐帐中安然不动，不由得大为叹服。说来也怪，之后雨就停了，军营帐篷也没有被淹，当地百姓尊称陈化成为"陈老佛"。

既然有完备的方案，有出色的战将，牛鉴怎么会没有信心呢，要知道水漫开封的时候他的眉头都没有皱过一下。

可是，英军的攻击和摧毁能力之强，完全出乎牛鉴的意料。牛鉴和陈化成固然是把可防能防的地方都防到了，却仍然挡不住对方一拨接一拨的猛烈攻势。

在鸦片战争中，武器和战术的差距固然是战败主因，但参战部队不得力也是一个重要方面。

清末官军主要由八旗和绿营组成。绿营兵制沿自明朝，兵卒全部招募自汉人，因以绿旗为标识而有别于八旗，故谓之绿营。早期，八旗的战斗力要远远高于绿营，但由于八旗兵员不足，所以一般情况下清廷在出征时才用八旗，平定内乱时则大量征调绿营。

从乾隆末年开始，受财政赤字的影响，无论八旗还是绿营，装备预算不足问题都日趋严重，很多部队便以火药昂贵为由不再举行枪炮演习。就在嘉庆帝登基的前一年，东部沿海有一支部队请求兵部批准取消了原定于当年春天举行的炮术演习，其理由居然是"担心炮声会影响桑蚕发育，从而令当地的丝织业受到损失"。

炮不打了，马也不要了，很多牧场的土地被出售或出租，以致军马的数量急剧减少，几乎没有了战马。过去说八旗厉害，其实主要说的是骑兵厉害，如今至少在关内八旗兵连供其驰骋的战马都没有了，请问还能厉害到哪里去呢？

除了训练废弛、装备不济外，由于待遇较低，军营同样受到"陋规"的强烈冲击。至道光帝执政中期，军纪荡然已几乎成为普遍现象。在实战方面，特别是与英军这样高出好多段位的对手实战，清军的这些弊病就都毫无遗漏地暴露和放大了出来，因而他们在鸦片战争中的表现自然也就相当糟糕了。到了这个时候，军官尤其是负主要责任的将官大多不得不勇敢一点，因为对于他们来说逃跑或者战败都是可能要被杀头的。兵卒则不然，常见的现象是一触即溃，当英国人的炮一轰过来就逃得到处都是，肯留下来陪着军官坚持的士兵则是极少数。

陈化成算是做得不错了。由于陈化成身先士卒，且平时视兵卒为子弟，部下们即便心里再恐惧也不敢轻言后退，然而等到他一战死，余下兵勇失去了心理上的依靠和制约，便像以往一样溃散一空。

在战斗打响后，驻守宝山的牛鉴曾亲自率兵增援陈化成，可是半途中他们遭到英舰炮火轰击被当场炸死十多个人，只得又退回宝山。

牛鉴毕竟是文官，既开不了枪又舞不了刀，前线只能依靠一个陈化成，而陈化成的阵亡和吴淞的失守则让其方寸大乱。当英军来到宝山城下时，宝山已经人去城空。

扬子江战役

尽管乍浦、吴淞、宝山失陷的消息使用了六百里加急，但在京城的道光帝要隔上十天半个月才能知道。

乍浦的失陷，一举粉碎了奕经的"捷报"，把道光帝再次拖进了痛苦的深渊，而那种"忧愤苦衷"和难言的失落令他五内俱焚。为此，道光帝不得不下令耆英暂缓离开，按照"先剿后抚"的原则专办"羁縻"，但与此同时他仍对"剿"抱有莫大期望。

从小就熟读史书和圣人严训的道光帝，当然知道真实的"羁縻"是怎么一回事，说穿了就是"为保苟安无事而求和"。在历史上，"苟安求和"都是"苟安皇帝"才做的，而道光帝自认为从小就得到先父先祖的器重，并且是一个有过远大目标和作为的勤勉皇帝，如此岂能甘心啊！

可是，南方似乎越"剿"越没戏了：乍浦之后是吴淞，都是败，没一个胜。道光帝被深深地激怒了，他再也不愿委曲求全。

在发往南方的上谕中，道光帝明确要求江浙官员弃"抚"从"剿"全力抵抗，他自己则白天黑夜地调兵遣将部署天津防务，以做好与北上英军一决雌雄的准备。

如果说河南时期的牛鉴尚斗志昂扬的话，江苏时期的牛鉴已经斗志全无，这位新任两江总督身上也再看不到从前那种闲庭信步的风度了。

当陈化成一死，牛鉴就知道仗打不下去了。道光帝说牛鉴"守正不阿、和而不流"倒是真没说错，一般官员很少敢抗旨申辩，唯有牛鉴在接到道光帝要他"专意剿办"的旨意后来了个直言上奏。

在给道光帝的"直言上奏"中，牛鉴提到了当年乾隆帝发兵出征缅甸的往事：因为屡战不利，且耗师糜饷，乾隆帝接受现实，在缅甸答应朝贡的前提下诏令撤军结束战争。牛鉴的意思是希望道光帝像乾隆皇帝学习，对英国人同样实行"羁縻之策"。

牛鉴的抗辩，让道光帝很是不爽。但是，道光帝在两江总督这个位置上再也拿不出新的人选来替换牛鉴了，只能一遍遍告诫牛鉴"应守则守，应剿则剿"，不要因胡思乱想而动摇军心士气。

就在君臣间打笔墨官司的时候，英军方面又出现了新的移动迹象。按照道光帝和朝中大臣的判断，他们预计英军可能会北上直奔天津，也因此做了防范。牛鉴同样做了如此想法，当道光帝要从浙江派大臣和军队增援江苏，他还客气地说"不要了，江苏战事已经结束，黄河水退下去了"。

其实，道光君臣都想错了，江苏战事不仅没有结束，而且还才刚刚开始。

英军攻击吴淞的行动并非盲目，它是扬子江战役的一部分，而这一军事计划又是由义律所制订的。自从璞鼎查把义律给替换下来后，他起先并没有完全照着扬子江战役的部署去做，基本上是东一榔头西一棒子——打到哪儿算哪儿，最后沿海城市倒是打下不少，但并没有能迎来他想要得到的结果。

直到此时，英国政府才开始重新重视义律提出的计划。相对于道光君臣对洋人的无知，长期跟中国人打交道的义律似乎更清楚东方帝国的七寸部位在哪里：一个长江（扬子江），一个黄河，那是命脉所系。

英国内阁训令印度殖民政府，让其尽一切可能把军队调向中国沿海，以参加即将展开的扬子江战役。不过，海上行程是说不准的，援军未能按原计划到达，但驻浙江的英军抢先发动了进攻，算是扬子江战役的演练，这就是前述的乍浦一战。

练练手当然好，但是此次"排练"的难度之高，却令英军指挥官始料未及。乍浦的防御体系一般，火炮也很少，它的特殊之处就在于这里有八旗驻防营（也称驻防区）。

清军入关以后，相对于面积广大的地域，军队数量显得太少，难以实现直接控制，所以分成了两部分——驻防于京城的八旗兵称为京旗或禁旅八旗，驻守各处的称为驻防八旗。驻防八旗的主要使命是监视绿营，再通过绿营来控制全国，从而起到一个以臂使手、以手使指的作用。

按照清代制度，当兵吃粮是下层旗人唯一可从事的职业，如果当不上兵则还有"铁杆庄稼"，即政府发放的固定钱粮。在渐渐失去农商技能的前提下，许多旗人因此滋生了市井习气。按照现代作家老舍的说法，当时的旗人除了吃汉人供给的米、花汉人供献的银子外，便是整天整年地消磨在"生活艺术"中——他们会唱二簧，会拉单弦，会敲大鼓，会哼时兴小调，还会养鱼、养鸟、养狗、种花以及斗蟋蟀，但唯独"不再能戍边卫国"。

在这一社会氛围的影响下，部分京旗兵也早已不复祖先的勇猛刚健，其训练质量和战斗力甚至远不如同样弊病丛生的绿营。现代作家老舍的父亲就曾是京旗兵，据老舍回忆说他父亲一辈子没和任何人打过架、吵过嘴，"比谁都更老实"。

驻防八旗的情况则有所不同。在驻防营内，官兵都是拖家带口集中居住，过着亦兵亦民的生活，他们从不轻易出动，只在有重大情况发生时才就近出兵。正是因为在事实上与外界形成了隔离，驻防营受到荒嬉怠惰风气的影响较少，所以人们经常能看到驻防营的满洲旗兵在徒步训练：他们光着膀子，吃力地舞动着生了锈的刀剑，操弄着老旧的弓箭。驻防营虽然已无八旗劲旅全盛时那种见谁灭谁的劲头，但总算让人知道他们是军人，不是游手好闲的无赖子弟。

惊叹号

乍浦之战打响的当天，八百多英军在乍浦海滩登陆，向乍浦周围山上的清军炮台发起攻击，并迅速占领了炮台。这时，一个英军军官发现坟头后面躲藏着一个旗兵，为了体现自己的大度和所谓"文明"，便下令自己的士兵不要予以射杀。英军军官以为这个旗兵一定会"高兴地赶紧逃跑"，出乎他意料的是对方却选择了刎颈自杀，而且神情从容不迫。不过，英军军官不相信一个人自杀的时候还能这么镇定，恼羞成怒之下没有上前制止，而是站在旁边想看看这个"不知好歹的家伙"是不是真的要自杀，还是仅仅装腔作势而已。令英军军官目瞪口呆的是，这个旗兵不是在作戏，"他确确实实杀死了自己"。

在英军向乍浦城内推进的时候，城墙外残存的三百多旗兵以城外山顶上的一座天尊庙为阵地，继续进行抵抗。随后，英军切断了他们的退路劝其投降，但旗兵依托庙内幽暗且如迷宫一般的神龛、神殿、天井继续奋力抵抗，火药打光了就用弓箭，弓箭射完了再用刀矛，总之是绝不屈服。英军无论如何都无法占领庙宇，而且伤亡不断，气急败坏之下用炸药对庙宇进行了爆破，以致庙宇的屋顶被掀翻，里面的人都被压在底下，加之到处燃起大火，这才使得旗兵的有组织抵抗遭到瓦解。

大火熄灭后，阵地上死者枕藉，有的肢体不全，有的被烧焦，还有的已严重变形，其状惨不忍睹。在庙宇遭到爆破前剩下的两百多旗兵中，仅四十三人因受伤被俘，自始至终都没有一个人投降。有个受伤昏迷的旗兵在苏醒时尚未被俘，他拼尽全力从死人堆里站起来，把手中的利刃掉转方向刺向了自己的喉咙。英军"复仇神号"铁甲舰的舰长霍尔亲眼看到了这一幕幕情景，对此感到极为惊讶："他们不能再战的时候，他们选择了死。很多人……你很难阻止住他们刎颈自杀，他们视死如归。"

一位八旗老军人在战斗中持刀肉搏，因伤重被俘，最后被英军抬下了战场。英军军官见他在担架上流眼泪以为他是怕死，就通过翻译告诉他"不用担心，英军会优待俘虏"，然而得到的回答却是："我流泪是因为阵地丢了，我愿流尽自己的最后一滴血！"这位老军人还对英军说："我不要你们怜悯，我来这里是为皇上打仗的……如果你们要让我感谢，就大方点儿上书给圣上，告诉他我死在了前线，战斗到了最后一刻！"

在军人已经损失殆尽的情况下，乍浦城内的驻防营主要只剩下平民百姓，但抵抗依旧没有停止，因为在驻防八旗看来弃家而逃是很可耻的一件事。英军所过之处，几乎每一所房子里都会有人向他们射击，而当人们抵御不住时，这些旗人家庭就出现了全家自杀的惨烈场面。一时间，自杀者的尸体甚至把乍浦河水都给堵住了，以至连英国人都为之惊呼："太残忍了！"

乍浦之战，英军伤亡六十四人，其中还包括一名官居陆军中校的高级指挥官，此为鸦片战争以来所未有，而这给参战的英军官兵留下了一个大大的惊叹号。

这个惊叹号到镇江之战时达到了顶峰。

1842 年 7 月 21 日，英军进攻镇江。与以往清军一般占有数量优势不同，在镇江一战中双方的数量优势已经易位，攻方超过了守方。

此时，远道赶来参加扬子江战役的英军援军终于到齐了。为了关键性的这一战，英属印度政府倾其所有，能派的都派过来了，使得英军的海陆军总数达到两万人。其中，英军的陆军在一万两千人以上，配有炮兵、工兵等特种部队，兵力如此之强在英国的海外战争史上甚为罕见。

在发现英军的企图后，牛鉴也已向镇江城外紧急调拨了增援部队，其中有四川兵、湖北兵、江西兵、河南兵近三千人，但在实战中所有这些绿营军队几乎都只能"打打酱油"——不起什么作用，真正起作用的还是驻守城内的八旗兵。

与乍浦一样，镇江也有八旗驻防营，领军之人为老将海龄。在历史上，海龄是一个毁誉参半的人。海龄性格很倔，几乎跟哪个上司都搞不好关系，这使得他总是被降职，且降得比升得还快。海龄本来已经是总兵，不知为什么被同为旗人的琦善参了一本，一下子连降两级，被送到新疆改造去了。

道光帝怜惜海龄是个人才，又把他调回来让其出任京口副都统，并且还亲自写谕旨给他劝其改改脾气。可是，海龄依然故我，没多长时间又跟初来江南的牛鉴干上了，于是第二次被参劾。

这次，海龄的运气不错，前方军事紧张，正值用人之际，虽然被降了两级，但被给予留任察看的处分，没有一把年纪灰头土脸地再赴新疆。

作为一个思想保守的八旗将领，海龄有"满洲为尊"的倾向，性格上也暴躁轻率。在英军兵临镇江城下时，海龄曾下令关闭城门，为此镇江郡守请他开城门以给城中居民留下活路，但是他坚持不肯这么做，说是开门可能带来危险。

当百姓要求出城，海龄就以"汉奸"罪名予以拘捕，并为此还滥杀无辜。——这导致海龄在鸦片战争的一众殉国将领中口碑很差。不过，若就抗击英军而言，海龄倒是"大节无亏"，算得上是一条好汉。

驻守镇江的八旗兵共有一千六百人，攻城的英军则有近七千人，无论武器还是人数都异常悬殊，可这一千多八旗兵在海龄的率领和指挥下却能够以弱抗强并与对手一掐到底。

另外，英军也犯了错误，他们的错误是没有把镇江和乍浦联系起来，以为乍浦守军只是偶尔坚挺了一下，再加上占有完全压倒性优势，使得他们十分轻敌。在之前的作战中，英军一般都是海陆军进行配合，唯有此次海军作壁上观，基本未用舰炮对镇江城内进行射击，仅对城外的绿营军队做了象征性轰击——没有任何意外，绿营兵在伤亡几十个人后作鸟兽散。

这样一来，英军更不得了，以为重炮什么的都不需要了，直接端着枪就进城了。

结果，英军反而被八旗兵包围住并进行了一顿痛打。参加镇江之战的八旗兵又分两类，原驻镇江的京口八旗训练水平稍差，相比之下从南京调来增援的四百青州八旗要厉害得多，这些兵勇也成了守卫镇江城的核心主力。

当天，青州八旗表现十分抢眼，他们立于城墙上，与英军展开了长达一个半小时的肉搏战，其间拼刺刀、拼刀剑、摔跤，直到把敌人和自己一起拼死为止。在肉搏战中，有的旗兵奋勇格杀，刀柄上沾满鲜血，滑得手拿不住，但仍大呼杀贼。城外百姓有胆大的好事者，观战时亲眼看到城头"紫焰赫奕，若鬼神鼓鞴其中"。事后，英军也不得不承认"攻占城墙是场惨烈的战斗"。

英军企图用长梯从正面登城，但是在八旗兵的顽强阻击下，"坠梯者纷纷"，根本爬不上城，最后选了一个叫十三门的地方才打开缺口，而十三门那里正好没有青州旗兵把守。

眼见英军从十三门蜂拥而入，青州旗兵挺身上前。有的勇士手持长矛，一家伙先挑了一个，来不及拔出又挑着尸体刺倒了另一个英军士兵，短兵相接处犹如三国时代的赵子龙附体。

在寡不敌众的情况下，仅靠青州旗兵难以将英军驱出城外，而且城内英军越来越多。得知镇江城陷已成定局，海龄一把火点燃都统署，然后带着全家人自杀了。

失去指挥的青州旗兵仍不肯放弃，他们率领京口旗兵在城内列阵，与英军继续展开巷战。面对英军更胜一筹的火力攻击，京口旗兵率先不敌，被迫选择了后撤。

对于京口旗兵来说，他们能够坚持到这种程度已经相当不易，可青州旗兵仍然很生气，并对之大骂："你们不敢交锋，难道在我们屁股后面助助威都没胆吗？"

最后，青州旗兵"悉力死拒"，到实在力不能支时才夺门撤退。

鸦片战争以来，从广东到福建，从浙江到江苏，在所有海防重镇中镇江设防最为薄弱，英军投入的兵力也最多，但这里的抵抗又最为激烈，英军遭到的损失也最大，总计有一百七十二人伤亡，其中四十二人战死或失踪，其伤亡数相当于除乍浦之战外历次战斗的总和。

驻防八旗兵付出了伤亡近五百人的代价，也就是说两三个旗兵即拼掉了一个英军士兵，这份成绩单在近代史中相当瞩目。驻防八旗兵那种不顾一切拼死抵抗的勇气也令对手大为震惊，一名英军军官对此做出了高度评价，说："如果这些满洲八旗兵能接受英国军官的训练，他们会证明他们即使不比印度兵更优秀，也会和印度兵一样优秀。"

或许，道光帝留恋满语是有道理的。道光帝保留着传统的八旗驻防军总算没给他这位皇帝丢脸，让他在长久的挫败中好歹也找回了一点自尊。在相关奏折中，道光帝留下了御笔批示："不愧朕之满洲官兵。"

屈　服

不管驻防八旗兵怎样豁出性命，镇江还是失陷了。镇江处于京杭大运河与长江交汇之间，乃漕运之枢纽，占领和控制这里也就等于卡住了道光帝和整个大清帝国的咽喉。因此，从军事角度上说，镇江沦陷就已经决定了中英之战的胜负归属。

1842年8月2日，英军主力溯江而上，直指长江上的核心城市南京。牛鉴与耆英等人连连上疏，请道光帝下旨议和，以拯危局。情急之下，牛鉴顾不得忌讳，声称"危迫实不可言"，即情况已经危急到都不知道该怎么描述了，并请求皇帝"速决大计，以拯民命"。

即使在英军兵临南京城下的这一刻，道光帝仍然在幻想战局出现转机，这样才可能保证"先剿后抚"的效果，也才能在谈判中争取得地位。可是，牛鉴的紧急上奏表明，道光帝的想法是有多么的不切实际。

实际上，牛鉴的"以拯民命"四个字已经触碰到了道光帝内心的底线。简言之，作为大清帝国的皇帝，道光帝得对整个帝国负起责任，不能破罐子破摔，而在战争看不到一丝一毫取胜希望的前提下，越早结束损失才会越小，这正是当年乾隆帝征讨缅甸时留下的教训。

在给耆英的旨意上，道光帝告诉对方："两年来，沿海百姓频遭战火蹂躏，朕实在于心不忍，与其兵连祸结，不如息事安民。"

道光帝屈服了，尽管他很不情愿。

不过，道光帝虽然松了口，但让南方官吏纠结的是英国人拒绝跟他们谈和。

道光年间，从来没有天生的"主抚派"，都是碰得头破血流、鼻青脸肿后才不得已改弦更张的。例如，耆英就是这样，在鸦片战争爆发之初，他在加强海防方面不遗余力，看不出他有什么"主和"的气味儿。耆英发生思想转变是到了前线，他亲眼见识到英国人的"船坚炮利"之后才开始的。或许，我们可以做个假设，如果耆英还待在大后方，没准"主剿"的论调仍然喊得比谁都高。

耆英是努尔哈赤的后裔，属于皇族宗亲，跟琦善一样都不用读书全是靠荫生才当了官。不过，耆英这个人似乎天生就很会做官，连师爷都不用请，他在朝廷"吏户礼兵刑工"六部中做过四部的尚书、一部的侍郎，前前后后担任了五十多个职务。

耆英大概因为官做得太多太大，什么世面都见过，无形中也把他的胆子给变壮了。在南方"主和"的官吏中，牛鉴虽然勇于坚持自己的主张，但道光帝不发话他还是不太敢擅自行动的，而耆英则正好相反，他明里不跟皇帝争论，私下里却我行我素，称得上是"胆大包天"了。

在道光帝三令五申要求弃"抚"从"剿"的那些天里，耆英从没有放弃他的"羁縻"努力，一路都追着英军递送书信。在耆英那里，道光帝的"主剿"谕旨形同空气，他想理就理，想不理就不理。

当然，耆英这么多年官做下来，他这个老官僚自有一套应付上级的办法。在英军回复耆英的照会里，耆英会从里面挑字眼，然后进行"包装"后呈给皇帝。在耆英笔下，英方的强硬态度往往会变成"言词恭顺""深知感激"，反正是一副软塌塌的孬种样，其做法颇近似于靖逆将军奕山。不过，奕山是打了败仗实在没法交代时才走了"文学道路"，而耆英却是一个如假包换的"文学青年"，随时随地都有"创作灵感"——可以把假的说得比真的还真。

"极品家丁"

道光帝好哄，但英人难骗。璞鼎查不是义律，这个洋人一个劲地"耍大牌"，让耆英的笑脸往往贴了冷屁股——人家就是不理你。

牛鉴则表现得更有意思，在璞鼎查甩臭脸的时候他还给对方说大道理、讲信义，表示现在进入了谈和期，英军不应再出手动武。璞鼎查连听都不想听，直接让牛鉴闭嘴，并表示暂时不攻南京也可以，先拿三百万两白银出来作为赎城费。

不过，南京不是广州，没有那么多富商，牛鉴勉强凑了六十万两，还要分两次才能付清。但是，此时的璞鼎查已全然没有一点英国绅士的风度，他根本等不及牛鉴凑钱。1842年8月5日，牛鉴接到英军发出的通牒：不交出三百万两白银，立即进攻南京。

牛鉴急得都快要疯掉了，他派人急赴无锡找耆英让其想个办法出来。耆英能有什么办法，要有办法还至于坐在那里无事可干。

好在与耆英在一起的还有另外一个"主和"的大臣、前两江总督伊里布，他说有办法。

伊里布的人生经历跟裕谦相似，有显赫的家世，同时又是科班进士出身，不过与裕谦不同的是，他早在鸦片战争之前就以"熟练边务"而闻名。

当时，各省之中以云南等天高皇帝远的边疆地区为最难治理，朝廷在选择疆臣时往往都要挑选得力的大臣充任。伊里布主政云南期间能够宽猛互济，该温和时温和，该铁腕时铁腕，使得云南政通人和，因此受到道光帝的多次褒奖，并授以协办大学士。道光帝执政前期，疆吏中能获此殊荣的仅两人，除了伊里布，就是琦善。

毫无疑问，伊里布可以位列一线能臣之列。清末也常称少数民族为"夷"，以为一个"边夷"、一个"英夷"没什么不同，而一般人在未搞清楚两种"夷"的区别所在之前都以为"治夷"方法可以互相套用，这使得伊里布理所当然地成为道光帝用人名单中的热门人选。

义律第一次占领定海之后，伊里布即被委任为钦差大臣，奉命收复定海。一开始，伊里布跟其他人没什么两样，上来都是雄心壮志，而他干练果敢的行事风格也得到充分展现，短期内就从周围各省调集了一万多兵勇。在拖拉疲沓的清末官场，伊里布这种办事效率甚为少见，足能当得起道光帝对他的信任。

但是，其他人的最后遭遇也同样可以重复到伊里布身上。在战争还没正式开打时，伊里布就发现武力收复定海是个难以完成的任务：有陆军，没水军，关键的水师战船没有着落，而去定海就得坐船抢渡。

伊里布像琦善一样识趣，他不打了，改为与英军进行谈判，接着便成功地实行了停战，保证英军不再实施进攻。而后，由于琦善与义律制定的"穿鼻草约"在先，伊里布又得以从英军手中接收了定海。

假若换个角度看，可以说伊里布是不费一枪一弹就收复了定海，应该有功才是，然而其时正是"主剿"空气最浓的时候，京城的言官御史和地方上的左邻右舍递上去的弹劾奏章多得跟雪片似的，让伊里布很快陷入了被声讨的汪洋大海之中。弹劾伊里布的官员中，既有他以前的下级颜伯焘，也有后来的下级裕谦，可以说是众叛亲离，令其大感苦涩。

最狠的一棒是皇帝敲的，道光帝下旨革去伊里布的所有职务，发往张家口军台（相当于驿站）做苦差。

随着战争的持续，原先咬牙切齿发着狠要弹劾伊里布的"主剿派"都相继吃了亏，除了已经死掉的，活着的都一个个变成了"主抚派"。然后，立场一变，态度就变，他们不仅觉得伊里布当时没有做错，反过来还眼光独到——"您怎么还没打就知道打不过呢？太高明了！"

于是，伊里布重新又变成了香饽饽，大家都举荐他再次出山。道光帝也有此意，便将伊里布释回，随耆英南下从事"先剿后抚"事宜。

伊里布说"有办法"算是着实救了耆英一命，但再听下去发现他说的"有办法"不是说"他有办法"，而是说"他的一个家丁有办法"。

在见多识广的伊里布眼里，这个家丁可不是普通家丁，而是世之奇才，甚至可以与管仲、乐毅、苏秦、张仪之流相提并论。

这个家丁的名字叫作张喜（清宫档案中称为"张禧"）。

独闯虎穴

张喜是天津人，祖上曾经富裕过，不过到他这一代已经败落了。由于家里实在太穷，张喜没办法走科场道路，只能去别人府上做家丁。

张喜的父母给不了他钱财，却给了他三样千金不易的财富：一是不俗的外表。史载张喜"超姿貌"，身材魁梧挺拔，十足的英俊帅气。二是聪明的头脑。张喜性格爽直，但做事又十分精明细致，尤其反应非常敏捷。三是好口才。张喜凭借三寸不烂之舌，可以说到"铁树开花、枯藤发芽"。

难得的是，张喜还喜爱读书。张喜没有应试这一顾虑，就用不着去死记硬背，随便一本书拿到手里有用的就看，觉得废话连篇的便丢到一旁，这大大开阔了他的眼界，堪称"从民间走出来的实学人才"。

张喜刚到伊里布府上的时候，并不惹眼。伊里布位列名臣，府上的家丁也都非一般粗鄙之辈，那相貌堂堂的、办事麻利的、能说会道的不在少数，而且同行相嫉——家丁与家丁之间也相互排挤。张喜初来乍到，免不了受挤对，所以他一开始默默无闻，平时也只能端个茶、倒个水，公开场合连插句话的资格都没有。

张喜的转机，开始于伊里布移任江浙。当时，大部分混得好的家丁在云南都有家有业，想想要走那么远便没人情愿，只有少数几个人肯继续跟随伊里布远赴江浙，张喜便是其中之一。

当然，人少了，聒噪之音也就少了，于是伊里布渐渐地发现张喜这个家丁非同一般，有着惊人的见识。

伊里布奉命收复定海，却发现连海都过不去，因此他当时也像其他大臣那样脑袋一片空白，不知如何是好。这时，张喜说了一句话："其实我们错了，从一开始就错了。"

伊里布问哪里错了。张喜说，国事就跟下棋一样，布局要布得对，对"英夷"这样的强敌须采用"当剿用剿，当抚用抚"的策略，也就是说，该打的时候要狠狠地打，不遗余力，一看形势不妙，那就得赶紧看风使舵、就坡下驴，别为了面子在那里死撑。

在张喜看来，朝廷错就错在当"剿"的时候用了"抚"，当"抚"的时候用了"剿"，前后颠倒，结果"洋务"越办越糟，窟窿越捅越大。张喜告诉伊里布，眼下"剿"已经不行了，得用"抚"。

伊里布一听有理，便采用了张喜所用之计。伊里布给道光帝发去一份奏折，声称要合四省大军联合收复定海。这实际上是一个"拖字诀"，如要四省联合，没个几十天的工夫难以集结得起来，而且这份奏折用的还不是"五百里"或"六百里"加急却是最慢的方式，以致道光帝迟至近一个月后才收到。

道光帝那时候"剿"的兴头正劲，收到奏折后马上看出伊里布是想拖延时间，并为此大发脾气："朕让你单独出兵去收复定海，你跟朕扯什么四省？"

时间只拖了一半，但已经够了。等伊里布接到道光帝复折的时候，形势已经有了转变：在琦善的建议下，道光帝又由"剿"改"抚"，伊里布自然就用不着干"陆军打海军"这样瞎折腾的事了。

在此期间，由于英军运输船在附近失事，伊里布抓到了一批英军俘虏，还有一名叫安突德的英军陆军上尉在定海测绘地图时为乡民所执。裕谦杀俘是为了表明决心，但张喜没那么死心眼，他又给伊里布献了一计。

伊里布依计对这些俘虏好吃好喝招待着，然后给懿律送去一照会，很直接地提出了"以人易地"的原则——"我给你俘虏，你还我定海"。

英国人在对外殖民战争中的行径就跟海盗差不多，不然也就不会有"赎城费"一说了，从来都是他们讹别人，没有别人能讹他们的。懿律和义律兄弟二人说什么也不肯答应，而懿律更是发着狠说："你们要是不送还俘虏，明天我就打到镇海去。"

相对来说，好说话一些的是义律。义律无意中透露了一个口风，那就是英军因为水土不服病疫严重，他们已有撤出定海偃旗息鼓的想法，只是还不太甘心。

伊里布立刻意识到这是一个机会，应该趁热打铁进行谈判，于是他决定派人去定海与英军进行直接谈判。

伊里布一圈儿问下来，没有一个僚属愿意去，他们都觉得英军那边是龙潭虎穴，去了要是回不来怎么办呢？最后，伊里布没有办法，只好找到张喜，让其"慷慨请行"。

当然，家丁身份是上不了谈判桌的。于是，伊里布临时给张喜加了一个六品顶戴的虚衔，以权充使臣。当这位"家丁使臣"出发时，周围认识张喜的人都为之捏了一把汗，但张喜平静如常，非常从容的样子。

张喜连着两次乘着小船出海登舰，与懿律、义律兄弟二人以及其他英军的高层人物进行谈判。在谈判中，双方达成一致，即将收复定海、释放俘虏与琦善的广州会谈打包处理，只要那边会谈拿出初步方案，这边就一个还定海、一个放俘虏。

懿律和义律兄弟二人平时见到的大清官员大多神情紧张，极少碰到像张喜这样身处险地仍能坦然自若、侃侃而谈的"使臣"，一时间很是佩服，当场就以洋酒相敬。

那个时代的中国人对洋人都有各种各样莫名其妙的猜疑，如酒里放毒之类，但张喜接过洋酒一饮而尽，脸上没有一丝一毫的疑惧之色。

几天后，义律乘舰前往广州，懿律则发出通告，宣布浙江停战。

"晏子使楚"

未几，伊里布得到琦善从广州发来的文件，获知英方已同意"以人易地"。消息是好消息，可问题是怎么交，是先"交人"还是先"易地"？万一对方不认账怎么办？这个问题显然把双方都给难住了，彼此都不愿轻易做出妥协。

伊里布推敲半天后拿出了一个方案，即由张喜带部分战俘打前哨，先行到定海"交人"，然后葛云飞等"定海三总兵"率三千人马押解"最高级人质"安突德随后，这样一旦有变还能对英军施加压力。

张喜按计划到达定海，并释放了他所带来的英俘。英军清点后发现没有安突德，于是称若不把他交出来，英方就不能"易地"。

张喜早有准备："我们交一部分人代表的是诚意，只要你们'易地'，我们留着那个安突德有什么用，当然马上就会还你们。"

英军仍然把脑袋摇得像个拨浪鼓。张喜的脸沉了下来："想要赖？告诉你们，安突德就被我军押在半路，刀架着脖子呢！你们归还定海便罢，不还的话，我们先砍安突德的脑袋，然后大军开到把你们杀得片甲不留。"

话犹未了，一个令张喜既被动又尴尬的场面却出现了，只见安突德驾着小船回到了英军营中。

随后，两名小校（兵士）来到张喜这一方，一看正是负责押解安突德的那两名卫兵，经证实后知道安突德是被英军发现后半途劫走的。张喜赶紧问从镇海出发的大部队在哪里，回答是还没跟上来。

这真是令人天旋地转的事，摆明英军是想背约反悔了，而且他们也有了反悔的条件——不悔白不悔，倒是张喜等人命悬一线，反过来成了对方的人质。

张喜急了，拔出身上的腰刀对英军负责人大喊道："我们现在已经把俘虏全部交到了你们手上，你们要是再不还城的话，大家只有同归于尽了！"

英军负责人被张喜那怒发冲冠的样子吓了一跳，听翻译一讲后才知道张喜的意思。实际上，英军负责人本来确实有取巧的想法，但义律已有"一手交人，一手还地"的正式命令给他，如果"中国使臣"真的被激怒，给他破罐子破摔——来个"伏尸二人，流血五步"之类的，他也很难向义律交代。

于是，这位英军负责人马上"改容谢过"向张喜道歉，说刚才纯粹是跟他开个玩笑，定海肯定会还给你们的。

第二天，英军收缩部队，陆续上船离开。这时候，那三千大军竟然还没现身，临时接收定海的只有四个人，即张喜、随从翻译和两个小校。张喜负责连夜赶回镇海向伊里布报信，顺便打听出征人马的下落，其他人则在定海城里到处找熟人，请他们帮忙看守城门和仓库。

伊里布半夜里被张喜叫起来既喜且惊，喜的是终于接收了定海，惊的是自从"定海三总兵"出发后便音信皆无，他们究竟去了哪里呢？

张喜也是一头雾水，只好再次返回定海，这次总算是见到"定海三总兵"的尊容了。原来，他们一路拖拖拉拉，三千人走了三天才到达定海；更令人啼笑皆非的是，在听到定海已成为空城后，"定海三总兵"还在为谁第一个进入定海而吵嚷争功，三人甚至差点打起架来，军报也因此迟迟无法送出。

在浙江期间，张喜声名大震，尤其是在接收定海的最后过程中几乎全仗其一人之力，让人不禁想起春秋时"晏子使楚"的故事——晏子不卑不亢，有理有节，硬是把楚王仗势欺人的威风给灭了个干净。

伊里布和张喜这一主一仆收复定海，原本是立了功的，可是被"主剿派"一围攻，却由功臣变成了罪人。道光帝更是一厢情愿，他认为伊里布如果遵旨进兵的话，完全可以把盘踞在定海的"逆夷"一扫而空，现在眼睁睁地放他们跑了就是脑子不好使。

在"主剿派"看来，如果说琦善是"主抚派"的老大，伊里布就是老二，等到老大获罪后老二亦在劫难逃，当即被抓回京城受审。

与此同时，一同被捕的还有张喜。有时候，一个人的祸福真是说不准，假使张喜一直寂寂无名，谁又会来为难一个家丁呢？

弦外之音

在北京，张喜被单独审讯了十余次。负责审讯的刑部官员希望从张喜嘴里套出不利于伊里布的口供，以便向皇帝邀功，但张喜宁死也不愿出卖自己的主人。

有人拿张喜的家丁背景做文章，当面讥讽张喜说："你一个卑贱的下人，居然还以使臣的身份去跟英国人谈判，你觉得你配吗？"张喜理直气壮地回答："当时当地，配去谈判的人自然不乏其人，可他们为什么不去呢，却让我这么一个不配的人舍身冒险，恐怕他们才是真的不配吧！"

刁难张喜的人被驳得张口结舌，转而又想动刑来进行威慑和逼迫。张喜说："我渡海去定海谈判前，早就将生死置之度外了，我还怕区区刑具吗？"

审讯者从张喜身上挖不出他们想要的东西，只得匆匆结案，释放了张喜。张喜回家后，得知伊里布已经被发往张家口受苦，心里深感不安，于是拜别双亲一路风餐露宿赶往张家口。

张家口属于关外，路上飞沙走石，很不好走。张喜在路上得了风寒，已经半身麻木。伊里布见到张喜后于心不忍，便说："现在我这里也没什么事，你还是先回北京养好身体再说吧。"就这样，张喜又被劝回京城养病了。

随着东南局势的逐渐恶化，道光帝被迫再次起用伊里布。伊里布刚回北京，张喜就去随侍，并一再叮嘱主人："如果皇上要召见您，请务必将'夷情'彻底讲清楚，不然的话我们恐怕又要像以前那样受到掣肘，什么事都办不好。"

张喜之所以这么说，与他对形势的研判有关。到张家口的那段时间，伊里布曾问张喜，如果英军北上天津，天津能不能守住？张喜很干脆地回答："恐怕守不住。"

天津的兵力和炮台部署还不如虎门、镇海，要知道虎门、镇海尚且不能守，天津这里又怎么可能出现意外的奇迹呢？当时，琦善也在张家口一同"服刑"，他对张喜的论断也深表赞同。

张喜回到北京后，发现道光帝的"剿抚"态度动摇不定，而且仍以为依靠天津防务就可以将英军阻击于国门之外，便觉得在这种情况下伊里布一行只会徒劳无功。

果然，道光帝对伊里布连见都未见，仅仅给了一个七品顶戴便让他跟着耆英办事。伊里布得不到皇帝召见，当然也谈不上汇报什么"夷情"了。

一叶而知秋，张喜意识到道光帝对"夷情"还缺乏深刻认识，而耆英、伊里布此去不过是做做陪衬，难以建功。正好张喜的身体也不好，父母又需照料，于是在伊里布问他是否愿意南下时即以病相辞，表示自己去不了。

其实，耆英也认识张喜这个"有名"的家丁。事实上，耆英不仅认识张喜，还一度打过他的主意，想借机将其召入自己的麾下。

耆英对带着伊里布兴趣并不大，都是身份地位差不多的同僚，有了功算谁的？况且耆英还听说，伊里布在浙江能和英国人实现停战并成功收复定海，全系张喜一人之功。

实际上，耆英真正感兴趣的是张喜。耆英曾把张喜叫到自己府上问这问那，一会儿问"夷情"，一会又问张喜多少岁了，家中有几口人，父母怎么样。

话锋一转，耆英忽然发问："你为什么不跟着伊中堂（指伊里布）呢？"

张喜莫名其妙："没有，我去过张家口，现在只是中堂让我回来养病。"

耆英"哦"了一声，又问张喜："那你今后还会跟着伊中堂吗？"

张喜不假思索地答道："那是当然，中堂待我很好。"

旁敲侧击了一会儿，耆英逐渐进入正题："我看你年轻有为，可以为国家出点力，你能不能跟我一起到浙江办理洋务呢？"

终于，张喜听出了弦外之音。相较于虽被赦免却仍受朝廷和皇上冷落的伊里布，耆英显然是一根高枝，然而张喜并不是那种舍弃故主、嫌贫爱富的人。何况张喜觉得耆英并不尊重人，面对面说话，手里还拿着鼻烟壶，眼睛也看着别处，分明是仍然把他当成一个下人。

张喜坦然作答："等伊中堂到京，请将军（指耆英）和伊中堂面商吧。"

耆英听后嘴上说是这个理，但脸上明显不悦。那时候，耆英并不像伊里布那样把张喜作为奇才来看待，他认为张喜不过是胆子大了一些，敢跟外国人单独对话罢了，而且胆大的人到处都是。

离开京城时，伊里布想让耆英去向道光帝请道旨，以便动员张喜南下。耆英一撇嘴："我说你这是什么意思，难道你要让皇上瞧着我们还不如一个家丁，多余养我俩废物吗？"

南下之后，耆英才发现洋务之难，这可不是光胆子大、嘴皮子麻利就能办好的。整整三个月时间里，耆英别说"抚"了，连与英方沟通都做不到，而在江南一带上至奕经、牛鉴，下至一般士绅百姓，只要听说过张喜当初作为的都是"既慕且叹"，均认为张喜不来局面难以收拾。

现在，耆英再次听伊里布提到张喜，已经焦头烂额的他真是懊悔之至：早知如此，在北京的时候，说什么也要把这个"奇才"给带过来，如今奈何？

伊里布春风满面："他已经来了！"

名不虚传

其实，打动张喜的是伊里布亲笔写的一封秘密家书。在这封家书中，伊里布告诉张喜，"夷事"已"大猖獗"，朝廷终于下定决心"抚"了，但不知道如何"抚"法，无从下手，而原本还想一南一北通过书信与你商量着办，看来情况来不及了，还是需要你亲自来。

伊里布还动情地说："以前我们在浙江实心办事，却蒙受了不白之冤，而现在正是剖白前冤的时候，机遇难得，不可错过。"

这封家书不像是主人给仆人的家书，倒分明是朋友对朋友的一份真情告白。张喜捧着信件读过，思想斗争很是激烈。此时，张喜跟父母住一起，二老俱已八旬年纪，最是需要照料的时候，虽然他是不想再走了，可是伊里布话语恳切，主人的一片知遇之恩难以推却。再者，张喜早就论断过天津海防挡不住英军，如果江浙不能了局，战火延伸至天津便是必然的，到时北方又是一场浩劫，想坐视都不可能。

在征询乡社宗亲的意见时，一位耆老言道："尽忠即是尽孝。你家中尚有兄弟，可权其轻重。"有了这句话，张喜才拜别双亲，兼程南下。

临近江南，沿途一片萧瑟。张喜曾听说，镇江等战场实地"尸骸枕藉，填塞街巷"，而以他亲眼所见即如扬州这样英军尚未攻入的城市，绅商百姓也早已逃逸一空，土匪和私盐武装则趁机到处抢掠，乃至昔日之繁华都市皆作断壁残垣，这令他的心情十分沉重。

张喜的到来，对伊里布和耆英都不啻是特大喜讯。尤其耆英是钦差大臣，他的地位在众人之上，所要承担的责任也最重，对他来说张喜就仿佛是救星一般。

耆英立即传见张喜，就他关切的问题一一进行询问。

问起对目前形势的看法，张喜答："扬子江乃咽喉之地，天下大局全在于斯。英军如果断我盐漕，绝我商旅，这不是疾癫之疾，而是心腹之患。"

问起如何办洋务，张喜答："一不致过刚，以免弄出枝节，耽误国家大事；二不致过柔，以免示弱于异邦，给朝廷丢脸。"

耆英这才知道张喜名不虚传，是个胸藏乾坤、腹有经纶的人，由此他也产生了一个念头，即此人有奇才异能，招抚他不肯俯就，又如此难请，看来一定有所求，而且胃口还不小。耆英试探着对张喜说："你必须参军入伍，我才能给你功名。"意思是，张喜并非科班出身，要让朝廷授官尤其是大官有难度。

张喜愣了一下，随口答道："只要把'夷事'办好就行了，何况我南下不是奔着功名来的。"

回去见伊里布时，张喜忽然想到，他的回答欠妥。耆英是个老官僚，对付洋人没有办法，对付自己人却是一肚子花花肠子。耆英说到功名，纯属问者有心，但张喜自己却是答者无意，给耆英留下的疑虑很可能是：你既不为功名，那当然是贪图"夷人"的便宜了。

那个时代，别说耆英一个人有这样的想法，但凡与洋人有接触的都会被认为有"汉奸"嫌疑，是私下收受了对方贿赂的结果。琦善被捕回京，审讯官一个穷根究底的问题便是："你有没有收了洋人的好处？"

耆英以己及彼，根本就不相信张喜南下会跟"利"字没有关系。在这种情况下，张喜就必须在耆英面前明证自己不是"汉奸"。张喜对伊里布说："我绝对没有贪图'夷人'便宜的一丝念头，再说了'夷人'就是为便宜而来，眼下他们气焰嚣张，又岂肯将便宜白白送与他人？"

当伊里布把张喜的话转告耆英后，耆英听了才稍稍打消了一些疑虑，同时他也生怕张喜因遭猜忌而不出力，赶紧翻出一件自己的衣服送给张喜。张喜推辞，耆英不由分说道："我们高矮差不多，我给你，你只管穿，不用客气。"

南京的牛鉴告急，耆英和伊里布商量来商量去，只能先派张喜前去。当耆英和伊里布二人问张喜有没有让英军"受抚"的把握，张喜老实作答："试试看吧，英军风头正劲，如果言语能劝最好。不行的话，我当以一死来报效朝廷和主人的知遇之恩，除此之外就不是我所能知道的了。"

当然，张喜最后那句话是耆英最不愿意听到的，即便张喜能够英勇赴死，但他可不想死啊。于是，耆英再也顾不得自己曾对张喜说过的"要参军才能有功名"的话，在张喜临走前匆匆忙忙地亲自送来一个五品顶戴，并且对张喜说："以前你在浙江时给的是虚衔，这个虽然也是虚的，但我一定会奏明皇上让你名至实归。"

第四章　天地一沙鸥

1842 年 8 月 7 日，张喜赶到南京，见到了牛鉴。

这时，牛鉴已经由一头"活牛"变成了"死牛"。原驻南京的青州八旗被打散了，仓促调来的其他部队又不足恃，官军已无力抵挡英军的入侵，后者要么不攻南京，只要想攻就没有不破的道理。

当天，璞鼎查宣称攻城的时间已到。收到这一消息后，牛鉴宛如被宣告了末日一般，在衙署内急得团团乱转。张喜见牛鉴已经面如土色，连忙安慰他说："您先不要着急，让我看看皇历推算一下。"

张喜看完皇历后松了口气，对牛鉴说："放心，英军今天不会攻城。"

牛鉴很是诧异："你怎么知道？"

张喜没有装神弄鬼并故意做出一副可以预测天机的样子，他坦率地告诉牛鉴，自己此前特地钻研过一些与西洋有关的书籍，了解西方人信仰基督教。当天，按阴历算是初二，换成阳历正好是星期天，乃基督徒做礼拜的日子，一般情况下英军是不会选这个时候开战的。

对这些洋人的东西，牛鉴闻所未闻，他半信半疑道："你这种说法靠得住吗？"

张喜回答："不敢妄言。"

这一天，英军果然并未攻城。次日，伊里布也来到南京，即派张喜前往交涉。

嘴皮子上的战争

张喜来到长江岸边，出现在他眼前的英军舰队的数量和规模较定海时又有不同，若用《三国演义》中的语言来形容，称得上是"遮天蔽日"，说是"旌旗十万"也不会没有人相信。

双方的交涉场所，设置在璞鼎查的座舰"皋华丽号"上。璞鼎查接见了张喜，随后便让他下属的一批文官与张喜进行谈判。当首之人是璞鼎查的秘书马儒翰，张喜把带来的照会递给他看。这份照会是伊里布所写，马儒翰看了之后发现上面并没有实质性的让步，马上翻了脸："这都是空话，能顶什么用？"

接着，马儒翰又气势汹汹地说："今日之事非昔日可比，我们这次不光要攻下南京，还要北上天津，攻到你们的北京皇城去！"

马儒翰怕张喜不信，还取出了一张地图，上面标明了英军的进攻路线。张喜感到不能示弱，也立刻对马儒翰进行回击："你别动不动就打啊打的，你以为北京就那么好攻吗？我可以明白告诉你，京城满蒙八旗及绿营有二十万人，这还不包括关外蒙古、东北的八旗劲旅，加起来总有几百万人，就算你们有百万大军来袭，也未必就一定能赢。"

当马儒翰刚想论证英国的"百万"能不能打赢中国的"几百万"，张喜又紧接着说道："退一步说，就算我们守不住，难道皇上不能迁都吗？难道百姓就会心甘情愿地奉你们为中华之主吗？"

就这样，张喜连珠炮一样的几句话把马儒翰给说得一愣一愣的。不过，对马儒翰来说，中国皇帝会不会迁都他不知道，他们英国人要不要做"中华之主"

这一点他还真没想那么远。

张喜只要一张嘴就不会给辩论对手任何一点空隙，继续说道："我还可以透露一个小秘密给你，北京皇城坚不可摧，很难攻啊！你别看你们已经攻占了那么多城池，没用！"

当然，这是嘴皮子上的战争，没有任何消耗和损伤，只要敢吹能吹，尽管放开缰绳跑马。张喜的高明之处在于，他能准确把握分寸，吹到极致就马上收住绕回来——他收尾的话是这样的："你们得知道我们伊中堂为国为民的一片苦心！"意思是，大家都退一步，我们还是肯跟你们谈的。

因为伊里布在浙江时善待俘虏，与杀俘的裕谦形成鲜明对比，所以英国人对他的印象一直不错。听张喜提及"伊中堂"伊里布，马儒翰的脸色已经明显缓和下来。

当张喜海阔天空言说的时候，马儒翰连一句都插不进来，等到张喜歇下来这才找到说话的机会："你们的伊里布大人并不是钦差大臣，而且即便是钦差大臣耆英，我们也不认同，只有全权大臣才能与我们谈判交涉。"

按照西方的观点，"全权大臣"才有资格谈判。事实上，在张喜南下之前，耆英之所以难以与英方沟通，被卡住的一个重要环节也就在"全权"两字之上。然而，在清帝国这样一个高度集权的王朝，对外交涉向来被视为皇帝的专权，任何臣子都不得擅专，即所谓"人臣无外交"，别说"全权大臣"的名谓和职差了，大家甚至连"全权"的概念都没有。幸好张喜最擅随机应变，且头脑聪明、口齿极其伶俐，便回道："不过是翻译不一样罢了，我国所讲的'钦差'就是你们英国所说的'全权'。伊中堂奉旨与耆将军（指耆英）会办，他们都是钦差，都有资格负责谈判。"

经过张喜这么一说，马儒翰颇有恍然大悟状，既然有资格谈判，那就可以进入正题了。于是，马儒翰把包括"赎城费"在内的谈判条件列了一堆，然后说："你回去告诉你们大人，答应这些条件便罢，不答应则即刻攻城。"

当马儒翰说到要攻城，张喜硬不起来了，只得回了一句："何必呢，你们到处攻城，得毁掉多少生命啊。"

马儒翰在前面一直得不到发挥，此刻又变得神气活现起来："要攻。谁让你们办事反复，一会儿谈一会儿打的。"

马儒翰的话很不入耳，并触到了张喜内心的痛处。张喜一直认为，如果当初朝廷能容许琦善、伊里布谈下去，纵使吃点亏也不至于弄到现在这样的境地，而且他们主仆为此还受了冤枉、吃了官司。

于是，张喜腾地来了火："本人这次来，不是光为送照会、拿回文，还另有目的！"

表演给谁看

听了张喜的话，马儒翰等人都不解其意："另有目的？莫非你想免费参观一下我们的军舰？"

张喜说："第一，我要贺；第二，我要吊。"

马儒翰更加丈二和尚摸不着头脑了："为什么要贺？"

张喜一本正经地说："我要祝贺你们所向无敌、锐不可当，要祝贺你们深入大江、扬扬得意，要祝贺你们残杀军民、抢掠财物……"

洋人们面面相觑，敢情这"贺"说的都是反话。马儒翰赶紧打住话头："算了算了，你说说为什么又要吊吧？"

张喜看了马儒翰一眼："我的吊啊，是吊丧的吊，是痛哭流涕的意思。我来就是为你们痛哭的。"

马儒翰更奇怪了："有什么要你为我们痛哭的？"

张喜说："我跟你们有一面之交，所以要为你们痛哭。战争开始以来，你们之所以能长驱直入，只是我国没有防范的缘故，而且按照大清国禁令，民间是不能制造武器的。但是，如果你们过于肆无忌惮，难保皇上震怒之下不会来个鱼死网破，直至解除禁令。到那时，你们面对的将是一个无边无际的民间战争。"

张喜洋洋洒洒的这番议论，把一直坐而不言的璞鼎查都给惊动了。璞鼎查问过翻译，让马儒翰转告张喜："你说得很有道理，但是可惜了，你们的皇上不会采用你的计策。"

通过登舰后的一番察言观色，张喜看出来璞鼎查是拿主意的人，其他人不过是个配角。换句话说，得罪璞鼎查外的其他人都不要紧，而张喜也正需要得罪得罪人。因为张喜这次来还有一个不可为外人道的用意——就是得表演，不是表演给别人看，是表演给坐等消息的官员们看，其中有伊里布、牛鉴，也包括尚未抵达南京的耆英。

在张喜来之前，耆英曾特地关照他不可"孱头"，也就是不能太软的意思。张喜自己说了，他会刚柔并济、软硬兼施，不用提醒。说到底，耆英就是不信任张喜罢了。

跟着张喜一同登舰的有好几个人，其中还有一个是耆英的随从。他们虽然都像闷嘴葫芦一样一句都开不了口，但很明显都带有监视的任务。

张喜很清楚，只要不涉及谈判的实质内容，在这些监视他的随从面前就一定要表现得足够强硬，而且越硬越好。于是，张喜忽然一拍桌子，朝马儒翰等人大喝一声："你们不要太骄狂，小心上天不容，给你们带来灭亡之祸！"

马儒翰一时没答上来，旁边的翻译罗伯聃插上一句："你要怪，就怪你们那些惯于说谎的大官吧。他们欺瞒你们的皇上，才导致事情不可收拾，不要责备我们。"

话音刚落，张喜便指着罗伯聃的鼻子训了起来："都是你们这些幸灾乐祸的家伙唆使，方有今日。"张喜的指责听上去毫无根据，实在是有胡乱指控的嫌疑。当然，罗伯聃年纪轻，好胜心强，吃不消别人挑逗，最重要的是他摸不清张喜的路数，所以马上站起身反唇相讥："就算是我们唆使的，你又能拿我们怎么样？"

张喜来了劲："怎么样？我如果挂了大将军印，一定会将你等捉住，然后碎尸万段、焚骨扬灰，给被害军民报仇。"

罗伯聃哭笑不得："好好好，您要是做了大将军，我们也到不了这里了。"这个年轻的英国翻译仍然没有意识到自己成了对方演戏的"友情龙套"，还要傻乎乎地较真儿。罗伯聃拿出一张中方发布的纸片，指着上面对张喜说："你看看，你们中国人都叫我们什么'逆夷''夷匪''跳梁小丑'，请问我们何逆、何匪、何丑之有？"

张喜算是把罗伯聃给盯死了，他看出这个翻译的身份和地位不高，完全可以攻击得再具体深入一点。说时迟那时快，张喜嗖地一把将纸片抢过来撕得粉碎，随后劈面朝罗伯聃掷去，嘴里还忘不了骂骂咧咧："你们生得不像个人，做事也不像个人，怎么不叫丑？你们到处杀人掳物，形同无赖，怎么不叫匪？你们以小国欺大国，以'外夷'犯中华，怎么不叫逆？"

几个洋人万万没想到张喜会这样，罗伯聃怒形于色，一张脸涨得通红。舱外的卫兵听到里面动静这么大，还以为发生了什么状况，不仅严阵以待，还撤去了船边的悬梯。

"茶话会"环节

张喜真是吓人不轻，不过是那几个随从个个神色惊慌、不知所措："您也强硬得太过分了吧？这要是激怒了洋人，真把我们抓起来可怎么办？"

张喜当然知道自己都干了什么，以及可能面临什么样的后果。不过，对张喜来说，一者他来之前就做好了有去无回的准备，以他这样的家丁身份，事情办糟了只有一死，而死在洋人手里还能落个壮烈千秋的好名声；二者在英军占尽优势的情况下，他相信对方也没有什么理由非要跟一个送信的使臣过不去。

果然，璞鼎查发话了："有话慢慢说，大家都不要动气。"

张喜已完全摸准了对方的套路，在料定人身安全可以得到保障的情况下他仍继续拿罗伯聃开涮："我问你，你们英吉利建国有多少年啦？"

罗伯聃答道："一千八百多年吧。"

张喜又问："那你知道大清国有多少年？"

罗伯聃不知不觉进入角色，马上做出中国通的样子，抢着答道："我知道，才二百年。"

张喜啧啧连声："你看看，英吉利都一千八百年了，熬到这么长时间不容易啊，可是如果不小心被我们二百年的大清国给打败了，那就可惜了。"

张喜说："你别瞅你们现在狂，也不过是趁我们不备偶胜了那么两场，有什么啊？你们能场场都胜吗？就算是你们场场能胜，其他海外国家会不忌妒你们吗，会不和你们争夺吗？船坚炮利又怎么，没准儿也会被更狠的给打个一败涂地。"

最后，张喜还抛出一句论调："记住，欺敌者，断无不败之理！"

张喜的这番推论颇富中国传统哲理的意味。英国号称"日不落帝国"，但很多年后也正如张喜所说，见到了他们日落的一幕。不过，当时当地谁也想不到这么深这么远，众洋人只是憋着笑一个劲地点头，房间里的气氛重又变得轻松起来。

这样一来，洋人反而倒有点喜欢对面这个中国使臣——张喜了。当然，不是说张喜的话有多在理，事实上张喜的这些论调跟英国人的思维往往都不在一个频道上，但眼前的这个人至少说话很有趣、不乏味。

听众们听得入神，不由张喜不接着讲下去。张喜又开了一话题："你们老在我国沿海骚扰，兵戈不息，不觉得烦吗？"

马儒翰接着张喜的话茬儿答道："不得不这么干啊，我们英吉利是靠海外殖民吃饭的，因此非得打赢不可，就算败了还得整兵再来。如果不明不白地退回去，被其他国家嘲笑尚是小事，国家立不住才是大事。"他还信誓旦旦地向张喜保证："看您老先生以诚待我，我才跟您说实话的。"

张喜趁势说："知道你们想赢，那我们不打了让你们赢，好不好？关键是赔的银子得减下来，这样就好说话了。"

到交涉的后半段，大家的精神已经完全放松下来，开始进入"剥瓜子壳的茶话会"环节，所以双方越谈越欢，从早上七点一直侃到晚上七点才结束。

天色既晚，必须回去了。张喜想起来还得要个回文，可是洋人们聊得尽兴后都忘了这档子事。看样子，回文当天是弄不好了，马儒翰就说："要不你们留一个在这里等？"

马儒翰看着张喜身边的那些随从，这些人个个缄口不言，没有一个要主动留下来的。张喜只好说："要不，我留下来吧。"

轮到马儒翰不好意思了："你是使臣，这样显得我们太怠慢了。"

张喜想了想："这么办吧，我明天亲自来拿。"

马儒翰已经跟张喜热乎起来，连忙说："明天可以，但用不着您亲自来，无论谁来都可以。"

张喜笑了笑："看你个洋人一副机灵样，若是不认识的，想来你也不会把回文交给他。"然后，张喜随手一指身旁的一位随从，说："你认准了，我明天让他来拿，可以吗？"

马儒翰瞧了瞧："行，没问题。"

回到自己的船上，随从们一个个早已是大汗淋漓。到这个时候，他们才敢开口说话。对张喜的表现，有的心有余悸："我看你辩论中竟有不少怒骂，怕今天回不来了，要把小命留在那里。"

有的佩服之至："我看今天的局面一开始很紧张，就怕张喜老哥你不会开口或者开了口没有话讲，而路上你又一言不发很沉默的样子，没想到一张开嘴竟然口若悬河，并随问随答得滔滔不绝，如此机变过人，真是从没见到过。"

更多的则是拍手称快："骂得好，真令人心中一爽，实千古之快事。从今天的情形就能知道，老哥当年在定海独闯虎穴的英武了。"

此时，张喜反而沉默了，他的体力已经完全消耗在了"舞台"之上，但是他知道刚才的"表演"算是成功了。

怕什么来什么

江上的初次交涉让张喜感觉很累，身体累，心更累。

离开英舰前，马儒翰表明了态度，同意暂时不发动进攻，但还要看事情能不能了结。换句话说，要看谈判能否进行下去，如果谈判不能继续，英军仍将随时攻城，除非先把那三百万两"赎城费"交出来。

涉及实质性的谈判，并不是张喜的职权范围，实际上能拿主意的是耆英。张喜所能做的，不过是以一颗敢于赴汤蹈火、不惧生死的心与"英夷"周旋，并试图以自己的三寸不烂之舌去打动对方，但是口舌终究是口舌，没有资本和筹码，他可以和对方讨价还价的东西实在有限。

张喜想到了偷袭，晚上回到南京后就对伊里布说："不如，我们趁此机会一面'羁縻'，一面火攻。"

在路上，张喜已经构思好了整套方案。按照张喜的设想，可以先将装满石块的沙船沉于入江口以断英军归路，继而在上游购买船只，有多少搜罗多少，全部顺流而下燃火焚之。这样，英军在江上进退不得，只能弃舟登岸，等他们到了岸上后再组织军民进行围击。

虽然张喜说他也没有把握尽歼英军，不过至少可予以重创，反过来迫使其向中方求和。说到此处，张喜已是声泪俱下，但牛鉴听了一个劲地摇头说"不要捋虎须"，而伊里布亦只是叹息不已。

在鸦片战争以来，火攻不知用过多少次了，可是谁也没能成功过。退一万步，就算把英军逼到岸上，能围击得了吗？须知英军陆战的能力可一点不比海战差。

伊里布很理解张喜，知道他是聪明绝顶的人，以他的智慧不会不知道打已无用，但突然冒出这番心思且如此激动，多半是被白天的所见所闻给刺激了。

伊里布换了一种说法："皇上教我们设法'羁縻'，意在主和，难以言战。我和耆将军都不敢违背圣意啊。"

张喜还想再说什么，伊里布已经闭目不语。

深夜的南京城很凄静，车马俱绝，街道上没有一个行人。深夜时分，张喜这个家丁很伤感，一是为他的人微言轻，二是为他的无力回天。

对于张喜说要火攻，伊里布也不敢，而除此之外他和牛鉴又都"皆无定议"，至于是不是要跟英国人谈，怎么谈，他们都一头雾水，没有一个人拿得出主意的。最后，达成的解决办法是：伊里布先派人去拿回文，牛鉴则承诺把"赎城费"由六十万两升到一百万两，反正先拖着呗。

可是，奉命去拿回文的人当天并没有返回，直到第二天深更半夜时才丧魂落魄地跑了回来，而且带来的消息令人心惊肉跳：双方谈崩了，英方似乎察觉出中方是在借机拖延，不仅不给回文，还决定天一亮就攻打南京。

真是怕什么来什么。顿时，官署内慌作一团、乱成一片。然后，大家又眼巴巴地都盯住了张喜。出人意料的是，张喜对伊里布说他不想再去了，原因是去了也没用。

第一次登舰是为了向英国人解释，钦差大臣等于是他们的"全权大臣"，以便双方展开谈判，所以可以多谈几句。这一次去干什么呢？毕竟人家等的是钦差大臣或钦差大臣的代表，哪里还会有闲情陪着一个闲人一起闲聊呢。

形势紧张，其他都顾不得了。在钦差大臣耆英尚未到达南京的情况下，伊里布给自己重新做了一张名片，无中生有地在自己头上套了一个钦差大臣的帽子。此外，伊里布又附加了一条"道光皇帝已下便宜行事的谕旨"，以进一步证明钦差大臣属于英国人能够认可的"全权大臣"。

在另外一张照会上，伊里布明确承诺可以启动谈判。然后，伊里布把这些东西都交给了张喜，让张喜与英方再去接洽停战。

牛鉴担心英军真的攻城，特地委派一名叫徐家槐的官员随张喜一同前往，走之前他嘱咐徐家槐只要英军不攻城，索性把那三百万两"赎城费"也先认下来。

趁着天还没亮，张喜带着徐家槐乘船到达江上。这时他们看到英国军舰上扯起了表示进攻的红旗，而且满江都是登岸用的舢板，部分英军已经登岸，并在做着攻城准备。

璞鼎查听说张喜来了，便派马儒翰登上张喜的船。看到张喜带来的名片和照会，马儒翰立刻意识到这回中国人是真要谈判了。

旁边的徐家槐说到"赎城费"，正高兴的马儒翰一扬手："算了算了，三百万两白银是小事，如能了结大事，那三百万两就不要了。"

按照原来的预估，英方会把谈判和"赎城费"绑在一起，而这不是没有可能的，若他们硬要这么干也是没有什么办法的。现在，张喜一听还可以先把"赎城费"免掉，那当然是好事啊。

可是，徐家槐的脑子转得没这么快，他拉着马儒翰絮絮叨叨地说要其尽点心，去璞鼎查那里再说说能不能用三百万两把所有事都抹平。

马儒翰很不高兴："起初，璞鼎查爵士要的赎城费是五百万两，我给减去了两百万两。现在，看在你们有开始谈判的诚意，我就免了赎城费，难道我还不尽心吗？"

又蠢又犟的官

徐家槐做官时间长了，浑然忘了自己身处何方，除了继续重复他的要求外，还把牛鉴抬了出来："我可是牛大人派来的！"

张喜在旁边听了一咧嘴，真是恨不得从船上跳到江里去，心想："你以为是在你当官的那一亩三分地里啊，把两江总督的名片一亮，小老百姓都得吓趴下？"

果然，马儒翰的脸唰地就拉了下来："你是牛大人派来的？不好意思，璞鼎查爵士并没有派我跟你搭话。"

眼见气氛有结冰的趋势，没准马儒翰回过头来又要起"赎城费"也说不定了。于是，张喜赶紧起身打圆场："徐大人对公事一向慎重，没有别的意思。"说完便把话题绕到启动谈判上，开始与马儒翰逐一敲定出席谈判的人员和细节。

张喜本已经拼命把话题扭过来了，偏偏那个徐家槐仍然拎不清，竟然自己和马儒翰扯起了三百万两"赎城费"的事。马儒翰听得冒了火："你以为我们大英帝国稀罕你那三百万两吗？哼，我舰上有的是银子！"

由于徐家槐的地位远在张喜之上，碰到这么一个又蠢又犟的官，张喜也是毫无办法。幸好，跟他们在一起的还有一位官员，见此情况则帮着又拉又拽，这才让徐家槐闭了嘴。

当张喜等人起棹回城时，远远看见英舰更换了进攻的号旗，而登岸的英军也陆续回舰。

在南京城里，几乎没有人敢入睡，得知英军退去皆额手称庆，其中就包括刚刚到达的钦差大臣耆英。几个位高权重的大吏早早就在府中坐等，他们看到张喜均起立相迎："辛苦辛苦。"

在这些人眼中，那个他们曾经为之不屑的下人张喜俨然已成了一尊神，不由得他们不敬。

1842 年 8 月 12 日，按照与英方的约定，耆英、伊里布再派张喜前去英舰谈判，并在照会上正式赋予他谈判之权。这时，全南京城的大小官员可以说都指望着一个张喜了，使得他这个原本只能跑腿传话的角色真正上升为两国间的正式谈判代表。

南京号称"火炉"，此时又正是炎夏，舰船上十分闷热。经英方谈判代表马儒翰提议，谈判地点于当日中午移至南京城外下关一带的镇海寺，张喜随即赶往镇海寺去做准备。

镇海寺是明成祖朱棣为嘉奖郑和航海而建立。遥想当年，郑和七下西洋，曾是何等热闹和风光。未承想几百年后，轮到西洋人航海过来，反而迫使着低头签约，似乎历史的底牌永远无法让芸芸众生猜透。

留给张喜准备的时间很短，只有几个小时，但对细节的处理本是这个"极品家丁"之所长。张喜很快就料理好了一切，甚至还考虑到英国人的到来会不会惊扰地方，因此特地派当地"地保"一家家去打招呼，告诉老百姓高鼻子洋人们是来谈判的，不必惊慌逃难。

马儒翰、罗伯聘等人来了，他们详细出示了谈判条件，包括"割地赔款、五口通商"等诸项。在张喜的权限和能力范围内，他所能争的并不多，拿起笔算了一下英方索赔共计三千万两。

三千万两这个数字包含有三个类别：一是被焚鸦片的赔偿；二是军费赔偿；三是"商欠"。在此之前，英方在广州的贸易都需经过中国的十三行，所谓"商欠"就是指十三行历年拖欠英商的货款。

张喜便从"商欠"着手，表示"商欠"是十三行欠下的债务，现在要政府代还就成了一笔糊涂账，得查询过之后才能弄清楚。

查询得需要时间，英国人耗不起时间，而且他们也有他们的一套核算标准，并不是完全漫天要价。于是，马儒翰觉得有必要做些让步。

张喜见对方心有所动，趁机说道："贵国来意，我最明白不过，是来要求经商做生意的，又不是来抢劫的。据我所知，贵国素称富饶，绝不会为点小钱而大动干戈，现在既然允许通商，彼此和好，那就皆大欢喜了。我看，如果把赔偿鸦片之类全抹掉，你们也不会不高兴吧？"

马儒翰连忙打断他："鸦片赔偿是政府要还给商人的，'商欠'是政府得交还商人的，这两类都不能少。若实在不行，只有减免军费赔偿。"

一番杀价之后，三千万两改成了两千一百万两。谈判临近结束时，双方约定第二天再谈，到时中方要将道光皇帝"便宜行事"的谕旨带来，而英方也会出示维多利亚女王所颁的敕令。

急事岂容缓办

谈判结束后，张喜回城复命，耆英特命在后庭设座，以示优礼。接着，张喜向着英、伊里布和牛鉴汇报了谈判过程，同时将记录有首轮谈判结果的文件送呈三大吏，请他们及早定夺。

三大吏一个个轮着传递文件，但他们基本都不看文件内容。最后一个轮到牛鉴，他随手将文件递给了自己的幕僚。幕僚一扫过去，只看了几行字便扔到了一边，说是"窒碍难行"，一份那么重要的谈判文件，自此就被随随便便地束之高阁了。

着急的是张喜。如果采纳张喜的建议，一面谈判，一面暗中准备火攻，还有得一说。但是，现在又不敢打，光拖延，这样只会越拖越糟，就怕拖到后面两不靠边，到时候就算想谈，人家可能都不干了。

张喜耐着性子跟耆英费了半天口舌，对方始终不答一言，仿佛谈判这码子事压根就没有发生过。

俗话说，"看人挑担不累"。张喜的首轮谈判，不但没得到喝彩，还让三大吏又产生了莫名其妙的轻松感，以为跟英国人谈判不过如此。耆英装深沉，而伊里布觉得张喜谈判过软，依照他的意思，应该多用"不准""不许"这样的词汇——还跟他们商量来商量去，又不是谈生意。

张喜也不知道这些大人物为什么会突然变得自我感觉如此良好，他给伊里布做客观分析："据我看来，在大局已定的情况下，英方要求的东西可以与之谈条件，适当减掉一些。如果一概否决，怕行不通啊！"

可是话到此处，伊里布又来了个闭目不语，谈话戛然而止。

1842 年 8 月 13 日，张喜奉命再次前往静海寺谈判，但是三大吏未对首轮谈判做出任何正式答复，自然"道光帝的谕旨"也不可能交给张喜。不过，原本显得最紧张的牛鉴倒是再三关照："那个军费赔偿太难听了，你谈判的时候要否决掉，这是最紧要的。"

不过，能不能否决也不是张喜能说了算。张喜无奈之下只好一边应承，一边向牛鉴索要首轮谈判的文件，以便还给英方。

孰料，牛鉴把文件给了幕僚，而幕僚出去拜客，还没有回来。张喜知道英国人很守时，特别是在这样的关头若是迟到，难保对方不胡乱猜疑，所以还是决定空着手先前往谈判现场。

这次去参加谈判的人，除了张喜外还有塔芬布等六名官员，张喜给他们打了预防针，说今天的谈判可能比较困难了。这些人却都不以为然，说："有什么难的？"言下之意，分明是怪张喜不够尽心尽力，好像他们中谁坐到谈判桌前都能轻松搞定一样。

置身于这群人的目光之中，张喜那么镇定从容的人，也变得焦灼起来："刻下南京城危如弹卵，我如果稍微懈怠一些，或不肯尽心，天必殛之！"

众人还是那副漫不经心的表情："慢慢来好了，不必着急。"

张喜听了一跺脚："急事岂容缓办。"就这样，张喜终于明白了，与他同去谈判的这六名官员根本没经历过这种场合，亦不知办事之难，去了根本帮不了什么忙。

张喜猜得没错，六人皆为三大吏派出，其中包括一位耆英的亲信、名字叫塔芬布的佐领。这些人原本都是末微小吏，有的甚至只能在官厅中传话端茶，他们平时没有太多的晋升机会，此次跟随张喜前去谈判纯粹是为了能够从中捞些功劳，以便将来上奏朝廷时能一并保举。

当天的谈判，果然异常艰难。马儒翰问："可将你们皇帝的谕旨带来？"出发时不以为然的六名官员现在都哑巴了，他们的眼睛都瞧着张喜。张喜硬着头皮编了个理由："那道谕旨已递给扬威将军奕经阅看，还没有递回。"

再问："所有条件里面，你们答应了几条？"

张喜答不上来。

又问："文件带来了没有？"

张喜答："今天没带来。"

马儒翰立刻不高兴了："开什么玩笑，条件不答复，要紧的两样东西也都不带来，那我们谈什么呢？"

张喜只好继续搪塞："对昨天你们开好的条件，钦差大人必须逐条斟酌商议明白，才能答复。"

这个理由骗鬼还差不多，骗精明无比的洋人那就差远了。参加谈判的英国人脸色都变了，马儒翰说："看来你们的和谈并非诚心，这是在跟我们耍缓兵之计啊！"

此话让张喜吃了一惊，他先前倒真是想过使缓兵之计，甚至还欲采用火攻，却被三大吏给否决了。张喜急忙问道："何以见得我们是缓兵之计？"

马儒翰言之凿凿："你们将安徽兵调来南京，分明就是来打仗的。"

张喜愈加迷惑不解："且不说没有这种事，就算有你们又是如何知道的呢？"

马儒翰接着说出来的一番话，让人彻底无语了。

只要能办事就行

原来和谈前，牛鉴为保南京，曾从周围各省紧急调兵，安徽兵就是那时接到的调令。安徽兵来就来吧，他们到了南京江面还对英军自报家门，说我们是哪里哪里的兵，并且傻乎乎地问英军："你们和我们打不打仗，我们过江你们拦不拦？……"

张喜不听则已，一听差点被这些傻兵气到吐血。张喜好不容易才稳住心神，试图通过"傻"这个字来论证事情的不可能："跟你们说话的那一定不是官兵。你想啊，是官兵的话，他会傻到跟你们打听消息吗？不用说，肯定是一群冒充的江匪想来造谣惑众，从中渔利。"

听张喜这么一讲，马儒翰也觉得有些道理："此事真假我们先不要辩论，就说眼下你们既没有和谈诚意，仗就还得继续打下去。"

张喜竭力劝说："这次谈判达成的和好通商，对我们两国都有益处；要是打仗，彼此胜败难料，何必过急？现在既然我们已经坐下来议和，打仗的话以后就不要再提了。"随后，张喜提议，次日中午再举行第三轮谈判。

可是，英国人不答应，因为战争胜败难料只是张喜单方面的说法，他们可不这样认为。与会列席的英国军方代表麻恭少校更是很不耐烦，他嫌马儒翰这帮文官对中方过于软弱，因此屡做"恨恨杀人之状"。

会场的气氛一触即发，有随时崩盘的可能。张喜看在眼里，五脏欲焚，一旦和谈破裂，中方要蒙受的损失必然更多更大，而且将更加不可收拾。于是，张喜继续据理力争："两国谈判，哪有大事不容商议的呢？我们的孔圣人说过一句话，叫作'不教而杀谓之虐'。议和期间，你们动不动就喊打喊杀，太过分了吧。"

马儒翰不知道有没有听懂孔子的话，他答道："主要还是你们过分了，老是骗人，让我们怎么相信你们的诚意？"

张喜不再看那个气鼓鼓的麻恭，而是紧抓住马儒翰不放："你是聪明人，不可不体谅我们的一片苦心。我办事以来，从无相欺之处，欺人便是欺天，那是要遭天诛地灭的！"

张喜对马儒翰说："如果你们一定要攻城，那么我会随伊中堂守城。你的大炮厉害，就先轰死我吧，然后再攻城。"

张喜的态度显然让马儒翰有所触动，连说不敢不敢："你是个不错的人，我不会杀你的。"

马儒翰转过头与麻恭等人商量。麻恭仍然一脸怒气，见马儒翰又要妥协，忍不住愤而退出。走之前，麻恭告诉马儒翰："如果明天凌晨得不到中方的回音，英国海军将自行开炮轰击……"

马儒翰朝着张喜摊开手："你都看到了。明天中午不可能，早上吧，再不行，就要开战了。"

张喜见无法挽回，也只能向马儒翰坦白："我不是什么大官，不过往来传话而已，不能向你做什么保证。以后，会另派大员跟你们谈的。"

马儒翰却还是希望能跟张喜谈："官职不在大小，只要能办事就行。"

打过这么多交道后，马儒翰对张喜颇有惺惺相惜之感。其实，马儒翰一开始就清楚张喜并非显贵，可那又能怎么样呢？马儒翰见到的大清官吏很多，无非尸位素餐、欺上瞒下，没有丝毫贵族气质，和这些人相比起来张喜的睿智和诚恳倒显得非常难能可贵。

回到城里，等不到张喜先开口，塔芬布等六人已经放开喉咙叽叽喳喳地将谈判面临破裂的情况宣扬了一通。那些原先觉得妥妥定定的人这下子又开始慌乱起来，三大吏皆惊骇失色，连镇静从容的表情都装不出来了。

耆英从塔芬布那里得知，英国人曾问起过"皇帝谕旨"的下落，而张喜的回答是"递给了奕经"。耆英一拍大腿："怎么能这么答呢？很不妥当。"塔芬布也随声附和。

张喜再也忍不住了："你们让我告诉英国人有这道谕旨的，可到头来又不肯给他们看。耆将军您事先也没交代过，临时让我如何回答好呢？"说完，张喜扫了塔芬布等人一眼："英国人问这句话时诸位都在，若有更高明的回话，为什么当时不说？"

塔芬布低下头，耆英也无言以对。

"皇帝谕旨"可以暂时按下不表，关键是情况急迫，英方已下达了最后通牒。三大吏想起这一节，赶紧翻找那份谈判文件。当牛鉴问他的幕僚时，幕僚竟然一脸茫然，不知所问究竟是什么。

张喜见状，赶紧提醒道："昨天你说的那份'窒碍难行'文件，想起来没有？对对，就是那个东西。"

连小孩子都不会相信的理由

三大吏不敢再吊儿郎当，他们决定对英方条件"一概允准"，并派张喜连夜前去递送。

张喜很郁闷，他没有多大权力，尚在第一轮谈判时竭尽所能，把三千万两"杀价"杀到了两千一百万两。照张喜看来，既然是谈判，当然还可以继续"杀"，而官员们平时不是动不动就说国库经费不足吗，怎么千万两银子眼睛眨都不眨就答应下来了？

当张喜提出这个疑问时，耆英回答："此乃权宜之计，不得不然。"张喜无奈地叹息一声："如果尽力攻剿，未必要花这么多钱的。"其实，在张喜发出这声叹息的时候同样心头没底，只是不甘心这么多银子白白流入外人囊中而已。

三大吏商量了一下，认为既然已经"一概允准"，这件事就有眉目了：既然上次谈判插了六个人，这次再多插一些，反正排着队等叙功保举的人多着呢。

眼看再不说点什么又将影响谈判，张喜急忙道："诸位大人，时间紧迫，就不要浪费时间了。"此语一出，三大吏没一个高兴的。因为如此做法已是官场中通行的"陋规"，早就见惯不怪了，这个时候不保举身边的亲信左右以后要"不得人心"的啊。

张喜也不管这些："我是这样想的，办事的只管办事，保举的只管保举，到时事情办好了，甭管有没有跟我去谈判，全列在单子上好了。"

这倒是个好办法，不过话不能这样直白地说出来，尤其是从官僚之口说出来。于是，三大吏全都装聋作哑就像没听到一样，当然他们后来无一例外都照着做了。

在新组的谈判团队中，大部分都是无用的摆设，除了耆英加派的一个叫黄恩彤的官员，他是当天的正式谈判代表。当然，如果不跟着张喜，黄恩彤也没胆量参加谈判。

1842年8月14日上午，中英双方在镇海寺举行第三轮谈判。这一轮主要由黄恩彤出面与马儒翰会谈。黄恩彤架子不小，从始至终都没招呼张喜坐下，一直站着的张喜自然不敢多言。不过，黄恩彤的架子并不能代替口才和胆略，他的气势被马儒翰完全压住了，谈判时不仅一点便宜占不到，还被反过来多加了好几条。

不过，谈判总算又能正常起来了。谈判结束，回到城里的张喜便上吐下泻连站都站不住，连日来的暑热、疲惫、抑郁、苦闷已让他的身体几乎支撑不住了。

当然，张喜心里放不下的还是谈判。耆英派人来询问病情，张喜回答说："还没好，但可以支撑，会参加接下来的几轮谈判。"

可是，当张喜强撑着出席完新一轮谈判回到城里后，却遭到了伊里布的责怪："你不该出城！"

伊里布一边说一边脸上还带着怒气，令张喜感觉莫名其妙。更令人摸不着头脑的是，第二天耆英发下话来，不准张喜再见英国人，就是黄恩彤的谈判也不让张喜参与和知晓。这等于说，张喜已被一脚踢出了谈判，从此这里面没他什么事了。

直到英军从南京江面上撤走，伊里布才跟张喜解释，说耆英让他退出谈判是怕他过于强硬，乃至于在谈判中误事。

这当然是连小孩子都不会相信的理由，伊里布本人也不信。要知道，耆英曾多次警告张喜不要"屠头"，以至张喜甚至不得不在初次与英方接触时有所表演。更何况，张喜并非冒失鬼，没有人比他更懂得谈判中所要掌握的轻重火候了。

有一种说法认为，耆英是受了英方的欺骗，因为在重开谈判后马儒翰让人交给耆英一个照会，上面纠正了"误会"，说："所谓'第二天早上你们不给回音，我们就要开战'的说法，恐怕是误传，没有这个事。"有人就此说，耆英受骗后迁怒于张喜，才会勒令他出局。可是，这也完全是一个站不住脚的论断，毕竟那一轮谈判还有塔芬布等六人在场，耆英完全可以从他们那里得到真相，而马儒翰之所以改口其实也很简单，无非是为接下来的谈判营造一个和缓点的气氛而已。

真实的原因，张喜知道，伊里布也心知肚明，要不然他当时就不会带着怒气说话了。一言以蔽之，耆英觉得可以抛开张喜了。

耆英说过，他对张喜是又爱又怕，爱的是张喜口才过人、思维敏捷。要知道，张喜这个"极品家丁"在这方面的能力，连几个所谓成名大吏都远远不及。当然，这个"爱"有一个前提，就是要为我所用，偏偏张喜又不愿抛弃故主攀龙附凤，所以耆英又有了"怕"。

耆英表面上说，他怕张喜性情过于刚烈而会因此误事，其实不过是怕张喜成功——张喜成功，也就是伊里布成功，而伊里布成功，他耆英的位置该往哪里摆？

在耆英看来，黄恩彤首次作为代表参加谈判似乎并没出现什么差错，英军也没有再威胁动武，于是他就很果断地选择了让张喜靠边站。

你要的是什么

作为张喜本人来说，早已是饱经世间风霜，很多事他都看淡了，也不会放在心上。要知道，在这个世界上，嫉贤妒能到哪里都一样，当年他在云南时借机排斥他的人也是一个接一个。张喜感到格外愤慨和不平的是，国事也为此受到了牵连，最后几轮的谈判过程和结果"软"得一塌糊涂：黄恩彤在英国人面前除了懦弱就是畏惧，几乎形同泥塑木偶，没有丝毫机变和主动性可言，差不多就是对方说什么他就认可什么。

1842 年 8 月 29 日，中英在南京江面的英军军舰上达成了《南京条约》，内容共八项十三款，包括赔款、五口通商、割让香港岛等，其中英方做出让步的仅仅赔款减免一条，也就是首轮谈判中张喜力争的那一条。

鸦片战争和《南京条约》本为禁烟而起，照理即便因为战败的原因中方不得不在《南京条约》的已有条款上做出让步，但仍旧可以在谈判中继续提出"禁烟案"。

当然，并不是没有人认识到这一点，早在英军总司令懿律率部进抵天津时，时任天津道的陆建瀛就主张通过谈判率先解决禁烟的问题。英国政府挑起鸦片战争，归根结底还是想打开中国的通商大门而并非为了强行推销鸦片，如果真的就这一问题进行谈判，完全可以用其他条件作为交换，以限制甚至禁止鸦片进口。

令人唏嘘的是，正式谈判时，黄恩彤以及他背后的大吏们竟对此只字不提，好像压根就没有禁烟这回事一样。此后，中国对禁烟就处于一种失控状态，即虽然政府并无放任民间种植和吸食鸦片的明文规定，但实际上英商却可以任意向中国倾销鸦片，且不用上缴任何税款。直到十几年后，中英订立《天津条约》时才掩耳盗铃式地将鸦片改换一个名目称作"洋药"，同时向其征收关税，这也就等于承认了鸦片销售的合法化。

《南京条约》签订后，道光帝对相关人员进行了一系列赏罚。两江总督牛鉴被解送京城问罪，其职务由钦差大臣耆英替补，伊里布擢升广州将军，以新的钦差大臣身份前往广东办理善后。三大吏所保举的文武官员，包括黄恩彤、塔芬布皆得封赏，而里面并没有谈判的第一功臣张喜。

耆英早就忘记了他曾信誓旦旦对张喜做出的承诺，所谓了不得的大人物，果然都是些得了健忘症且擅长过河拆桥的薄情寡义之辈。

南京事了，伊里布希望张喜随他一起去广东。张喜婉拒："我的父母双亲年纪都这么大了，我不会再远行。"

伊里布意识到张喜可能是因赏罚不公心里有气才做如此说法，便暗示南下广州后可以由自己做主为张喜讨赏，但他这么一示意反而让张喜的态度变得更加坚决起来："人各有志，不能相强。古人说，'三军可夺帅，匹夫不可夺志'。我此次南下非为功名，难道您认为我是一个为区区微名就甘冒大险的人吗？"

伊里布一时语塞，他换了个口气对张喜说："你即使不愿随我去广东，也应该为自己找一个更好的去处。"

伊里布所说的这个去处是浙江。浙江巡抚刘韵珂对张喜非常器重，想留他在浙江专办洋务，并且表示只要张喜肯去浙江，薪俸开多少都不成问题。

张喜摇了摇头："刘大人器重我，为的是公事，而现在公事已了，就不必去了。况且'财禄'二字，非我所愿。"

两人谈到这里，连伊里布都有些看不懂面前这个老家丁（张喜）了："你不要财禄，又不图功名，那你要的是什么？"

张喜推心置腹地说:"我当初南下,一是了结洋务,以报朝廷;二是保全江浙,以救百姓;三是如您所说,洗刷过去在浙江的冤屈,以不负主人的知遇之恩。现在,这些心愿都实现了,此外别无所求。"

伊里布显然并不完全相信张喜的这番表白,也或者他根本就不愿意相信他有如此境界,便戏谑地说了一句:"莫非你是要学鲁仲连吗?"

鲁仲连是战国末期的辩论家,以为人排解纷难而不索取回报著称。张喜连忙说:"跟先贤相比,我才能实在平庸,也没有那么高尚,只不过我喜欢简简单单罢了。"

张喜劝伊里布也不要去广东。伊里布问为什么,张喜说:"既登彼岸,岂可再投苦海。广东是洋务最复杂的地区,很难弄,老大人您已年逾古稀一把年纪了,能退就退吧。"

伊里布听了嘴上不说,其实心里颇不高兴。说到底,他们还是两条道上的人,伊里布岁数再大,也断不了功名利禄之想。

"糊涂条约"

张喜要走了,主仆二人依依惜别。伊里布问张喜:"这次回去,你是做幕僚还是转行?"

张喜回答:"无论做哪一行都是以后的事,再说吧。"

伊里布又问道:"那家里生活能过得下去吗?"实际上,伊里布知道张喜虽跟随自己多年,但积蓄并不多。

张喜笑了笑:"穷是穷一点,却没有过不下去的道理。"

听了这句话,伊里布闭起眼睛,只是摇头叹息不止。

伊里布送给张喜盘缠一千两,作为他南下的全部酬劳。张喜将其分成三份,一份留作赡养父母之用,一份赠给旧同事、旧相识以及一些老朋友,最后一份在南京买书并载之以归。

这就够了。"飘飘何所似？天地一沙鸥。"

从此，张喜隐居乡里。张喜一直无儿无女，但古人云"不孝有三，无后为大"，所以他在五十岁的时候又娶了一个小妾，结果连生两子。乡人皆道，张喜功高而不得赏诚为憾事，这是老天爷觉得过意不去，在冥冥中赏赐了他。

与《南京条约》有关的三大吏（耆英、伊里布、牛鉴）则各有不同的命运走向。牛鉴被刑部以"贻误封疆"罪判处死刑，但是河南百姓不忘旧恩，不仅为其修造生祠祈祷，还联名写信给朝廷要员请其代奏皇上以求赦免牛鉴。道光帝允准释放，仍将牛鉴发回河南效力。

当牛鉴到达河南省境内时，沿途受到了当地百姓的热烈欢迎。路上人多到连车子都开不过去，男女老少争着拥上前去，都想亲眼看一看牛鉴长什么样，有的人甚至激动得哭了起来。

伊里布以广州将军兼钦差大臣前往广州，但那里的情况正如张喜所预计的一团糟。一方面是民心不服，粤人对《南京条约》不满，常欲"举义兵复仇"；而另一方面则是"夷情狡横"，洋人更不买账，处于夹缝之中的官员委实难当。伊里布时年已经七十一岁，正是颐养天年的时候，却整日处于忧虑惊怕的氛围之中，无论身体还是精神都经受不起，没几个月便病死了。

在三大吏里面，最得意的是耆英。自从签订《南京条约》后，耆英似乎觉得"洋务"不过如此，竟然有了点"驾轻就熟"的意思。此后，在耆英的主持下，又一口气签订了中英《虎门条约》、中美《望厦条约》、中法《黄埔条约》。

后世，史家在评论这些条约时都忍不住叹息。如果说《南京条约》是在枪炮的威胁下不得不签的"城下之盟"的话，后面的一系列条约其实都是没有必要签的，基本全属于"糊涂条约"。近代对中国影响较大的不平等条款，诸如片面最惠国待遇、领事裁判权、协定关税权，皆出自"糊涂条约"，等于自己给自己脖子上套了一条条绳索，其严重程度远远超过《南京条约》。

这些条约的具体内容，耆英很少向道光帝请旨，大部分都是他自作主张，大笔一挥就算通过了，等条约签完了再斟酌字句编一套漂亮话上报皇帝。这时，道光帝也从一个极端滑到了另一个极端，既然打已无力，前线又必须依靠耆英与"夷人"谈判，他也就只能以糊涂对糊涂了。对道光帝来说，能把"夷人"安抚住不要打仗，就算是最好的了。于是，在耆英所上奏折里面，全都是道光帝朱批的"所办甚好"或者"办理均合机宜"，其实他可能从来也没有认真看过送上来的条约抄本。

如果说皇帝不细看条约尚可以理解，事情的不可思议之处在于耆英和参与谈判的官员对条约的内容也不甚了了。他们没有一个人屑于像当年的张喜那样推敲一下文字，或者跟对方讨价还价，在所有谈判中甚至连争论两句的场面都很少能够见到。

耆英之辈对洋务和谈判秉持的原则是，"只可粗枝大叶去画，不必细针密缕去缝"。毫无疑问，对他们来说，"细针密缕"的事只有张喜那样的人才会去做，而如今这位出身卑下但心灵一点也不低微的高士正深处陋巷——斯人寂寞。

耆英有多糊涂，洋人就有多精明，因此他们谈判前都指定耆英为谈判对象。这使得耆英在国内水涨船高，俨然被捧成了一个"外国通"，连道光帝对其也另眼相看，并称其"有守有为"。可是，到了咸丰帝当政，耆英又像琦善、伊里布等人一样被归入了"误国秦桧"之列，反过来英国人也觉得耆英不老实，没有把他们的要求一五一十地汇报给中国皇帝，因而拒绝再与之进行接触。

所谓"天作孽犹可恕，自作孽不可活"，耆英自己把自己弄得里外不是人，对朝廷而言他也完全失去了利用价值，最终被咸丰帝赐令自尽。

就这样，生活开了一个多么荒诞的玩笑，最得意的变成了最悲惨的。假如忽略了这中间的时间过渡，其实就是一瞬间的事，所以不要过于在乎曾经受到的不公，做一个简简单单的寻常百姓就好——"独钓江渚，秋月春风"，一切都是笑谈，一切亦不过是过眼云烟。

真面目

第一次鸦片战争以英国大获全胜而告终，连美国和法国都从中沾了光。英国人如此评价道，"中国被一个女子征服了"——这个女子指的是维多利亚女王。

有一段时间，道光帝非常想揭开对手的真面目。鸦片战争期间，英军两次进犯台湾，均被台湾地方官员达洪阿、姚莹指挥守军击退，之后英舰触礁沉没，一批英军官兵因而被俘。得知抓到了俘虏，道光帝曾专门发去谕旨，让达洪阿对俘虏进行审讯，并提出了一大堆问题，其中有一个就是关于维多利亚女王的。

道光帝了解到英国女王时年才二十二岁，感到非常惊异。那么，二十二岁的道光帝在干什么呢？或者在室内规规矩矩读书，学习圣人经典以及治国的方略，或者在室外苦练射术，锻炼骑兵打仗所应具备的技能。就这样，直到十多年后，经过种种考验，道光帝才正式登上帝位。

道光帝满是疑惑：这个异域女子究竟有何德能，如此年轻就能被推为一国之主，她的经验和韬略都是从哪里得来的？为什么竟能把自己打得连招架之功都没有？

置身于中国这个男尊女卑的传统社会，道光帝想破脑袋也想不出个所以然来。于是，道光帝怀疑维多利亚女王的背后是不是有一个强大的男人，那个人才是他真正的对手。因此，道光帝要求达洪阿设法弄清楚，女王的丈夫叫什么名字、哪里人，以及在"英吉利"担任什么职务。

不知道达洪阿后来有没有审出来，反正随着英军逼近南京，道光帝已经没有兴趣也没有时间再去理会这些了。

过了很多年后，有人从紫禁城的皇家仓库里翻出了一张世界地图，那是道光帝的高祖父康熙帝让外国传教士给他绘的，上面赫然就有"英吉利"。可是，即使道光帝看到这张地图又有什么用呢，反正要打还是打不过。不过，要是康熙帝当年就重视"英吉利"，还至于子子孙孙被英国人挤对到这个份儿上吗？

耆英就南京谈判发来的奏折，与其说是请旨，不如说是转达英方的威胁更合适，而道光帝也再不可能像当初对待琦善那样一拍桌子，说"你这浑蛋，还敢灭自家威风，长他人志气，失心疯了你"的话。

"看完奏章，朕愤懑到了极点……朕现在唯有自恨自愧。"退朝后，道光帝一个人背着手在便殿的台阶上走来走去。道光帝虽然远在京城，但他分明看到那个垂头丧气地坐在南京城内低头签字画押的人，正是他自己。

此时，道光帝的内心里可能是这样的：为什么我要承受这样的难堪，为什么要这样逼我？

道光帝很清楚，批准《南京条约》对他来说意味着什么，那不光代表着他败给了一个看起来乳臭未干的女子，还代表着他不再是有道有为的一代明君，而他原来也那么平庸、那么普通且那么不值一提。

情绪翻涌处，有一种伤口足以让人痛到钻心。道光帝这个皇帝，自即位以来恨不能省下每一两银子，恨不能把除睡觉吃饭以外的所有时间都用在公事上，他虽然已竭尽全力，但换来的却是这样一种结果。

上半夜，道光帝独自徘徊于便殿，脚步似乎一直都没停下过。随侍们都不敢近前打扰，但是仍能清晰地听到一声声叹息。

已经五更天了，接近后半夜了。此时，随侍忽然听到道光帝顿足长叹一声，接着便飞快地走入殿中。道光帝坐下草草地写了一封信，随后将其封起来交给随侍："等穆彰阿来军机处时，你就把这个交给他。"

在道光帝生平写过的无数封信中，这大概是最让他无奈的一封，因为这就是他让军机处转寄耆英的谕旨，其上道光帝用朱笔亲手写下了"各条约准照议办理"几个字。

这几个字毫无疑问代表着屈辱，可此时道光帝不能不写。战争已经持续了两年半时间，耗费了数千万两银子，丧失了无数人的生命，最重要的是败局已难以扭转。按照道光帝自己的说法，若任由战火继续这样蔓延下去，其利害将不仅限于江、浙等省，最终还会关系到"数百万民命"，他必须对祖宗留下的江山社稷、对数百万臣民有个交代。

当英军退出长江的消息一传出，道光帝就即刻下令沿海各省撤军，以节省浩繁的军费，但也同时要求各省尽快修筑海防工事，提高战备能力。

道光帝终于弄明白了：在鸦片战争之前，大清国的战事，包括他亲自指挥过的张格尔一役，主要集中在西北内陆，但海战海防上可以说是一片空白，现在突然要和世界第一海上强国英国作战，相当于倒数第一和第一掰手腕，这能不吃大亏吗？

事实也是如此。在鸦片战争中，中英军事差距最明显的就是海上攻防，大清的水师战船在英国军舰面前几乎跟玩具船差不多。

用错了人

奕山在广州仿造了一艘"军舰"，然后向道光帝奏报，请求停止再造水师战船，说有钱不如都拿来仿造"军舰"。

道光帝对这个建议很重视，他让奕山把仿造图纸贡献出来给闽、浙、苏三省官员做参考，最好能每个省都像广东那样拥有自己的"军舰"。

然而，造军舰可不是玩过家家，英国军舰的制造已经进入了近代化工业行列，而大清国的小作坊要造军舰就跟在说一个并不好笑的笑话一样。在实际操作中，"内地匠役往往不得其法"，奕山自己的仿造也基本是个四不像，更别说给别人示范了，再加上经费不足等问题，只能不了了之。

造军舰无果，洋枪洋炮怎么样呢？自鸦片战争以来，大家都领教了洋枪洋炮的厉害。耆英成为"外国通"后，对洋人的新玩意儿倒也极有兴趣，曾有一次还给道光帝送来一支击发枪。

击发枪由燧发枪改进而来，其性能超过宫中御用的鸟枪甚至燧发枪。道光帝自己在射击和武器使用方面是行家里手，他亲自试了一下发现确实好用，于是连连称赞"绝顶奇妙，灵便之至"。

可是，当谈到是否要仿造一节时，道光帝又想到了仿造"军舰"的失败，于是说这东西我们造不出来的，到时"必成望洋之叹"，还是省点劲，免得气大伤身。

以前整治"陋规"的受挫、"以德治国"的尴尬，再到现在鸦片战争的失败，都毫不留情地昭示了一点：那就是在褪去少时的虎虎生气以及年轻时的英发果勇之后，道光帝的资质和天分原来也极其平常——他或许可以与其父嘉庆帝一较短长，但论才华与其祖父乾隆帝相去甚远，论精明又远不及其曾祖雍正帝，论胆略更是与其高祖康熙帝差着老远。

嘉庆帝登基时，所谓"康乾盛世"虽然已近尾声，然而终究还有余绪。与之相比，道光帝从嘉庆帝手中接过大清的基业时，大清帝国则几乎已经是一个烂摊子了，而以道光帝的智力和魄力又根本无法振衰起弊开创出一个新局面，于是他所能做的便只剩下了守住这份祖业，看好这副摊子一途。

在与一名即将上任的官员谈论治国之道时，道光帝曾经形象地把大清帝国称为"一所大房子"，但这所"大房子"已经太旧太破，不是东边倒塌就是西边剥落，可是要想拆掉盖一座新的又谈何容易，最坏的结果很可能是新的没建起来，旧的却已片瓦不存。道光帝说，他的应对办法是随时粘补修理，保持一律整齐，以不听任其继续遭到破坏为限。

"修理房屋"，皇帝只是一个主持者，真正依赖的还是下面所选用的这些官吏。道光帝用了个典故叫"曲突徙薪"，意思是厨房灶旁应该少堆柴火，烟囱也要改建成弯的，这样可以防止火灾的发生。

此后，道光帝在送官吏赴任地方时经常要提及"曲突徙薪"这个成语，其用意也很明显，就是提醒官员们防微杜渐：你们发现哪里有问题就要及早出手，不要等到火光冲天了才来跟我讲，那时候房子早就烧着了，我还能有什么办法呢？

在道光帝看来，鸦片战争就是一场突如其来的祸患，而这场祸患的发生和蔓延都是因为当事者处置不当所致。每次想到这里，道光帝无不悔恨交加，其谕旨里尽是"愤恨难言""愤懑之至"的语句。有一次，道光帝甚至当着大臣的面就"握拳捶心"，即握着拳头敲打自己的胸口，一副痛不欲生的样子。

道光帝言有所指，他认为林则徐对此负有责任，而让他后悔和愤恨的也都是同一件事，即用人不明，在禁烟上错误地重用了林则徐。

道光帝曾逐一追究鸦片战争中表现不佳的大吏和将帅，除将牛鉴投入大狱外，又将奕山、奕经等人一个不少地送上刑部大堂，而且所判处刑罚都严厉到极点，即斩监候，相当于死缓。然而，等到心绪平和下来时，道光帝又选择了"原谅"他们，因为他逐渐明白这些人并不都是废物渣子，换一个其实效果也好不到哪里去。

没过多久，牛鉴等人便被一个个地放了出来，而且照旧重用。这里面也包括最早的"主抚派"琦善和"主剿派"邓廷桢，即反正不管你们以前说过什么、做过什么，皇帝都知道你们是不得已，也不容易，所以都可以官复原职。

道光帝对官员的评价也变得客观起来。例如，道光帝说琦善聪明绝顶，出任疆臣多年，什么事都办过，包括这次"夷务"，经历过了也算有经验了，相信以后官会做得更好。

道光帝唯一不能"原谅"的就剩下林则徐了。在道光帝看来，他当初曾满怀希望地赋予林则徐以重任，可正是由于林则徐的轻率和鲁莽招致了鸦片战争以及后面连续不断的麻烦，给他的后半生留下了满满当当的失望和创痛，这让人情何以堪。

于是，林则徐一直未能得到释放和起用，甚至道光帝都不想再提这个名字。在召见从伊犁回来的邓廷桢时，道光帝倒是难得地想到了同在伊犁的林则徐，不过说的却是"朕用错了人"。

指桑骂槐

相对于道光帝的恨恨不已，林则徐的声誉却达到了顶点。这一方面缘于虎门销烟在海内外造成的影响，另一方面不得不说与林则徐后期没有正面与英军交锋也有关系。没有交锋，也就没有失败，英雄形象自然就可以长久地维持下去。林则徐对此颇有自知之明，在获悉牛鉴、奕经、奕山等人均被判斩监候，特别是浙江巡抚余步云人头落地后，他连称侥幸，并认为自己流放伊犁处于"雪窖冰堂"之中，虽然苦是苦了一些，但比起这些同僚已经是不幸中的万幸了。

不过，外界当然不会这么认为，大多数人只要一提到林则徐都会理所当然地把他跟宋代的岳飞联系起来，认为朝廷若是能对这位英雄放手使用，何愁"外夷"不灭？《南京条约》的屈辱结果，则更助长了这种情绪，甚至在朝野舆论中也以是否挺林则徐划界：呼吁林则徐复出的，自然是忠臣；对林则徐复出持消极态度的，便是奸臣，一如京剧舞台上的红脸和白脸。

这时，曹振镛已死，他死后五年鸦片战争才打响。曹振镛这个"模棱宰相"简直就是个福气宰相，敢情他装傻一辈子什么苦都没吃过。顶替曹振镛的穆彰阿就不一样了，他倒也想在这些事上"模棱"一下却做不到，起码皇上写好的谕旨总得经他的手发出去。

于是，大家不敢编排皇帝的不是，便将所有的火气都发到了穆彰阿身上。在这种情况下，穆彰阿就是躺着也得挨枪。因此，自从鸦片战争开始后穆彰阿的名声真是糟透了，"举世皆恶之"，像《南京条约》、林则徐被贬遭流放之类全都归罪到他一人，几乎就成了奸佞中的奸佞，整个一个脸上涂着白粉的大反派。

穆彰阿最为头疼的莫过于他在军机处的同僚王鼎，由此还酿出了一场惨剧兼闹剧。

王鼎是个非常正直的官吏，其廉洁程度甚至超过林则徐，生平从不肯帮人走后门，也不走别人的后门，死的时候家无余财，这在"陋规"盛行的清末官场实属罕见。

王鼎和林则徐是挚友，他们是那种不带有任何私人利益关系的君子之交。

就在林则徐被判充军伊犁的前夕，黄河再度决口并殃及河南、安徽各省，王鼎奉命前去实施堵口工程，但他知道林则徐熟悉河务，有治理黄河的经验，便乘机上疏将林则徐留下来充作自己的助手。

林则徐协助王鼎治理黄河，耗时八个月后，眼看着黄河就可以重新胜利合龙了。王鼎因此被晋加太子太师，其余出力人员也都得到了大小不等的奖赏，唯独林则徐被冷落在旁。

王鼎为此一再上书道光帝，赞许林则徐的功绩，要求给林则徐一个机会让他将功赎罪免戍伊犁。在朝廷未有答复时，王鼎认为已经心中有底，便高高兴兴地请大家吃饭，还特意让林则徐坐在首席。这时圣旨到了，但是来使说，皇上交代过，现在不能宣读，必须在合龙的那一天才能公布。

王鼎更有把握了，他认为这是道光帝的用意所在——要喜上加喜，将合龙与开释林则徐一道庆祝。第二天，黄河合龙，使者宣读圣旨："林则徐于合龙后，着仍往伊犁。"

王鼎大惊失色，倒是林则徐本人镇静自若，像没什么事发生过一样。林则徐的态度反而使王鼎更加难过，觉得对不起朋友。当两人道别时，王鼎哭得跟个泪人似的，从这个时候起他开始不顾一切地为林则徐申冤叫屈。

其实，执意要贬黜林则徐是道光帝的意思，但王鼎不可能直接对着皇帝发飙，他只能先找穆彰阿算账。

王鼎自己虽然也是军机大臣，然而职权有限，若是穆彰阿能站出来为林则徐说上两句，凭他的首席军机大臣（也称领班军机大臣）的身份，林则徐的处境无疑要好得多。可是，穆彰阿没有这么做，他当然不是与林则徐有什么特别的过节，而是因为他的生存之道就是混，说话办事都要看道光帝的脸色，既然道光帝说不饶林则徐，那他只能照办不误。

王鼎恨就恨在这一点上，他每次碰到穆彰阿这个"奸臣"，都要指着对方的鼻子大骂一通。穆彰阿不予争辩，但王鼎还追着不放："你嘴里塞袜子了呀，怎么我说话你听不懂吗？"

穆彰阿知道王鼎的脾气，只能强装笑脸敬而远之，见到了都绕着走。某日，道光帝同时召见穆彰阿和王鼎两人，这下绕不开了。当着道光帝的面，王鼎也丝毫不给穆彰阿面子，支起炮架便轰："林则徐那样一个贤人，你为什么要把他流放到新疆去？我看你简直就是宋朝时的秦桧，明朝时的严嵩！你个大奸臣、王八蛋，我看天下事都要坏在你手上了。"

穆彰阿默然无语。道光帝坐不住了，因为谕旨是他下达的，而穆彰阿不过是经个手而已，心想："我人不在这里也就算了，我在这里你还这么骂，不是在指桑骂槐吗？"

没错，王鼎是有指桑骂槐的意思，他本来一半是讲给道光帝听的，而穆彰阿不过是被他拿来当了块垫脚石。不过，道光帝对着这么一个天不怕地不怕的人，他也没什么办法。于是，道光帝定了定神，勉强挤出一丝笑容，对王鼎说："你今天是不是喝酒了，朕看你有些醉了。"不由分说，道光帝让内侍将王鼎扶出去了，其实就是强拉了出去。

最后一份奏折

王鼎见道光帝不敢拿他咋的，索性一不做二不休，第二天他抛开穆彰阿在朝廷上就向道光帝直谏，要求赦免和重用林则徐。这下，道光帝真的发怒了，心想："敢情你是给脸不要脸啊，给我闭嘴！"

道光帝见王鼎还在滔滔不绝，忍无可忍地站起来一拂袖子，就要起驾回宫。王鼎气血上涌，竟然上前就要拉皇帝的衣服——当然，龙袍不是想拉就能拉的，那些内侍们是干什么的？

王鼎见皇帝始终是这种态度，他失望了。当王鼎想到林则徐将永久地在边疆含冤受苦，这个正直的人便无法忍受，他决定以自己的生命为代价做最后一次努力。

有一天，穆彰阿突然得知，王鼎悬梁自尽了！

听到这个消息，穆彰阿的反应先是一轻松，接着便觉得不对劲："这王鼎是个死心眼的货色，他不是要学古人尸谏吧？"

军机章京陈孚恩第一个去王鼎家里探看究竟。陈孚恩是穆彰阿的死党，回来后给穆彰阿带来了王鼎生前留下的最后一份奏折——也是遗书，上面果然写着要以一死来弹劾穆彰阿，保举林则徐。

穆彰阿看了一头冷汗，心想："狠人啊，死了都要咬我一口，我招你惹你了？"

穆彰阿别的不怕，就怕道光帝拿到这封遗书后会因顶不住外界的压力把他推出来应付舆论，那他穆彰阿就真成冤大头了。

虽然穆彰阿把王鼎的遗书拿了过来，但是王家人显然已经知道了遗书的内容。穆彰阿想了想，便把王鼎的儿子找来，劝他说："你父亲冲撞了皇上，皇上现在还在发火，你要是把这道遗书递上去，那皇上就更没面子了。到时候朝廷可能连抚恤金都不会发，你作为他的儿子也会跟着倒霉。"

王鼎的儿子胆小怕事，觉得穆彰阿言之有理，一时不知如何是好。穆彰阿说："你不要怕，我给你张罗。"

穆彰阿自己掏了一大笔钱给王家——算是封口费，让他们隐瞒王鼎自杀一节，只说王鼎是"暴卒而亡"。为了把事情做得更像一些，穆彰阿还亲自给王鼎写了墓志铭，里面当然是春风化雨般不会涉及一点两人之间的矛盾冲突，不知道的看了还以为他们是相交多年且相知相重的老朋友呢。

当然，遗书还是要送给道光帝看的，不过已经换了一稿，那是穆彰阿让手下门人写的。这道光帝也不是好糊弄的，他觉得奇怪的是一个军机大臣怎么说死就死了，便怀疑遗书作伪，但在派人去王家看过后并没找到什么疑点，也就不了了之——该抚恤的抚恤，该嘉勉的嘉勉。

穆彰阿却为此留下了心病。事发后，穆彰阿让陈孚恩到处宣扬，说王鼎乃重病而亡，但小道消息还是不胫而走，有些人免不了窃窃私语地当八卦一样地传来传去。

穆彰阿很着急。有一天，穆彰阿在军机处问陈孚恩："王鼎身故那件事，我听人讲还有别的情况，而陈兄第一个去王府探看，一定是了解真实情况的，能不能说说看？"

陈孚恩没想到穆彰阿当众有此一问，完全没有心理准备，支支吾吾答不上来。在座的其他军机大臣更是相顾愕然，不知道穆彰阿在演什么把戏。

陈孚恩回家后越想越不对劲，心想这穆彰阿明明知道真相却还要这么来问我，到底是什么意思，难道他是怕犯欺君之罪而想杀人灭口啦？

陈孚恩想到这里冷汗直冒，不知如何应对：如果说到道光帝那里告发穆彰阿，王鼎留下的遗书已经被穆彰阿拿去销毁掉了，要告也没证据，而且穆彰阿是首席军机大臣，位高权重，不是他一个章京就能随随便便扳倒的；要不也来个自杀，以向穆彰阿表明心迹，可是看看家里面葡萄美酒夜光杯、妻子孩子一大堆，哪个也舍不得丢下。

陈孚恩正在发愁，忽然听到说朝廷对他打赏。陈孚恩明白这是穆彰阿的功劳，赶紧前往穆府道谢，一进去后就长跪不起。

穆彰阿对陈孚恩说："昨天我给你讲那番话，是为了以正视听，制止谣言的散布。可是，你为什么不回答啊？吓死我了！你要是说了，就可以把众人的嘴给堵住。"

陈孚恩这才恍然大悟："我以为您是要责怪我呢，所以才吞吞吐吐。其实，我也是很愿意为您制止谣言的。"

穆彰阿、陈孚恩两人你看看我我看看你，都笑了起来。原来，当陈孚恩回家后，穆彰阿同样怕得要死，担心陈孚恩会去向道光帝告发，所以才急匆匆地去给陈孚恩讨赏。

"平衡木"

除了王鼎这么一个老愣头青，朝中诸臣都心知肚明，要找林则徐别扭的是道光帝本人，只要道光帝不松口，那林则徐就必须在新疆继续过他的"雪窖冰堂"生活。因此,王鼎究竟是怎么死的,几乎没有一个大臣不知道内幕。但是,这些大臣没有人会傻到像王鼎那样自讨苦吃和自找不是,所以穆彰阿的担心实在很多余。

虽然道光帝并不知道王鼎是要以自杀来实施尸谏,但舆论对林则徐完全一边倒的支持,不能不对他的思维和决策产生影响。在王鼎死后第三年,实际也是鸦片战争结束后第三年,道光帝发出谕旨,宣告结束林则徐的流放生涯。

按照惯例,林则徐需要进京请训,就像邓廷桢他们一样。但是,仅仅两个月后,道光帝就改变主意,命林则徐不必来京,而直接以三品顶戴暂代陕甘总督。从这之后,一直到道光帝去世,君臣二人再未见过一面。

或许,道光帝是害怕因此想起鸦片战争前他在京城召见林则徐时的情景,那足以再次触动他内心深处最敏感的神经。

时间的确是一剂良药,然而并不能包治百病。

在很大程度上,道光帝重新起用林则徐是被舆论所逼,他不会再像从前那样视林则徐为"天下第一能吏",尤其是跟洋人打交道的广州一带再也不敢派林则徐前去了。

尽管签订了《南京条约》,但广州方面的交涉仍是朝廷要面对的最大难题。洋人得了便宜还卖乖,没事老是要过来串门,对此道光帝是既恨又怕。当然,恨就不要说了,怕的是既无能力也无把握组织反击——连"夷船"和洋枪洋炮都仿造不出来,会打成什么样子就可想而知了,也就不要去白白浪费银子了。

现在,谁能够在广州办好洋务,把洋人们堵在门外面,谁就毫无疑问是道光帝心目中的"能吏":先是伊里布,去了之后内外交逼,没几个月就给活活累死了;接着再派耆英,耆英吸取伊里布的教训在广州实行的是"民夷两安"政策,说穿了就是走平衡木,一方面尽可能安抚内部,另一方面避免与洋人发生争端。为了达到后面这个目的,耆英除签了一堆"糊涂条约"外,还不忘跟洋人说好话、套近乎,有时甚至做到了很肉麻的程度,据说他给英国公使写的私信里的语调和用词跟情书差不多。

对于"糊涂条约"的严重性，道光帝不明就里，他只知道自《南京条约》后没有再割地赔款，而且局面相对稳定，这就不错了。

1845年3月，时任两广总督的耆英被授以协办大学士，终于到达了一个被道光帝充分信任和看重的高度。

可是，耆英的平衡木也没能玩太久，确切地说是仅仅几年而已。

鸦片战争前，英商都集体居住在澳门，从事进出口贸易都需通过广州的十三行代理，他们自己不能擅自进入广州。鸦片战争后就完全不同了，按照《南京条约》的规定，十三行的垄断特权被予以废除，不仅英商可以自由贸易和自由出入广州，而且英国政府也有权在广州派驻领事专理商务事宜。

英国人后来视进入广州城为"中国问题的核心"，但城内士民则坚决不让他们进城。在耆英到广州后，璞鼎查曾要求入城，但耆英在广州城遍贴告示劝广州士民让步后，人们的反应是撕去这些告示贴上自己的揭帖，并声称一旦英国人迈过城门就会被杀死。耆英见百姓闹得太凶，不敢再强行推行入城之事，而璞鼎查在拿到"糊涂条约"后因为得了许多的额外好处，对此事暂时也未继续催逼下去。

两年之后，英方代表换成了公使德庇时。德庇时旧事重提，但耆英仍然一推再推。不过，这次人家不干了，说既如此不守信用，那我们就一起赖皮，不让进广州，那定海也别想要了。

耆英无奈之下，只得跟德庇时签了一个"归还定海条约"，明确承认英国人有入广州城的权利。可是，德庇时聪明过头，他忘了在条约上加个时间限制，这就给了耆英继续拖下去的借口。

德庇时是个汉学家，研究中国多年，号称"比中国人还了解中国"。德庇时深知这个东方国家的弊病所在，没过多长时间后有几名英国人在佛山遭到了百姓袭击，他便以此为由派英军进入虎门炮台，"毁炮枢而塞炮眼"，并且做出了要再攻打广州城的样子。

眼看着鸦片战争似乎要重演，耆英惊惧万分，被迫向德庇时发出照会，同意在两年后践行条约。

这个照会让耆英从"民夷两安"中清醒过来。两年时间虽然看似很长，其实一眨眼的工夫也就到了，到时难保粤民不挑事，然后英人再动武，皇上再怪罪，自己还是得吃不了兜着走。

耆英不是张喜那样可进可退的小老百姓，让他"富则妻妾成群"可以，要他"穷则独善其身"就免了。耆英倒算着日子，不免越来越焦虑，于是他开始让人在京城活动以便游说道光帝，好将自己调回北京。

在道光帝方面，尽管他对耆英的表现总体感到满意，但耆英在广州的一再示弱举动在他看来并不是什么光彩的事，所以也有把耆英暂时换下来的打算。如今，有人提议将耆英调回北京，道光帝也就顺势答应下来。

第五章

无比沉重的担子

耆英在调走之前，让道光帝伤透脑筋的除了入城问题外，还有一个"黄竹岐事件"。

早在鸦片战争前，从广州周边经过的英国商人和水手们就经常上岸，只不过那时候他们尚知收敛，不敢搞得动静太大。鸦片战争结束后，他们明显变得趾高气扬起来，少了很多约束。他们有的驾着小舢板，有的雇用当地人的小艇，看到丛林密集处便提着枪登岸打麻雀。

一开始，沿途村民并没多大敌意且仅仅觉得好玩，大人小孩儿都在旁边围观，一边看一边嘴里免不了还要叽叽喳喳说笑几句。这本来也没什么，中国人爱瞧热闹一贯如此，何况你在我的地盘上，难道我看两眼也不成？

可是，洋人不这么想，他们最烦别人在旁边说三道四，特别是有时枪都瞄准好了，给周围人一起哄结果放了个空炮，鸟雀便飞得无影无踪，如此好不扫兴。更有甚者，由于双方语言不通，村民的说笑有时还会被洋人误会，认为是在嘲弄他们，于是便要反唇相讥。

这种吵架当然是吵不出什么名堂的，因为只能看到对方的表情，却听不懂语言。洋人一着急就举起枪对准村民做射击状，然后村民害怕了，一哄而散。久而久之，村民对这些洋人都非常痛恨，纷纷在村口设置栅栏，不允许他们进入。

后果是什么

黄竹岐村位于广州城西，与广州城隔岸相对，村外有一座密林给舰船上的洋人发现了，于是相率登岸并强行闯入了栅栏。村里的妇女突然看到这些高鼻子蓝眼睛的不速之客，吓得大叫起来。遇到这种场面，照理得回避，可船上的洋人们没有一个是绅士，全是常年漂泊在外的冒险家，他们见此情景都一个个咧开大嘴乐了。

洋人们觉得还不过瘾，他们又端起枪这里指指、那里晃晃，做着种种要开枪的动作。实际上，他们本意是想搞个恶作剧，没想到却因此给自己惹来了杀身之祸。随着一声锣响，顷刻间，不仅黄竹岐村的人全部聚集过来，连邻村村民也都呐喊着跑过来进行援助。

洋人们从没有领教过这种阵势，赶紧把枪端好，以为这样可以将围上来的人群吓退，孰料反而更加激怒了村民。众人扑上来，你一拳我一脚地一会儿工夫便将被围住的六个洋人给打死了。

打死了人，而且打死的还是洋人，这就出大事了。村民们赶紧把洋人的尸首绑上石头沉到村外的河里，给它先来个毁尸灭迹，但洋人被杀的事还是没逃得过德庇时的耳目。此君一跃而起，要求耆英查明事由。

耆英不敢怠慢，即刻下令巡捕限时破案。巡捕招募有经验的渔民，从村外的河里面把几个死者的尸首给打捞了出来。耆英本以为自己的高效破案可以让德庇时满意，不料反而给德庇时提供了证据，后者愈加步步相逼，声言要再次从香港调兵杀入，并将黄竹岐村付之一炬。

这时，包括黄竹岐村在内的各个村庄也正闹得沸沸扬扬，有哗然而起之势，可以说两边都不服气。为此，耆英焦头烂额，而其时正好新任广东巡抚徐广缙到达广州，他便把这个烫手山芋移交给了徐广缙。

徐广缙坐堂，以大清律法来审案。徐广缙对德庇时说，按照大清律法，杀人者偿命，这是毫无疑问的，不过必须以一命抵一命，不可滥杀无辜，再说你们洋人对此也负有责任。之后，徐广缙把黄竹岐村的士绅找来，强调杀人就得接受王命国法。经过讯问，逮捕了十九名村民，其中四人为直接杀人者，均按律判以死刑。

各村村民觉得这么做尚在尺寸之中，然而德庇时仍然不肯罢休，还在坚持要把黄竹岐村一把火烧掉，说是不这样做以后水手们上岸就没安全感了。

耆英照徐广缙的方子抓药，他让广东全省知名士绅联名出了一份公约，与各村约定自律，以后不许妄杀洋人。德庇时看了公约，觉得实在也没什么可要挟的了，这才罢休。

待"黄竹岐事件"处理结束后，耆英的关系也打通了。道光帝一纸调令，让耆英脱离了苦海。1848年2月，耆英接到免职令，道光帝任命徐广缙为两广总督兼通商大臣，叶名琛为广东巡抚。

按照约定，耆英答应英国人可以进入广州的具体时间应为1849年4月6日，虽然还有一年，但德庇时等不及了。在耆英尚未离开广州之前，德庇时就匆匆忙忙地发来照会，提醒中方践行这一承诺。

接到照会时，新官上任的徐广缙正在调查广东民情。徐广缙此前有过在福建和江苏任职的经验，对南方民情并不陌生，但他来了之后才发现广东一带与闽、浙、苏都很不相同，主要就是这里民风特别剽悍，百姓普遍性情刚毅，不畏强御。

当然，徐广缙对此留下深刻印象的还是"黄竹岐事件"。一座小小村落，转眼之间打死了六个洋人，事后官府如果不进行安抚还不肯屈服，这是他从仕以来在任何其他地方都没有见到过且也不可想象的。

假如把广州城门打开，直接面对洋人的就不只是一座座小村庄而是一座大城市，以及城市里数以万计的民众。徐广缙派人访问广州城乡，所到之处无论男女老少几乎没有人对英国人入城表示赞同的。徐广缙也想过，是不是可以像处理"黄竹岐事件"那样召集士绅进行说服，但后来很快打消了这一念头。原因很简单，士绅也来自民众，不能违背民意，当着总督的面时对方或许会诺诺连声，但回去后照样还得反悔。

就算徐广缙顶着巨大的内部压力践行着英的"两年之约"，洋人们会就此消停吗？这些人进城不是说逛上一圈就回去，他们可能会继续提出要求，如给地供其修建办公楼，或者租房子，这都是意料之中的；如果不给的话，大概洋人们又得把枪掏出来，拿开战之类来吓唬人了。

如果随着英国人一再相逼，官府被迫一退再退，那么广州民众对官府的信任度将会降到零点，伴之而起的极可能是揭竿而起。那样一来，官府所面临的后果是什么？是两面不讨好，两面受夹击，最终一崩如斯，垮台完事！

徐广缙想到此便是一头冷汗，他决定趁着这一切都没发生重新布局。

两全其美的办法

徐广缙将"两年之约"改成了"无怫百姓以顺夷理，顺民心以行之"，这样一来若二选一他宁愿讨好百姓，遵从民意民情，也绝不屈从于"英夷"。

徐广缙随即找到叶名琛，将他的想法说了一遍。叶名琛极表赞同，两人商定万一发生变故，就与广州城同生共死，多少也能落下个好名声。

计议已定，徐广缙赶紧利用剩下的一年时间，紧锣密鼓地部署广州防务。

要守广州，自然先要守住炮台。洋枪洋炮既然仿造不了，便只能靠人，而在鸦片战争中人却是最靠不住的，兵勇溃散的现象遍处皆是。

曾经裕谦督促部卒死战的办法是让大伙发毒誓，但徐广缙则以为，一个人究竟勇敢还是怯懦大多缘自天性，临时硬逼没用。例如，定海之战前，余步云不是也在关帝庙信誓旦旦，倒是裕谦自己和"定海三总兵"那三个老将说到做到而没有自食其言。

徐广缙对守城官兵说，炮台就这么几座，用不了很多人守，你们自己合计一下，不管什么理由，如到时候肯定会害怕，或者顾虑家里有双亲需要奉养，又或者膝下还未有一儿半女等，只要想离开的现在都可以开假。

徐广缙见官兵有疑虑，又加以补充道："不要怕我会打击报复，你们放心好了！事后，如果你们还想来当兵吃粮，我仍然欢迎，决不会怪罪！"

有的人走了，有的人留了下来。对于留下来的勇者，徐广缙还要再挑选一下，凡身体素质好、枪炮技术精的才会获准进入炮台。徐广缙给他们写下保证书，说明立功受奖，战死者由官府负责赡养家属，以安其心，以壮其志。

按照炮台的规定，一个班负责守一门炮，一般情况下这班人如果被打散了，那炮也就废了。徐广缙把人力集中起来，多添了两班人，实行三班轮守，并声明在先："你们不能像以往那样一触即溃，但是假使三班人都受了伤，那就只能溃就溃了，也不怪你们了。"

与林则徐、裕谦等人相比，同样可以划在"主剿派"之列的徐广缙显然已经吸取经验教训，变得更为理智和谨慎。在准备的过程中，徐广缙既不犹豫也不张扬，全都是一声不响地秘密推进。

防务部署不是一个简单的过程，除了兵勇调配外，还涉及枪炮添置。在鸦片战争中，虎门等炮台已遭破坏，之后重建又被德庇时派英军给弄得乱七八糟。如今，虎门炮台要恢复作战能力，就需要重新装备枪炮，但这么多枪炮仅靠广州一城来不及制造，很多需要从外省运入。最后，从始至终，就连广州省城的百姓都不知道枪炮是什么时候运进来，又是什么时候装在炮台上的，并对此毫无察觉。

在组织官军加强防御的同时，徐广缙以缉捕盗匪为名，召集附近宿儒士绅告知自己的迎敌决心，同时传令他们聚集乡勇以备。大家商定，假使战火一起，乡勇随时听候调遣，官府只需提供口粮，倘若太平无事，则该耕田还是耕田。

自鸦片战争结束以后，出于地方治安需要，团练及其乡勇其实并不被官府认可，而徐广缙是承认团练的第一位封疆大吏。对于徐广缙来说，这是一个两全其美的办法：一者，可通过"官民合心"，稳定内部；二者，官兵已经汰劣存精，但战争瞬息万变，万一正规军不够用，到时亦可用乡勇进行补充。

值得一提的是，徐广缙召集地方士绅都是分别接见，被接见者一前一后，彼此互不相识。临走时，徐广缙还千叮咛万嘱咐，要求他们不要互相联系和商量。这些，当然都是为了保密的需要。

直到内外都操持得差不多了，徐广缙才在公开场合露出备战迹象，开始亲临虎门炮台进行检阅。徐广缙的这一举动引起了英国人的注意。此时，德庇时已奉召回国，文翰继任。这个洋人的中文名字"文翰"听上去文质彬彬，但他并不比德庇时好对付。文翰一听到消息就觉得不对劲，好端端的检阅什么炮台，难道是又不想让我们入城了？

在文翰看来，如果能把英军调过来，当然是最厉害的撒手锏，不过这招无法常用，因为涉及请示、汇报等一系列手续比较麻烦，而发照会则又显得太软，缺乏足够的威慑力。于是，文翰决定使一个既经济又厉害的招数。

文翰的招数是这样的：这些科举考试出来的中国文官皆为文弱之辈，没怎么见过世面，要是徐广缙登上我军的军舰一边领略海上"险浪惊心"的风景，一边从旁再威吓上两句，仓促间他的脑子里肯定是一片空白，到那时还不是说什么就应什么。

说干就干，文翰向徐广缙发出了登舰会面的邀请。

来者不善

文翰将会面的地点定在了旗舰"哈斯汀斯号"军舰上。接到邀请后，官员们大多反对徐广缙赴约："海洋上风涛不定，路上非常危险，再说在这敏感时刻，您这一去犹如置身虎群之中，如果对方予以扣留或加害怎么办？"

徐广缙笑了笑："你们想错了，他们是不敢把我怎么样的。退一步说，即使真有不测，水师提督不是在吗？怕什么。"

随即，徐广缙把水师提督请来，嘱咐道："假使我被扣留，你可以组织水师发动进攻，不必投鼠忌器顾及我的安危。"

说完，徐广缙便带着官员们坐上扁舟，向海上划去。

海洋不比内河——风大浪高，纵然船夫技艺精熟，也足以让这些从未出过海的随行官员们胆战心惊。等徐广缙一行到达目的地，众人对眼前之景更是傻眼了——扁舟与军舰相比，犹如侏儒与巨人。

在驶近"哈斯汀斯号"军舰后，徐广缙一行必须沿着舷梯才能接近舶楼的会议室，而舷梯足有二十多级——这也太高了吧！

就在众人愣神的时候，徐广缙已经登上了舷梯，并且一会儿就站在了舶楼之上，上去之后更是这里看看、那里瞧瞧，从容顾盼，旁若无人。

总督大人既然如此，随行的官员们再没理由原地不动，只好都跟着缘梯而上。这是一个让人一想起来就胆战心惊的经历，梯子固然是晃晃悠悠，再联想到下面就是波涛如怒的大海，进退不得，左右不能，真是连自杀的心都有了。

当随行的官员们好不容易"爬"上舶楼，大家你看看我、我看看你，发现彼此都一个熊样——不是两腿发抖，就是面无人色。

文翰已在舶楼迎候，而官员们的狼狈相早在他的意料之中。实际上，只要没经过训练，一般人初次登船都难免要出这样那样的洋相。可是，文翰又有些失望，因为他最希望出洋相的那个人（徐广缙）偏偏若无其事，这让他心里咯噔一下——来者不善啊！

在将徐广缙请入舱内后，文翰的侍从官即将舱门关闭，跟上来的大清官员们全被关在了门外面。这可把随行的官员们给急坏了，他们想把门推开，可舱门是有机关的，里面一旦关上则外面根本就打不开。

徐广缙倒是一点儿不慌，仍然谈笑自若。这时，文翰拿出了一堆文件让徐广缙签，里面都是各种各样的要求，如鸦片开禁、照例纳税以及租地建房等。

按照文翰原来的设计，徐广缙最好是像他的那些随从官员那样，表现得晕晕乎乎、七荤八素，闭着眼睛就一条条、一件件地签下来。

可是，徐广缙非常清醒，甚至由于前面文翰安排的种种"铺垫"而变得更加敏感起来。徐广缙一边看一边问翻译，这句是什么意思，那句是什么含义，听到有不合理的地方就会指着相关文字质问文翰，然后拿过笔将其一一删去。

文翰急了——删的地方正是他想要的，但徐广缙毫不相让地据理力争，甚至驳斥文翰的声音在舱外都能听到。

当然，文翰精心安排这个局，其前奏只是作为一个擦边球，既然对手并不糊涂，他也就不得不直奔主题了："两年前，你们承诺从今年4月6日起允许我们自由出入广州。今天请你来，就是要把这个日子正式定下来。"

徐广缙对此早有准备："所谓两年之约是耆英大人在任时许诺的，当时我尚未来广东。到任之后，我至今也未接到相关谕旨，不可能马上告诉你具体日期。"

文翰认为徐广缙可以代替耆英敲定。徐广缙则说不然："中外民情不一，在你们国家可能没有这种忌讳，但在我们国家不一样。千百年来，广州从不允许外国人入内，这是至今老百姓还在反对的原因所在，想必阁下也是知道的。我作为父母官，必须考虑这一点。"

文翰一听话里的味道不对，脸色开始变了。

徐广缙看了看文翰，又换了个口气说："不过，你放心，耆英大人既有诺在先，就不是无缘无故的。我会马上向皇帝请旨，只要旨意一到，有旨必然无条件遵行。"

徐广缙告诉文翰，在耆英已经离职的情况下，你我私下说哪天哪天是没有用的，得皇帝下旨才可以，"有旨即有期"。

当文翰问请旨奏折何时才能到京城，徐广缙则用内行教导外行的口气给他讲了一封信从广东到北京以及再从北京返回广东的复杂过程。

文翰听得目瞪口呆："这也太慢了吧。"然后，文翰搔搔脑袋，说要不这样：

我们有轮船，可以免费跑一趟，代你把奏折送到天津，这样很快的，用不了那么多天。

徐广缙要的就是慢，他沉下脸来："奏折拜发，在我国可是一件非常神圣的事，连沿途经过哪些驿站、何时到达，皆有专人专管，岂是好随随便便的。你说这样一份重要的文件，让我交给外国人，那不是存心让我受罚吗？况且，你敢保证代送的路上就不会出现差错？"

文翰哑口无言，也觉得自己这个急出来的主意的确有些欠妥。

于是，文翰也没什么好再说的了，只好送徐广缙离开军舰。

"辩论赛"

次日，文翰耐不住性子主动来到虎门，对坐镇水师提督衙门的徐广缙进行回访。徐广缙很客气，亲自接待，还安排了宴席。

在吃饭的时候，文翰嗫嚅半天，看样子还是要问请旨的事。徐广缙很干脆："不要问了，我也在等呢，说实话我比你还急。咱们别说这个，吃菜吃菜……"

文翰也是个体面人，话讲到这个份儿上就不好意思再喋喋不休了，既然不过是多等两天的事，那就再等等吧。

可是，这种等法着实有些折磨人。文翰就像中国人过年一样，朝也盼来暮也想：算算时间，中国皇帝的谕旨该到了吧。然后，文翰咬牙又忍了几天，这才跑来"要债"。

不过，文翰学乖了，他没有直接去问徐广缙，而是派人到广州的英国商馆去探听消息。商馆的英国商人比政府还上心，信息渠道也很广，但文翰从中得到的却是凉水一盆：皇帝谕旨是有，三天两头有，不过好像从没提到允许英国人入城这件事。

文翰大失所望，他向徐广缙发去照会，并据此进行质问。徐广缙的回复颇有四两拨千斤般的水准："此事非往来文件所能宣意达情。"言外之意是，"纸上得来终觉浅"，光靠区区文件一时也不可能说得清楚。

见过赖皮的，没见过这么赖皮的。文翰意识到自己可能是被忽悠了，只好气咻咻地再次来到虎门见徐广缙。在两人见面之后，几乎就是文翰的控诉会，一会儿说中国号称信义之邦，做事怎么可以如此反反复复不讲信义，一会儿又含沙射影，露出不惜用武力相逼的意味。

当然，有控诉的，就有反控诉的，毕竟双方迟早得有坦白的时候。徐广缙针对文翰所说的"信义"，开始侃侃而谈："《南京条约》签订后，凡是贵国船只经过我们通商口岸的都听其自由出入，不再像过去那样盘查阻挠，这都是依据条约规定。你说我国不讲信义，不知从何说起。"

说到这里，徐广缙特意加重了语气："可是贵国是怎么做的呢，趁我们遵守和议擦枪入库的机会，突然杀入虎门炮台毁坏了全部炮台设施，使得民众惊骇，瞬间便造出祸端。当时，耆英大人着眼和局，不想因此触发两国战争，这才不顾现实条件许以两年之约，以便使你们的军队可以如愿退出。"

徐广缙两下对比把皮球踢还给了文翰："你说说看，究竟是谁先失去信义，该被责备的又是谁？"

不过，徐广缙这一绕却把文翰给绕住了。文翰忘了从《南京条约》讲起，因为"英人入城说"是从这个条约开始的，倘若立足于此他还是占理的。

不过，话又说回来，中英鸦片战争原本就是拿拳头讲道理，即谁的拳头厉害听谁的，真的谈不上谁比谁更不讲信义，一定要较真也是一个说不清楚的问题。

趁文翰的气势有所收敛之机，徐广缙展开了他最擅长的"推理"："耆英大人的两年之约，实在是被逼无奈之下的缓兵之计，并非他心甘情愿。不过，你的前任德庇时好像也有问题，试想两年前耆英大人既已当面许可，他一抬腿就能进城，但那时为什么不进呢，非要把这个难题留到两年之后？"

不涉及这个话题还好，一讲起来文翰也是一肚子苦水，心想："是啊。这个德庇时都动刀动枪了，就直接从虎门杀进广州得了，偏偏拖着还一拖就是两年，弄得事情越来越复杂了。"

徐广缙一边观察着文翰的表情变化，一边揭晓"答案"："其实啊，我们的这两个前任都太精明了。他们各有算盘，知道这是一个难题，都不肯在自己任内解决，非得拖到两年后让我们这些后继者来给他们擦屁股。"

就这样，徐广缙、文翰二人的"辩论赛"变成了"官场生涯一席谈"。文翰不能说徐广缙分析得没有道理，要知道官场的一本经真是在哪儿都一样啊。当文翰正在长吁短叹时，徐广缙紧接着的一句话却让他清醒过来，只见徐广缙说："依我看，我们两人都不值得替人受过，管那些烂事干吗，多余的。"

徐广缙机关枪似的叽叽这么多，原来放着一个陷阱在这里呢。不过，在文翰看来，对英国人入城，徐广缙当然可以不管，而且还巴不得，因为这样就是其政绩，但是他自己不能不管，如果不管则他在远东的工作业绩将乏善可陈。

文翰自然坚决不上当。徐广缙见这一招难以打动对方，又扯起另一个"推理"——英人进城后会怎样："我了解过，广州百姓对放你们进城的疑虑很大，有切齿之忧。一旦你们进了城，双方会相安无事吗？会不发生暴力冲突吗？这个对你们并无好处。"

徐广缙要表达的意思是，不是不肯让你们进城，纯粹是替你们英国人的安全着想。

然后，徐广缙还代人忧虑"真想不通你们费劲巴拉地非要进城干吗"："试问贵国远涉重洋，到底是为贸易而来呢，还是为进城而来呢？进一个城，对贸易究竟有什么好处？不进城，对贸易又有什么坏处？"

"入城万不可行"

进入广州跟做贸易、做生意确实没什么直接联系，但英国人认为这是他们的权利，就跟领事裁判权一样。文翰打定主意不再被对方拖到东拖到西，不管对方怎么巧言善辩，而他就一句话——非进城不可。

"你不要推脱责任。我听说广东团练和乡勇均听从官府调遣，你既然说怕百姓对我们形成威胁，那为什么不解散团练？我不管这么多，你不让我进城，我就让军队来跟你和你的百姓对话。"

文翰的强硬态度，让徐广缙也压不住火了："团练是怎么出来的，你知道吗？还不都是给你们逼的。没有你们的水手和军队到处惹是生非，百姓怎么会想到举戈相向？我是封疆大吏，保民安民本是职分所在，现在不但保不了民还要进一步弹压，办不到！"

面对文翰不惜兵戎相见，徐广缙的回答则是："那就不必费话了，你派兵过来，我在广州大开四门等你。"

眼见得火药味噌噌噌上来，旁边的翻译和随从官员看得惊心动魄，但这就是谈判——该吵时要吵，该闹时要闹，只是别弄到把桌子掀翻就行。

徐广缙、文翰二人从中午谈到下午五点多钟，唇枪舌剑，"辩诘不已"，最后的结果却是谁也说服不了谁——看样子，就算是吵到天黑，仍然解决不了任何问题。

徐广缙吁了口气，忽然出人意料地又软了下来："好了好了，你说得也有道理。上次我确实请旨了，可是皇帝没下决心，我也没办法。这次我再请一旨，问一下他的意见，如何？"

实际上，长达六七个小时的辩论早已让文翰精疲力竭，而徐广缙的缓和算是给了他一个台阶，遂也顺势收场了。

徐广缙跟京城的联系当然从没中断过，可先前从没有在奏折上请求皇帝允许英人入城，恰恰相反，他一直在汇报自己在广州的守备部署。

徐广缙的保密工作做得非常到位，所拟奏折均在官署内部缮写，然后立即交专属邮差发送，至于里面讲些什么从不对身边任何一个人提起，所以外界无从知晓。

文翰固然是被蒙在鼓里，不清楚奏折和谕旨的细节，就连那些"包打听"的英商们所了解到的也只是官方发布的消息。

徐广缙的目的很明显，就是要通过这种虚虚实实的手法让对方摸不清他和道光帝的真实意图。面对如此虚实难分的状况，文翰所反映出来的就是举棋不定，嘴上说要像德庇时那样进兵广州，却始终下不了决心。

不过，这次谈判让徐广缙意识到，文翰是不可能被说服的。在谈判结束前，徐广缙之所以突然软了下来，那是因为文翰亮出了底牌——英军将像鸦片战争时那样北上天津或开入长江"阻运截漕"。

眼看"两年之约"越来越近，到时候文翰真的有可能做出这种大军北上进攻的事来。徐广缙犹豫了，他给道光帝发去奏折，第一次在"英人入城"上让了步："我已经智尽能索，该做能做的都做了，但我现在就怕直接拒绝英国人的要求会激出事端。"

这份奏折让道光帝几乎又看到了和鸦片战争相同的结局。对于道光帝来说，为了要不要入城再来一次大规模的战争，那实在不是这个国家所能承受的或者他愿意看到的，为此他给徐广缙发去密诏："既然英国重提进城一说，你就不要再阻止了，再阻止的话反而伤了你这个封疆大吏的气度。"

道光帝的言下之意是，就让英国人入城一次算了，但"下不为例"。

不过，道光帝尽管话说得很漂亮，但已难以掩饰他自己的无可奈何，所谓"下不为例"亦不过是为了顾及脸面的说辞而已，因为谁都知道只要有了第一次就必然会有第二次、第三次……

在等待皇帝回复的那段时间里，徐广缙也在一边算日子一边紧张地思考着该怎么办。在接到道光帝密诏的当天，徐广缙已经想好了："入城万不可行！"

阻止英国人入城，后果是惹怒英国人，但内部尚可众志成城，如老虎一样有爪牙可恃；允许英国人入城，后果是惹怒民众、人心瓦解，那样一来内外交讧，而面对灾祸自己也就是一只被去掉爪牙的猫。徐广缙得出的结论是，"英国人入城，有害无利，千万尝试不得"。

徐广缙发出回折的时候"两年之约"已到，再请示道光帝显然已不可能，他能做的就是孤注一掷地硬挺到底。

徐广缙不是鲁莽之人，他的所有决定都是深思熟虑的结果。当然，徐广缙固然加强了炮台，联络了团练，但是鸦片战争的场景历历在目，跟对方比起来自己手中那根"大棒"还是细了一点。

不过，问题是，文翰依恃的那根"大棒"，真的有他说得那么粗吗？实际上，答案也是否定的。

"十万长城"

鸦片战争前，林则徐曾收集过外国资料，但当时的中国士大夫对包括英国在内的"海外夷人"还缺少足够认识，因此重视有限，所得也极为浅显，可以说从头到尾基本没起到太大的作用。

当然，"知己知彼，方能百战不殆"。徐广缙的认真谨慎不下于林则徐，加之又有前车之鉴，这导致他在情报战方面格外投入和用心。自从到广州就任后，徐广缙的一个重要工作，就是通过各种手段和途径对英国国内动向以及英军在华兵力进行不间断的侦察。

此时，英方情况与鸦片战争时已有显著不同。从 1848 年起，英国暴发了流行瘟疫，国内经济也不景气，这使得英国连续几年在海外投资上都很乏力。经济是军事的后盾，经济虚弱后军事方面也难以逞强。那一年，法国发生了大革命，但君主制的英国没能力去干涉，只能承认了事，更别说远东了。

徐广缙所掌握到的情报是：在 1848 年，驻香港英军只有一千二百五十人，经历一个夏天后又因病疫死了两百余人，眼下兵力不足一千人，若要像鸦片战争时一样发动一场大战役，甚至北上天津或杀入长江是比较困难的。因此，文翰能做的充其量也不过是在广州这个范围内逞逞威风，而这也是徐广缙敢于跟英方撕破脸的重要原因之一。

离"两年之约"到期限的时间越来越近，广州局势也变得越来越紧张。徐广缙除增兵虎门等诸炮台要隘实行严阵以待外，还把文翰要他解散的乡勇完全发动起来了。

徐广缙下令向乡勇每人发放一顶竹笠、一支矛、两把剑，另外还配发一些鸟枪，同时政府定期提供水酒和熟食进行奖励慰劳。在徐广缙的激励下，广州附近的团练迅速壮大，大一些的团练有数千人，小一些的也有数百人，几天之内登记在册的乡勇人数就超过了十万人。

对于这"十万长城"，徐广缙是要借来威慑文翰那不足千人的武装。按照徐广缙的部署和安排，乡勇们白天是农民，照样耕田务农，到了晚上则集体训练出操。训练时，枪炮声十里之外都听得见。

经过这么一鼓噪，广州已是"雷动云合"，不仅乡勇，就连妇女儿童也都参与进来，以至城内城外到处张贴着反对英人入城的红白帖子。徐广缙由此照会文翰："广东民情剽悍，迥异于他省，你要进城可以，但可能会出不去。"

徐广缙认为只一封照会还不行，又让广州的知名士绅也写信给文翰，对他说："你不要以为'入城则荣，不入城则辱'，你现在的行为已经招致众怒，是十足的求荣反辱，聪明一点儿的人都不会这么干。"

徐广缙这么做的意思就是告诉文翰，反对你的不光是民间的中下层人士，上层的知识分子也不买你的账。

不过，到了文翰认定的入城时间，他对徐广缙的坐镇炮台置之不理，那"十万长城"和士绅的劝告也被他丢到一边，说动武还是动武了。

1849年2月，文翰率领三艘军舰闯入广州内河。自耆英在任起，出动军队就是英方迫使中方妥协的法宝，这次尽管广州方面已有心理准备，但所面临的压力仍大到了极点。

此时，没有人会不为徐广缙的命运担心：既然皇帝都松口了，倒不如乖乖地打开城门，还来得及……这位两广总督完全可以遵照道光帝网开一面的指令行事，而不用负任何责任。

夜已深沉，等待黎明的人们忐忑不安。伴随着紧张气氛的不断加剧，徐广缙必须做出一个他认为最正确的选择，而这个选择便是决不放弃。

徐广缙计算好了，倘若炮台顶不住，还有十万乡勇，有牢不可破的民心士气，而文翰除了那三艘军舰什么也没有。

果然，三艘军舰之后就没了后续动作，而军舰每深入内河一步就能看到岸上更多的乡勇和反英帖子，这使文翰开始陷于骑虎难下的境地，于是他索性把军舰摆在那里自己先回香港去了。

徐广缙关心的重点在于事情会不会恶化，他的情报网络也从未停止运作。据最新情报表明，英国政府正在裁减香港驻军的军饷。按道理，军舰都进广州内河了，香港驻军应该全面动员，所以应该是添军饷而不是减军饷。于是，徐广缙立即意识到，文翰的出兵极可能是虚张声势，实际上并没有得到英国政府的充分支持。

不过，有一个情况让徐广缙有些坐不住了。据负责在香港观察的人报告，虽然在港英军被裁减了军饷，但近期忽然有一艘英军军舰到港，上面载满了准备上前线打仗的英国军队。

难道他们是赶来参加广州之战的？徐广缙要求再探再报，很快他便获知了一个更大的秘密。

来自京城的圣旨

原来，当时英法两国正在黑海同俄国争夺出海口，为此三家闹得不可开交。实际上，到港的这艘英军军舰与中国完全没关系，它要去的地方是中东，路过香港时仅仅是为了给中国人一个下马威而已。

英国政府这个欲盖弥彰之计反而使徐广缙的决心更加坚定，他继续利用民间力量对文翰施加压力，其中最厉害的当然还是"十万长城"。

为了把声势搞得更大一些，乡勇们在徐广缙的暗中支持下在晚上倾巢出动，由士绅首领带头排成一字长龙，拎着灯笼进行示威游行。游行时，广州城头点满火烛，火烛与灯笼相互交映，宛如白日。

如此热闹，广州城外的英国商馆想装不知道都不可能。英国商人架上望远镜看，镜头里游行人群的灯笼就跟天上的繁星一样数都数不过来，这让他们惊讶得瞠目结舌。

看到这么多的百姓上街游行示威，英国商人害怕他们会趁着天黑跑过来把商馆给拆掉，因此惊恐万状。每天黄昏还没到，英国商人就急急地催促雇员关门，暂停交易。随着交易量的减少，货物出现积压，运不出去了。为此，英商十分着急，他们联名给文翰写去公函，扬言要英国政府承担损失。

在文翰与徐广缙的较量过程中，双方都在不停地向各自政府进行汇报。与徐广缙的奏折相比，文翰的报告更细，连几个月来购买了多少文具都没忘记向内阁报账，而这个细节自然也不会漏掉。

因此，文翰的上司、英国外交大臣巴麦尊开始打退堂鼓了。此前，徐广缙在交涉中一再强调，不是中国官方不愿守约，而是广州居民有强烈的反英倾向——不愿英军入城。一方面，"十万乡勇游行示威"，毫无疑问给巴麦尊留下了深刻印象，这让他认为徐广缙的警告并非空言恫吓。

另一方面，正如徐广缙所得到的情报所言，在英国国内矛盾、中东争端等诸多问题的困扰下，英国政府不仅不可能像鸦片战争后期那样从印度大规模抽调兵力，就连对在香港的军队进行动员都颇费踟躇。

在巴麦尊发给文翰的指令中，终于同意搁置进城问题。

文翰没有上司相逼算是松了口气，然而冒险的欲望也几乎在他体内同时发酵："我为什么不尝试再逼一下中国人呢，假如成功，那对我就是好事。"

因为巴麦尊的搁置有一个前提，即中方不再发生明显违约或出现重大外交破绽，若有后面的情况发生，他仍有把握说服英国内阁向广州出兵。于是，文翰也硬着头皮死撑。

这是一个相互顶牛的过程，文翰等着徐广缙露出破绽，而徐广缙则挖空心思想着怎样才能再将一军，以将对手完全逼退。

1849 年 4 月 1 日，徐广缙通知文翰，朝廷谕旨已经到达。一直以来，文翰都在苦等这道来自京城的圣旨。文翰清楚，如果中国皇帝决定打开城门，徐广缙作为地方官员是不敢抗命的。

当然，在徐广缙大打情报战时，文翰也在四处钻营。由于英国商馆的情报过于滞后，文翰便把手伸进了总督衙门，发展出了一个新的情报网。

虽然徐广缙的保密工作做得很好，当时起草发出的奏报及皇帝的谕旨的确无人能够从中刺探，但是按照大清国的公务制度，所有这些文件过后都要抄录副本存档，待时间一长文翰就从中找到了漏洞。于是，文翰派人收买衙门内负责保存档案的低级官员，约定只要抄出副本，即给予重赏。

正是在这种情况下，道光帝先前同意英人入城的圣旨副本便到了文翰手中，并已翻译出来。不过，文翰看了半天仍不敢相信是真的，因为徐广缙曾多次言之凿凿地告诉他并没有收到皇帝的最新旨意，若无其他证据加以佐证，很难排除"线人"为领赏而造出"假圣旨"的嫌疑。

现在，徐广缙说圣旨到了，文翰便确证了自己的怀疑：如今的"线人"真不厚道，为了点钱连圣旨都敢伪造。

可是，最后的这道"真圣旨"带给文翰的却是一道晴天霹雳，因为圣旨上说了一句话："设城所以卫民，卫民方能保国，民心之所向，即天命之所归。"意思是，建广州城干什么，是用来保卫老百姓；保卫百姓干什么，是为了保卫国家，所以百姓的意愿最重要，绝不能违背民意而顺从外国。

因此，这道圣旨的结论是，既然广东百姓都不愿外国人进城，那就不能违背民意硬性逼迫。

徐广缙拿到圣旨后变得理直气壮："你看看，我早就说了吧，这种事得请旨才能奉行，要是我同意你入城，就是犯了欺君之罪，要吃不了兜着走的。"

对文翰来说，等了这么长时间，等到的竟是如此一个答复，可把他给郁闷坏了。但是，文翰还不知道的是，他其实被人骗了，而骗他的人正是徐广缙。

最后一根稻草

从文翰此前追问圣旨的口吻中，徐广缙已隐隐约约地察觉到对方可能已探听到了什么，假如他再这样一味拖延，一旦其发现真相必然会为大举出兵留下口实。

眼看时限已到，徐广缙决定咬牙做最后一搏。实际上，徐广缙给文翰的那份圣旨才是真正的假圣旨，起草人即徐广缙自己。

这是徐广缙在他的政治生涯中做出的最大胆且也最冒险的一个决定。冒险之处在于，如果英国人不理睬假圣旨而执意要攻打广州，最后不管广州会不会被攻破，只要消息散布出去，徐广缙都要落下一个伪造圣旨兼抗旨不遵的罪名。

幸运的是，徐广缙冒险成功了。

文翰信以为真，他向徐广缙发出质问："你们这么巨大的一个帝国，难道还怕区区一座城市的百姓吗？难道这些百姓不知道我们是在履行两国之间的条约义务吗？"

对文翰这些软弱无力的质问，徐广缙一律建议他再看一下"圣旨"。

最后，文翰突然冒出一句："大清皇帝的拒绝是否意味着正式拒绝履行条约？"

徐广缙何等精明，马上意识到文翰想把话题绕到《南京条约》的履行上，那样就可以师出有名了。然后，徐广缙马上哼哼啊啊地打马虎眼，极其巧妙地避开了这道"陷阱"。

就这样，假圣旨成了压垮文翰的最后一根稻草。就在1849年4月6日，英国人本应高调入城的日子，文翰发表了一个被认为"温和得可笑"的抗议："我只能重申对进城要求未获准许的遗憾。对这种无视条约的行为，我将向我的政府报告……"

报告的结果，当然是不了了之没了下文。

当天，道光帝才刚刚收到徐广缙"进城一事万不可行"的奏折并表示同意，但北京的回复需要半个月后才能到达广州。4月29日，当徐广缙展阅皇帝新谕旨的时候，发生在广州的这场危机已经消弭于无形。

这是19世纪中国取得的首次外交成功，道光帝的心情之愉快亦可想而知。在道光帝看来，从林则徐虎门销烟开始，屈指算来已有十年光景，但这十年来沿海被英国这个不速之客搅得不得安宁，虽糜饷劳师，可是只落得一个战败的结局，把耆英换上去后倒是消停了一段时间，然而百姓却又不高兴了，甚至已经出现了内部不稳的迹象。

难道道光帝不想跟英国人好好干一仗吗？道光帝当然想啊，问题是打不过，最后免不了还是要重蹈鸦片战争的覆辙，所以万般无奈之下只能隐忍。

在那些隐忍的日子里，道光帝是不好过的，而徐广缙传来的消息无疑让他眼前一亮。在英国人入城这场危机中，徐广缙"不折一兵，不发一矢"，令百姓满意，让洋人无话可说，这样的能吏才是真正的能吏。

在这一刻，道光帝或许还会想到十年前的林则徐，如果那时候坐镇广州的是徐广缙，结局会有不同吗？道光帝对徐广缙说："这么棘手的事，卿等办起来不动声色，不战而屈人之兵，较之战争中取得军功，更加值得赞赏。"

徐广缙被加封一等子爵，赏戴双眼花翎。广州人给予徐广缙极高的评价，将其奉为英雄，认为正是在他的激励下广州才得以"众志成城，固若金汤"。

自鸦片战争以来，道光帝终于难得地高兴了一下。可是，道光帝之前所受到的战败打击实在太大了，即使是广州反入城的胜利也不能扭转其精神和身体上的迅速孱弱。

此后，曾经能骑能射的道光皇帝变得体弱多病，连上朝都不能坚持。道光帝以前对奉诏出任地方的官吏一般都要亲自召见，但现在也不可能了，只能见几个军机大臣，即使如此见面的地方还得放在圆明园，以便实在支撑不住时可以随时躺下休息。

眼见得"土埋半截——时日无多"，加之内忧外患的情况如此严重，道光帝很早就想到必须提早选定一个合适的继承人，而不能像父皇嘉庆帝那样——

人已经驾崩了，传位密匣却不知道放在哪里。

可是，尽管有了所谓密匣制度，但挑选继承人仍是一个让人倍感头疼的难题，因为这就像在赌博一样——前途未卜。

在道光帝年轻的时候，他曾经最喜欢大阿哥，一有空就找儿子谈心，并讲一些自己的人生感悟。也许是道光帝太喜爱大阿哥了，他对大阿哥的期望也就变得非常高，然而事与愿违的是一场意外最终结束了他的所有期望。

选谁不选谁

那还是大阿哥在上书房攻读的时候，师傅为了督促他背书，唠唠叨叨地说了一大通诸如"好好读书，将来做个好皇帝"之类的话，以至大阿哥越听越心烦。

对大阿哥来说，师傅的这些唠叨天天讲、月月讲、年年讲，让他的耳朵都要听出老茧来了，早就有了逆反之心。于是，大阿哥一时兴起直接说了一句："将来我要是做了皇帝，首先杀了你！"

事情让道光帝知道了，爱之深则责之切。要知道，道光帝一天到晚给臣子们讲"以德治国"，不料他最钟爱的大阿哥却第一个不留口德，直接把他给气得七窍生烟。

在召见大阿哥时，道光帝不由分说地上去便是一脚。道光帝那时五十岁，身子骨还好得很，脚上劲够大，加之又在气头上，这一脚踢过去就伤及了大阿哥的重要部位，不久便不治身亡了。

这是一个让道光帝无比懊悔也无比伤痛的经历：大阿哥毕竟年幼，也只是说话一时不知轻重而已，召见时他也认了错，而他这个父皇竟然就此亲手断送了亲生儿子的生命。

在此之前，二阿哥、三阿哥死得更早，一个只活了一百天，一个才活了五十多天。

"五十而知天命"，道光帝的三个儿子先后夭亡，让他更是苦涩难言："天命天命，何待我如此之薄？"

直到皇四子奕詝的降生，道光帝紧皱的眉头才舒展开来。

对道光帝来说，四阿哥奕詝的出世是一个不折不扣的吉兆。此后，道光帝喜事连连，隔两年就添一个儿子，到他准备挑选皇储时一下子有了六个后备人选。当然，不是每个儿子都具备遴选资格，其中有三个因年纪太小而被自动剔除，只有三个年纪大些的才得以进入道光帝的考查范围。

在这三个阿哥里面，五阿哥奕誴首先被剔出局外。道光帝很早就看出奕誴是个不着调的人，性格乖张、不学无术，就知道整天胡言乱语，别说当皇帝了，做皇子都觉得不太够格，后来索性把奕誴过继给了弟弟做嗣子，身份也降袭为惇郡王。

这样，还剩两个候选人——四阿哥奕詝和六阿哥奕訢。

从旁观者的角度看，奕詝明显不及弟弟奕訢。奕詝身体瘦弱，武艺方面只有骑术算不错，然而天有不测风云，有一年在皇家猎场狩猎时他不慎坠马摔伤了大腿，后经医治但仍落下了终身行走不便的毛病。也就是说，奕詝其实是个跛子！

反观奕訢，真的就是道光帝年轻时的翻版，不仅人长得英俊，还能文能武。早在上书房读书的时代，奕訢就鼓捣出了两套自创武术，名之"枪法二十八势"和"刀法十八势"。

道光帝一度属意奕訢，但是当他向奕訢的生母静贵妃提起想立奕訢为皇储时，却遭到了对方的婉拒。

要知道，在宫廷之中，嫔妃们皆以子为贵，谁不愿意自己的儿子继承皇位呢。或许，静贵妃的顾虑恐怕是她搞不清楚道光帝的真实态度，不免在心里就有了疑惑："你要立奕訢就直接立得了，为什么还要来问我呢？难道是以此事对我进行试探？"

问题的微妙之处就在于，奕詝的生母在他十岁时就去世了，于是道光帝将其交由静贵妃抚养，也就是说四阿哥奕詝、六阿哥奕䜣皆为静贵妃一手带大。

道光帝一向很计较妃子们的贤德。五阿哥奕誴的生母就是因为过于张狂，早早地把儿子当成未来皇帝的不二人选，以致由祥妃降为贵人，从此不得宠幸。

要知道，"伴君如伴虎"，静贵妃不能不时时揣摸道光帝的心思：皇帝会不会这么想呢——我把奕詝托付给你，就是要你把他当亲生骨肉一样对待，不能偏心；两个孩子，奕詝为长，奕䜣为幼，你要是一听到自己亲生的儿子得了皇位便欣喜若狂，不是和祥妃一样了吗？

静贵妃正在得宠的时候，她可不想落到如祥妃一般的命运；再说了，只要皇帝活着一天，就可以随时改变决定，包括对皇储的选择——当年康熙帝的二阿哥胤礽被立太子数十年，说废还不是就废了。

其实，静贵妃的谦让是不想冒险，她要以退为进尽量在道光帝面前表现得大度一些，让道光帝知道她识大体、顾大局，而且她也一定会想到一点：反正最终裁决权都掌握在皇帝一人手中，只要他对我们母子的印象好，儿子奕䜣的帝位还会没有着落吗？

事实上，道光帝也的确正处在犹豫之中。在道光帝看来，奕詝和奕䜣各有所长，也各有所短：奕詝老成持重，然而不够机敏；奕䜣才气纵横，又显得不甚稳重。因此，尽管奕䜣综合看可能更突出一些，但道光帝的心中总是觉得不踏实。

不过，静贵妃的上佳表现，使道光帝心中的秤砣又向六阿哥奕䜣那边移了一点点。据野史记载，道光帝曾经拿起笔在诏书上写下了"奕䜣"的名字。当时，内侍在阶下侍候，偷眼看去觉得笔迹很像是"奕䜣"，于是你传我传你就传成了"奕䜣将是继位者"。

要知道，选谁不选谁，那是只有皇帝一个人才能掌握的秘密。当道光帝听到外面的风吹草动，他一生气又随手搁置起来了。

立　储

其实，大家都认为奕䜣继位不过是迟早的事，四阿哥奕詝注定没戏，而这似乎已成为一个难以打破的定局。

如此看来，奕詝看起来真是不幸，童年失去母爱，少年造成残疾，等到长大成人还遭到各种嫌弃和不认同。不过，奕詝还是幸运的，就是他拥有一个好师傅。

要做皇子们的师傅，都得是读书种子才行。奕詝的师傅杜受田为殿试二甲第一，一甲是状元、榜眼、探花，能二甲第一也就相当于是全国第四了，其学问之深可想而知。

奕詝从六岁起受知于杜受田，而杜受田也把他的全部精力都花费在了这个学生身上，师徒二人大部分时间都在书房中一起度过。杜受田书读得多，他把孔孟的道理与几千年前的"三代"（夏商周）故事结合起来深入浅出地讲解，既不让奕詝感到厌倦，又能使其得到启迪并受益良多。

对奕詝来说，杜受田是博学多才的老师，也是贴心的亲人，不会用"你要怎样，才能怎样"的句式来逼他，但是一步步又在把他往想要的那个方向上引，而十多年的相处也使杜受田对奕詝身上的优缺点了解得十分透彻——

"有人说，你不聪明，讲起时政来不如六爷（指奕䜣），这个我们不要跟人家比。你有你的优势，谦逊沉稳，宽容平和，这同样是做一个未来君主所必备的素质。你只要扬长避短，我相信你一定能成就大器！"

在老师杜受田孜孜不倦的教诲下，奕詝越来越具有雍容大度的气质，也越来越引起道光帝的重视。

鸦片战争后，道光帝精力衰竭。当着皇子们的面，道光帝叹息着说："我老了，身体又经常生病，恐怕不久于位。"几个皇子听了这话都愣在那里，不知道说什么好，只有奕詝流着眼泪跪在地上，不舍之情溢于言表。

道光帝很高兴，说皇四子"仁孝"，懂得孝顺，同时作为几个皇子的兄长，也知道怎样给弟弟们带好头。

又有一次，道光帝下令诸皇子们到皇家苑场去打猎。在围猎过程中，奕䜣只是坐看他人骑射，未发一枪一箭，同时他还约束随从，让这些随从也不要去捕捉鸟兽。

最后检点猎物，奕䜣最多，其他皇子有的多有的少，唯有奕䜣一无所获。道光帝感到很奇怪，奕䜣的骑射固然不如奕䜣，但也不是最差的，起码要超过几个年幼的弟弟。于是，道光帝把奕䜣找来，问他为什么这么做。

奕䜣答道："现在是春天，正值鸟兽繁育的季节，这个时候不应该伤害生命，否则就不利于鸟兽生长且有违天道，而我也不想跟几个弟弟竞争。"

道光帝对奕䜣的回答既吃惊又欣喜，因为奕䜣所阐述的正是孔孟之道的精髓之处，这说明奕䜣已具备了一个君主应该具备的气量和远见。

在道光帝的反复比较和考查中，奕䜣逐渐占据上风。

有人说，奕䜣的这些言行都是他的师傅杜受田所授，是钻了道光帝的空子，言下之意是道光帝有上当受骗之嫌。但是，道光帝实际上对自己的孩子还是很了解的，对孩子们从小看到大，有没有表演，是不是真诚，他心里不会一点儿数都没有；更何况随机应变本非奕䜣所长，临时传授往往还可能弄巧成拙。

或许，换个角度更好理解，就是杜受田的言传身教确实起到了作用，他成功地使自己的学生奕䜣达到了中国传统帝王所应具备的标准。

1846 年 8 月，道光帝终于下定决心，写下了立储诏书。与众不同的是，这份诏书上面有两个人的名字：一个是奕䜣，立为皇太子；一个是奕䜣，封为亲王。

不过，把非皇储的皇子写进立储诏书在以前是从来未有过的，此乃清代皇族家法中绝无仅有的特例。实际上，道光帝这么做是要提高奕䜣的地位，其意在于——"不立你为皇太子，不是因为你不够优秀，而是你的兄长比你更适合"。

鸦片战争让道光帝感受到了时代的诡异，在陌生的敌人和全新的问题突然出现之后，根本就无祖制和经验可守可循。道光帝很清楚，皇帝这个宝座意味着的将不再是享受和荣耀，而更可能是痛苦和忧虑，继承人需要足够宽广的胸襟才能有勇气去面对和承受这一切。

在道光帝看来，他相信奕詝可以胜任君主之位，但是奕訢要尽可能地去帮助兄长渡过难关。

这就是道光帝在立储诏书中想表达的全部意味。

交　班

1850 年 1 月，孝和皇太后去世，这使广州反入城胜利后心情稍感愉悦的道光帝再受打击。

道光帝的孝顺是非常有名的。虽然孝和皇太后不是道光帝的生母，但在母子相处的半个多世纪里，道光帝始终将她当作自己的生母来侍奉，他每天早上起来做的第一件事就是去向孝和皇太后请安。

由此，道光帝病情加重，但他仍坚持着批阅公文。此后，为了给孝和皇太后操办丧事，道光帝又亲力亲为，还在旁人的搀扶下逐一行礼，如此一折腾一吃力，病情开始急剧恶化，以致他本人也到了油尽灯枯的时候。

2 月 24 日，道光帝完全卧倒在床。登基近三十年来，道光帝没有一天停止阅办奏章，但这一次他连看一眼奏章的力气都没有了。次日，道光帝精神略好了一点，他穿戴整齐后在寝宫内紧急召见顾命大臣和奕詝。

当着道光帝的面，大臣们打开了神秘的传位密匣，确认奕詝为皇太子。道光帝又颤抖着手另外写下一道谕旨，意思是要所有顾命大臣全力辅佐新的君主。

做完这些，道光帝从御座旁拿出一件褂子交给奕詝："你穿上它，要尽力办理公务。"

奕詝捧着褂子哭了起来。道光帝在百感交集之余，仍不忘宽慰奕詝："你不要哭，这是喜事啊！"

当然，道光帝忘不了的还有那些待阅的奏章。道光帝对奕詝说："我病重的这两天也看不了奏章，你去替我批阅一下。"在这一刻，道光帝仍以为自己能通过静养再撑两天，但当天中午就驾崩了。

道光帝给奕詝留下的，除了皇位，还有一副无比沉重的担子。

1850年3月9日，奕詝正式登基，第二年改年号为"咸丰"。

在咸丰帝看来，师傅杜受田成了他最值得感谢的人，是他让自己鼓足了坚持下去的勇气，让自己掌握了自己命运的主动权，更让自己有了得以施展才能的机会……

咸丰帝亲政时还未满十九岁，也特别需要杜受田这样的忠心老臣从旁辅弼，所以他坐上龙椅后即加封杜受田为太子太傅，兼署吏部尚书，以后又调任刑部尚书，授协办大学士。

从职务上看，杜受田并没有进入象征权力中枢的军机处，但是军机处是要听皇帝的旨意的。凡是国家大政方针及大臣的任免，咸丰帝一定要咨询师傅杜受田的意见后才会施行，相当于杜受田实际上成了咸丰帝的"顾问"大臣。

有了师傅杜受田时常的耳提面命，咸丰帝非常注意约束自己，在各方面都力求做到最好，以不辜负老师的期望。

如果说道光帝节俭，那咸丰帝更节俭。例如，上书房的门枢坏了，内务府提出要换一个，但咸丰帝说他们净要面子，完全不值当，换不如修。内务府交给工部修理，等修好了报账时一看，竟然"费银五千两"。咸丰帝勃然大怒："你们也太狠了，什么门要值五千两？马上查，查了有问题治罪。"

当然，从内务府到工部，自然都是收了回扣的。他们见皇帝认了真，便慌忙说数字报错了，不是五千两，是五十两。于是，咸丰帝这才罢休。

咸丰帝有一条新的杭纱套裤，有一次不小心烧了个蚕豆瓣大小的窟窿，内侍们说没法穿丢了吧。咸丰帝再三惋惜："物力艰难，弃之可惜，尽量给补补，要是可以穿，就不要扔掉。"

过后，咸丰帝已经忘了这件事。不料，到了第二年，有人又把这件补好的裤子送了上来。咸丰帝看了看，虽然已经完好如初，但补缀的痕迹还是看得出来，一问才知道补这么一个洞竟然足足耗去了数百两银子。

其实，这也怪不得下面的人，因为皇帝的衣裤是杭纱套裤，必须专门的工艺和匠人才能修补，它是由内务府发给苏州织造府承办的，先不说工钱，光来回运费就不是一个小数目。

咸丰帝慨然长叹，说："你看看，做皇帝就是节俭着过日子都这么费钱，何况骄奢淫逸呢？"之后，咸丰帝再也不敢以此暗示内侍近臣修补了，就唯恐他们拿着鸡毛当令箭平白给宫里增加许多费用。

不过，咸丰帝与道光帝一样都节俭，但有所不同的是道光帝是自己抠门，对身边人包括朝中大臣也很刻薄，相对而言咸丰帝则较有人情味，他不会拿自己的一套去框范和限制他人。

"工作狂"

清末时的南书房为饱读诗书、学问很高的翰林所入值，他们不参与政务，只是皇帝的学业顾问。陪皇上读书是件非常辛苦的事，伴读的时候得垂手站立，时间一长会站得十个手指头都肿了，这叫"立得手痛"。此外，还要替皇上抄书，抄的时候两腿弯着，结束的时候腿已酸痛到站不起来，这叫"写得脚痛"。

翰林这么辛苦，收入却很少，所以咸丰帝很体恤这些人。据说咸丰帝有一次经过南书房，看到一位入值翰林穿着很寒酸，第二天便送给他一件貂褂。

后来，此翰林奉旨外放云南做学政，也就是主持或参与云南的科举考试。对于清苦的翰林们来说，能出京做主考或学政不啻一项肥差，主要是能收到一笔可观的"贽敬银"。

"贽敬银"是考生按贫富多多少少凑份子送给考官的辛苦费，这不算灰色收入，在当时是光明正大的，只是其由于每个省的经济情况不同而有时数目相差悬殊。例如，在江南那些富裕的大省，学政期满后可得三四万两银子，再次一些的可得两万两，而最苦的是云南、广西、贵州这些边远地方，只有区区几百两。

显然，这趟差使对改善这位翰林的经济状况助益不大。为此，咸丰帝觉得很过意不去，于是在这位翰林从云南期满回京后便特意让其兼代顺天府丞。

顺天府是京城最高行政机关，掌握北京及其附近地区的刑名钱谷，府丞为顺天府的二把手。咸丰帝召见这位翰林时明着告诉对方："你以后的收入会高一些，聊以补偿你在云南的清苦吧。"

咸丰帝的自我要求是一定要全面超越道光帝，从个人修身到待人接物，再到治国理政，他都希望能比自己的父皇做得更好。面对每天堆成山的几万字奏折，咸丰帝都要一一阅读、研究和批复，甚至连军机大臣都插不上手。

其实，道光帝有一段时间曾广开言路，后来就慢慢悄无声息了，连大臣们上的一般奏折都因批阅量太大而弄出了"曲线删减"的法子。到道光帝去世前的五六年里，他更是惧怕听到洋务或者灾荒、盗贼之类的烦心事，一句话就是"耳边只要清净，就比什么都好，比什么都强"。

因为这个缘故，军机处以穆彰阿为首的一班军机大臣也就投其所好常常报喜不报忧，拿道光帝当"大观园里的贾母"侍候着，一天到晚尽讲一些好听的给他听，导致言路闭塞，对很多外面的情况都不了解，以致积累了不少问题。

咸丰帝要从这里开刀动手术。1850 年 3 月，咸丰帝发布上谕，下诏虚心求言，声明"凡用人行政一切事务"，均可据实上书。

皇帝有诚意，臣下们也就有了动力，进言的奏折如雪片一样飞到咸丰帝的案头。咸丰帝从中了解到了此前道光帝了解不到或不愿了解的情况，如各地官府的陋规弊政，盗贼草寇的蜂起，财政开支的捉襟见肘。除汇报实情外，进言者也往往会相应地提出各种各样的解决办法。

这些都在很大程度上考验着纳谏者的水平和眼光，如果纳谏者没有主见和分析判断能力，看不出问题症结所在和办法的对错，到最后仍然只会是一笔笔糊涂账，相当于做无用功。例如，鸦片战争时的扬威将军奕经，说要人家献计献策，结果收到超过四百条"策"，却没一条"策"能派上用场，完全成了一个大笑话。

经过杜受田长达十几年的悉心教诲，咸丰帝已具备较强的理政能力。咸丰帝可以从片言只语中看出进言人的思路，从中吸收好的办法，同时也能够针对问题拿出解决之道，甚至还可以引经据典地对他认为不妥的建议进行驳斥，而被他据理驳斥的人中还有造诣极深的理学大师。

最后，咸丰帝从所有进言中挑出十多篇上乘之作，其中最为他看重的是礼部侍郎曾国藩的奏折。为此，咸丰帝大加称赞，特传旨褒奖，而此举也可以从侧面反映出他当年的学识水平和功力了。

求言之外，还要求贤。咸丰帝下令从各部到各省，都要积极保举德才兼备的有用之才。对于报来的推荐名单，咸丰帝一一推敲，从中筛选出他认为符合条件的人选，并传旨接见和起用。

咸丰帝一手发起的"求言求贤令"一改道光末年政坛死气沉沉的局面，虽然他所推出的种种举措还难以从短时间内厘清弊政，但已经让人看到了希望。

接下来，年轻的皇帝马不停蹄，又把矛头指向了大清国的另一最大弊病——"模棱"。

道光时代有两个最大的"模棱宰相"，前期是曹振镛，后期便是穆彰阿。穆彰阿出任首辅（领班军机大臣）十多年，基本以曹振镛为榜样，虽然他每天被皇上召见，但是很少提出有建设性的意见，就是他对问话一定要察言观色迎合着说，有问有答，从不伤人。

穆彰阿因为"模棱"得有水平，所以得以继曹振镛之后成为政坛不倒翁，以至于道光帝把他像曹振镛那样供在朝堂之上。然而，到了咸丰一朝，穆彰阿的这一套再也吃不开了。

其实，穆彰阿的滑头没变，会看脸色没变，多磕头少说话的原则也没变，主要是听其说话的人变了。咸丰帝从师傅杜受田那里听到的是真知灼见，从穆彰阿这里却什么也听不到，偶尔交谈几句对方也是前言不搭后语，跟念《三字经》一样。

"广西出事了"

在"求贤令"中，咸丰帝曾看到一个熟悉的名字——林则徐。

林则徐这个曾令道光帝愤恨不已的人，其时早已是名满天下。此前，林则徐曾出任云贵总督，不过已因病辞官返乡。这次，很多人都推荐和保举林则徐重新出山，其中也包括咸丰帝的师傅杜受田。咸丰帝决定顺应民意，对林则徐予以重新起用，但穆彰阿说林则徐身体很差，不堪一用。

此时，朝廷急需用人，尽管穆彰阿屡次反对，但咸丰帝仍授林则徐为钦差大臣，择日起行。咸丰帝的旨意已发，但穆彰阿犹在一边絮絮叨叨、闪烁其词，说也不知道林则徐究竟能不能动身。

正是穆彰阿的这句话惹火了咸丰帝，他怒道："我还不知道林则徐健康状况不佳吗？可你倒是给我推荐一个好的呀！身为首辅，当我需要人手时，你像个闷嘴葫芦什么都不说，一心只想保你的荣华富贵。等我好不容易起用了一个，你又说三道四，这个也不行，那个也不济。"

就这样，"模棱宰相"穆彰阿混不下去了。咸丰帝痛斥穆彰阿"遇事模棱，缄口不言"，当即予以革职，永不叙用，而这还是看在其是三朝老臣的分儿上才没有痛下杀手。

穆彰阿此前就有了相当于奸臣的恶劣声誉，当咸丰帝的圣谕颁下时朝野为之轰动，一时"天下称快"。

咸丰帝如此急于起用林则徐，实际上是因为广西出事了。

鸦片战争前，广州是中国唯一的对外通商口岸，江南一带茶丝由陆路运至广州，再由十三行转售外商，赖其生活乃至致富者甚多。鸦片战争后，按照《南京条约》中的"五口通商"规定，广州、厦门、福州、宁波、上海五口同被辟为通商之地，十三行的垄断特权也被废除，货物运输和出口不再仅限于一地，外商可以直接到苏、浙、闽诸省采购茶丝。这直接导致两广地区的生活链条发生巨大变化，过去在这个链条上求生存的人们大量失业，就连山区通道上的苦力因无处觅活也纷纷加入秘密社团，以另谋出路。

广东因有徐广缙坐镇管制较严，同时那里又是中外矛盾的焦点，官民要协同对付洋人，以至有心造反或欲乱中牟利的人暂时没有混头，于是他们都一批批涌入广西，并与当地的秘密社团联成一气，使得广西秩序混乱到了极严重的地步。

"福不双至，祸不单行。"从 1848 年开始，广西连续三年干旱，这进一步激化了社会矛盾，其间起义和暴动不断，规模较大的便有十余起之多。也就是说，在道光帝去世前的那两年，广西内乱已有预兆，可是这一切道光帝都不知道，他被蒙在了鼓里。

当然，蒙道光帝的便是穆彰阿。在穆彰阿的授意下，广西地方一直隐瞒真相，使得道光帝到死都还以为广西很太平。为此，这当然就苦坏了咸丰帝，当被捂得紧紧的盖子揭开后，情况之恶劣让其看得触目惊心，直觉告诉他广西内乱将成为其当政后的第一个重大考验。

广西局面的不可收拾，与当地官员的敷衍塞责和得过且过有很大关联。这些人即使看到危机，也睁一只眼闭一只眼，反正在其任内不出事就好，等下一任上来好赖自然由他们担着——其实就是一群庸吏而已。后来，咸丰帝追究责任，除了已老死的外，所有的官吏无一不受到严惩，想后悔都晚了。

广西巡抚郑祖琛就是这样的迂腐之辈。郑祖琛信佛，眼看火就要从地面上烧起来了还念叨什么"以不杀一人为功德"，以致养痈遗患——四周全是要杀他的人。

咸丰帝将原广西巡抚、提督全部予以革职充军，准备置换高手强将重振广西。咸丰帝开始想把徐广缙调去广西，但广东受广西影响也正动荡不安，本身自顾不暇，难以脱身。在这之后，咸丰帝便想到了林则徐。

此时，正如穆彰阿所言，林则徐确已虚弱不堪。

在鸦片战争之前，林则徐就已是官场数一数二的人物，历任七省，政绩方面别人最多是不错，而他却是两个字——"卓越"。鸦片战争后，林则徐即使被撤职贬斥，但他仍对战争失败的教训进行了深刻反思："海战打不过，陆战也打不过，缘于'我炮不能及彼，彼炮先已及我'，这是武器上的巨大差距。原来'夷人'确实是有长技的，不承认不行，不学习更不行。"

林则徐把他总结出来的这一理念，连同历来翻译研究西方的资料，都一并交给了自己的好友魏源。魏源据此编出了《海国图志》一书，并提出了一个影响深远的思想——"师夷长技以制夷"。

可是，道光帝再也不会给林则徐"制夷"的机会了。那次黄河合龙时，林则徐最感伤痛的还不是得不到赦免，而是道光帝选择宣召的时机，即皇帝摆明就是要在黄河合龙的这一天给他以沉重一击。

历来的爱恨情仇都是如此：你给我制造了伤口，我不仅要予以回击，而且还要让你的伤口流血，不仅流血还要再在上面撒把盐。

当时，林则徐当着王鼎的面虽然表情淡定，但两人分别时为宽慰友人还是说了一些诸如"塞翁失马，焉知非福"之类的话，可他的心其实已被完全搅碎了。

"光荣的囚徒"

刚到伊犁的那段日子里，林则徐明显变得消沉起来。在林则徐给友人的书信中，友人谈到"制夷"时他的回答竟然是"得了且了"，能结束就快点结束吧。

这不应该是林则徐的风格，可是他能够怎么办呢？伊犁将军布彦泰久闻林则徐大名，也很器重他，然而关照的方式也无非是给安排一个相对轻省些的活儿，如把他派在粮饷处当差，然后就是"终日萧闲，无所事事"。

其实，林则徐曾有过获赦的机会。民间士绅曾自发筹资，准备采取用钱赎罪的方式把林则徐从新疆接回内地，但被林家父子婉言谢绝了。

如果林则徐愿意，他可以变卖不多的家财，罄其所有亦足以自赎，更不要说去花别人的钱赎身了，而后者也是林则徐的道德品质所不能允许的。

林则徐不想这样屈辱地回到内地，既然辜负了皇帝和朝廷的期望，也许就应该活活受罪，于是他不再寄望于"生入玉关"了。

就这样，一天天过去了，边塞"雪窖冰堂"的生活严重摧残了林则徐的健康，以至于他几乎没有哪一天不生病，心情也时时处于抑郁之中。

不过，林则徐即使在自己最困顿的日子里，也没有忘记要造福当地。1844年夏季，林则徐捐资承修了清代伊犁最大的水利灌溉工程——阿齐乌苏渠。这条水渠修成后，极大地改善了伊犁的农田灌溉状况，被当地称为"林公渠"。

在伊犁，从伊犁将军到普通百姓，没有人不尊敬林则徐这个"光荣的囚徒"，并皆以能够得到他的书法题咏为荣。有一段时间，人们在伊犁街头争相购买用于写字的绢纸，以便找林则徐求字，最后导致绢纸都断了货，而林则徐的手迹墨宝则传遍了"冰天雪海"。

在"林公渠"通渠半年后，林则徐的人生转机出现了。1845年初，伊犁将军布彦泰鼓足勇气，向道光帝保举林则徐，没想到道光帝破天荒地点了头，允许让林则徐负责查勘南疆的垦荒情况。

这是一个可虚可实的活儿，实际上可看作道光帝宽赦林则徐的一个过渡。为此，布彦泰特地征求林则徐的意见："你是想远一些，还是近一些？"

林则徐的回答是"远一些"。

对林则徐来说，"远一些"无疑会艰苦一些，但可以更好地了解边远地区百姓的生活情况，解决他们的困难。这一路上，林则徐一边实地勘查地亩，一边到农家访贫问苦。林则徐发现当地回民生活艰难，就提议把三万七千余顷垦田全部交给回民耕种。同时，林则徐还发挥自己精于民生治理的长处，改进和修建了许多新型的坎儿井，又帮助棉花产区的百姓制造纺车，后来二者被分别冠名为"林公井"和"林公车"。

林则徐行经两万余里，几乎踏遍了南疆的山山水水，使沿途百姓大获其利，并对其感激涕零且称其为"神人"。

林则徐当然不是什么"神人"，只是一个凡人，但他是一个具有非凡的意志品质和人格的凡人。当林则徐得以再次为朝廷服务时，他曾经经历的所有坎坷、无奈、委屈都成了过往。林则徐只知道，他对大清帝国无怨无悔——"苟利国家生死以，岂因祸福避趋之"。

在重新出山后，林则徐历任陕甘总督（代理）、陕西巡抚、云贵总督，其政绩仍像过往一样显著，被朝廷加封太子太保，赐花翎。

但是，林则徐更多的心结还在"制夷"上面。当时，人们都以英国为虑，当有后辈向林则徐请教方略时，没有想到林则徐却语出惊人："英吉利不难对付。以后将成为中国祸患的国家，恐怕是沙俄吧？"

对于大清国与沙俄的直接冲突，这还要追溯到康熙年间的雅克萨之战。那是有清一代中国对外战争的一次重大胜利，之后沙俄就退了回去。不过，这数十年来从未听说中俄边境有过什么冲突，所以听者很是疑惑。

林则徐注意到对方惊讶的表情，他叹了口气："我老了，可能看不到这一天了，但你们会见到的。"

林则徐的预言不是空穴来风，忧虑也不是无缘无故。

英国固然厉害，属于最强之"夷"，但林则徐也看出这个最强之"夷"距离遥远，只能通过水路入侵，而且他们主要是想通商做生意，尚无领土上的直接诉求。但是，沙俄不一样，这个陆上邻国随时可以呼哨一声，从边境线上杀奔过来。特别是在林则徐充军伊犁期间，他得以对沙俄进行就近观察和研究，这让他不由得倒吸了一口凉气。

沙俄军队的实力绝非从前的张格尔叛军或浩罕军队可比，也远超康熙时代，最主要的是这个国家攫取领土的野心很大；而反观大清帝国，由于鸦片战争的影响，守备力量逐渐向沿海倾斜，已导致新疆守备趋于松弛。

这个时候，林则徐已经注意到了内乱的不断爆发。林则徐担心，如果朝廷的主力再用于平定内乱，将不会有多余力量防守西北边陲，到时沙俄将会乘虚而入打中国一个冷不防。

林则徐害怕这一天的到来，他多么希望年轻的后辈中能产生挽狂澜于既倒的英才，不免叹息自问："谁能继老夫之志乎？"

"星斗南"

此时，有人向林则徐推荐人才，说有一个叫左宗棠的湖南人非常有潜力。林则徐经过湖南时，便让当地知县帮着寻找。

那天天色已经很晚了，县吏寻寻觅觅，最后在江上的一条小舟中把左宗棠给找了出来。彼时的左宗棠不过是一无名小辈，听到誉满天下、如雷贯耳的林则徐要见他，他的脑袋都差点给蒙晕了。在与县吏一同登上林则徐的座船时，左宗棠一时紧张竟失足落水了，把衣服鞋子全给打湿了。

左宗棠又尴尬又着急，他灵机一动想到了一个"三熏三沐之礼"为自己掩盖窘态。

所谓"三熏三沐之礼"，是说古代为表示对贤士的尊重，会给予多次沐浴并用香料涂身的礼遇。左宗棠尴尬地说："我今天已受过沐浴，就差用香料了。"

林则徐听后笑道："年轻人，你别给我酸文假醋地死撑了。快换衣服，免得着凉。"

林则徐的随和，让左宗棠再无尴尬、拘束之感。换好衣服后，林则徐、左宗棠二人在船上谈了一晚上。林则徐越听越觉得这个年轻人有见地，他发现左宗棠对地理和兵法非常熟悉，不管说到哪里都能从容不迫地娓娓道来，尤其在谈到新疆边防时，左宗棠的思路和对策更是让他眼前一亮，实在是有后生可畏之感。

为此，林则徐心想："这一趟不虚此行，我找到了。"激动之余，林则徐一拍左宗棠的肩头："以后能够继承我志向的，非君不可！"

临别时，林则徐在船上手书一联相赠，联云："此地有崇山峻岭，茂林修竹；是能读三坟五典，八索九丘。"上款书"季高（左宗棠字季高）仁兄先生大人法正"，下款署"愚弟林则徐"。

林则徐不管是年龄还是身份，都要超出左宗棠甚远，他此联一出更表达了其得才心喜的心情以及对左宗棠的无限期望。

左宗棠非常感激，一直到他步入晚年仍将林则徐送给他的这副对联悬挂于书斋正壁之上，并经常对幕僚说"能够得到林大人的如此青睐和欣赏，是我一生的荣幸"。

林则徐找到后继者后宽慰了不少，但现实的困境又逼得他不得不继续挣扎着去为大清帝国赴汤蹈火。

在咸丰帝发出谕旨请林则徐出山时，林则徐已经卧床不起，因此前两次谕旨都被推辞掉了。1850年11月1日，咸丰帝再发谕旨，这使林则徐对年轻皇帝心急如焚的心情和南方形势之紧张有了更深的体会，遂不顾家人劝阻，躺在特制的卧轿里接旨起行。

可是，林则徐的身体实在太虚弱了，未等到达广西，他在路上就坚持不住了。弥留之际，林则徐用尽全身力气，三次大呼："星斗南……"

后世学者对林则徐的这句遗言有多种解读，其中一种说法认为这与星象有关。旧时代，很多士大夫对星象学都有兴趣乃至研究，并试图以此来占卜国运。鸦片战争结束后，林则徐在致友人的信件中，就透露他曾多次在野外观察天象，观察的结果使他忧心忡忡，因为他看到闽粤方向的星空中"先有白气，继有赤星"。

在东方星象学中，白气是所谓兵气，也是杀气。赤星即火星，它在中古时代被人们称为凶星，乃流血、死亡甚至是战败的标志，而且此星出现往往预示着战事会持续很多年。

林则徐就此推断，尽管鸦片战争已经告一段落，但沿海仍危机重重，另一场战争可能随时爆发。在前往广西的路途中，林则徐早早晚晚都躺在卧轿里，让他有更多时间用于仰观天象。据记载，林则徐是在黎明之前去世的，这个时候他可能正好看到了天空中星象发生的异常变化。

林则徐所说的"星斗南"应该是指星宿中的南斗星。在古代典籍中，与南斗星对应的是"百越"，而广西正在"百越"之内。按照星象学的说法，南斗星异常，说明包括广西在内的百越之地可能出现一场罕见的大乱。由此，林则徐惊骇不已，但这一切他已经无能为力了。

还有人研究认为，林则徐真正忧虑的不是南方而是北方，具体来说就是他念念不忘的沙俄。联系林则徐生前的一些言论，他对"国家之患"有轻重缓急的区分，即"内乱患在一时，洋务患在后世"，而在"洋务"之中北方沙俄的潜在威胁又要超过西方列国。

林则徐曾预言海疆会再度发生战争，现在广西又现大乱迹象，但朝廷力量有限，必然难以再顾及西北边防，也就相应地给沙俄的入侵提供了可乘之机。在临终这一刻，林则徐的焦虑和忧闷可想而知。

林则徐的死讯，一时震动朝野。咸丰帝正期盼林则徐能平乱成功给自己送来捷报，听闻其死讯后更是痛心不已，在其为林则徐亲手御制的挽联中有"六千里出师未捷，空教泪洒英雄"的句子，悲叹和惋惜之情溢于言表。

当时，外传林则徐中毒而亡，甚至有人说"星斗南"乃福建话"新豆栏"的谐音，而"新豆栏"是通往广州英国商馆的一个必经区域，以此引证林则徐是被洋人毒死的。

咸丰帝听到这个传闻后，曾专命御医审看林则徐的临终药方，最后确认医生用药正确无误。实际上，林则徐出发前往广西时身体本来已经很虚弱，路上又着凉感冒导致吐泻不止，再加忧虑国家危难，以致最后不治而死，并非出于什么仇家报复或洋人陷害之类。

第六章

崭新的开始

林则徐不在了，必须另择平乱之才。1850 年 12 月 15 日，咸丰帝委任两江总督李星沅为钦差大臣，代替林则徐前往广西。

李星沅能做到两江总督，当然非等闲之辈。在还没有参加科举考试之前，李星沅是陶澍的幕僚，陶澍很多有分量的奏章皆出自此人手笔。同时，李星沅还接受过大多数能吏必经的考验，即执政于云南、贵州这些边远的地方，其间更以有效地平定"回民之乱"而被朝廷予以大力表彰。

广西等着李星沅料理的叛乱有数十起之多，但李星沅还是看出桂平金田村的一支是"群盗之尤"，即强盗中的魁首，非其他旁支可比。

后来，广西大乱正是由金田村的这些人所掀起，领袖为广东籍的洪秀全，史称"太平天国运动"。

洪秀全也曾经是个读书人，他连续多年参加科举考试，但考到三十岁连个秀才都没能考到，这让他愤愤不平。此后，洪秀全游荡于广东、湖南两省，主要靠算卦和占卜谋生。就在这期间，洪秀全加入了一个叫朱九畴的人所创立的"拜上帝会"，即"基督教会"。

在鸦片战争之前，基督教的传播在中国并不合法。嘉庆帝就曾颁令对传教者处以绞刑，使得多位外国传教士被处死，因此那时候也没有几个中国人信基督教。但是，鸦片战争后情况就开始不同了，中美《望厦条约》、中法《黄埔条约》都先后写入了允许传教的条款，同时道光帝也公开宣布对基督教弛禁，尽管他是被迫的且内心并不情愿。

起初，加入"拜上帝会"的都是一些底层民众，像洪秀全这样还能识字且又有江湖经验的便很快得以崭露头角。等朱九畴死后，洪秀全即被推为教主。

放虎归山

有一天，洪秀全病了，整整七天躺在床上起不来。七天后，洪秀全告诉人们，他在冥冥中见到了上帝，上帝预言未来人间将有大难，只有拜上帝的人才能得以豁免。这时候，洪秀全的身份也变了，不再单纯是一个民间教会的教主，而成了天上的皇族成员。在洪秀全所说的所谓天上皇宫中，上帝耶和华相当于皇帝，耶稣是大阿哥，他自己是二阿哥，同时还背负着消灭世上一切鬼怪与偶像以及在人间建立"天国"的重大使命。

在民间社会的圈子里，"拜上帝会"开始有了知名度，教徒一天比一天多了起来，但它的真正走红还是拜"土客之争"所赐。

所谓"土客之争"，即"土著与客家人"的纠纷。客家人是因战乱而从中原迁移至南方的外来户，一直保持着其原有的语言与风俗习惯，在文化上很难与本地人相融，但生存意识又使得他们比本地人更加搏命，即所谓"多野心，好出头"，种田的想做士绅，当学徒的想做老板，还有想当领袖、当皇帝的不一而足。例如，洪秀全和"拜上帝会"的领导成员，几乎清一色都是客家人。

对本地人来说，客家人就仿佛是来抢他们饭碗的人。因此，双方经常发生各种规模的族群械斗，这也使得两广民风更加剽悍难制。徐广缙在调查广东民情时就看到这一点，但他手腕高明，善于引导，而广西官吏从知县到巡抚，不是明哲保身的"模棱官员"，就是毫无治理能力的庸吏，面对土客双方堆积如山的状纸，只能束手无策地听之任之。

官府不管，便只能民间自己解决。一开始，敢于拼命的客家人占得上风，把本地人打得够呛，但是很快本地人就扳回了局面。

按照规定，客家人要在本地落籍二十年以上才能参加科举考试，所以一般士绅都是本地人的子弟，因此他们有条件建立和控制团练，而有组织的团练显然比零散的客家人更有力量。

为此，客家人仓皇之余便纷纷寻求以客家人为主体的"拜上帝会"的庇护，因此"拜上帝会"在打败本地人的团练后反过来又增强了它的吸引力和凝聚力。

最明显的例子就是韦昌辉和石达开，两人最初都属于广西客家人的富户和大族，尤其韦家还开过典当铺，称得上富甲一方，但若仅仅依靠个人或家族力量，他们都不是本地人的对手。韦昌辉跟洪秀全一样考不上科举，他便花钱给他父亲捐了个监生，门口挂了块匾额以示其父考中了进士。不过，韦家这点可怜的面子活也被人检举揭发了，官府以"冒充进士"的罪名将韦父逮捕入狱，最后花了几百两银子才将其保释出来。石达开则更惨，因在"土客之争"中吃了败仗，房屋被焚烧一空，变成无家可归了。

于是，韦昌辉、石达开每天都想着要报仇，经冯云山一启发，二人马上就加入了"拜上帝会"，而当时像他们这种情况的人和家族还有很多。由此，"拜上帝会"一炮而红，为后来的不可遏制奠定了基础。

所谓树大招风，经过本地士绅们的不断上诉，"拜上帝会"终于引起了官府的注意，于是桂平县知县将洪秀全等人予以诱捕，并搜出了一大批教徒名册。

如果"拜上帝会"这个时候被破坏，也许就没有后来那么多事了。可是，广西官府不重视，仍然以为是一般的民间纠纷，结果竟然把人全给放了，自然更谈不上按照名册对教徒进行搜捕了。

这一放不要紧，犹如放虎归山。遭此一劫后，洪秀全等人下定决心要造反，随后便发动了金田起义，因以"太平"为号，民间将其称为"太平军"。

李星沅一到广西，便认定洪秀全和他的太平军是最大对手，应该集中优势兵力将其"聚而歼之"。

在任命李星沅的同时，咸丰帝还专门为他配备了两位搭档。

第一位是代理广西巡抚周天爵。周天爵是王阳明的信徒，他执法特别严，而且从不在乎别人的闲言碎语，不喜欢的人说他是酷吏，喜欢的人则称道"疾恶如仇，有股良吏之风"。

第二位是新任广西提督向荣。向荣曾给杨遇春当过前锋，在道光帝时期的武将中除了在鸦片战争中狼狈不堪的杨芳外，就数他的名气最大，声誉也最好。

咸丰帝从广西发来的奏折中已看出，广西当地的动荡规模要远超云南的"回民之乱"，靠李星沅一人恐怕还有些困难。因此，咸丰帝认为，他调配的李星沅、周天爵、向荣三人组合要文有文、要武有武，希望能"一个好汉三个帮"，从而起到相当于林则徐那样的作用和号召力。

可是，实际效果却让人大跌眼镜。李星沅一人在时尚能明察秋毫，准确判明目标，但等到三人聚齐却一下子乱了套。周天爵和向荣都自居"天下第一"，在部署军事时每每意见相左，互不买账。李星沅想从中进行协调，但他又缺乏林则徐式的威望，周天爵、向荣都不听他的，如他说要齐头并进或分进合击，这两人都置若罔闻，仍然一个向东一个向西，各打各的。

由于太平军熟悉地形，官军则大多是从邻省临时调集，再加上周天爵、向荣互相拆台，这导致李星沅发动的几次围追堵截都以失败告终，而太平军则越打越起劲，以至于在广西境内如入无人之境。

"三个和尚"

"一个和尚挑水喝，三个和尚没水喝"，李星沅变得无计可施，他只得以事权不一为由奏请咸丰帝再派"总统将军"前来督剿。

对此，咸丰帝很生气，骂李星沅是在故意推诿，此后便将其调往湖南。

李星沅即使到湖南后也一刻不能歇，为了防止太平军进入湖南境内，需要继续卖力气防堵。几个月后，李星沅便活活累死在了军营之中，并留下遗言："不能替朝廷平乱，谓之不忠；不能给父母送终，谓之不孝。我是个不忠不孝的人，下葬时不要换衣服，以惩罚我的过错。"李星沅的这份遗嘱令咸丰帝伤感不已。

这时，咸丰帝陷入了焦头烂额之中，因为广西局势恶化的速度之快已大大出乎他的预料。

1851 年 3 月，洪秀全"登基"称"太平天王"，建国号"太平天国"，而咸丰帝也是在这一年正式改元年号，似乎两人在互相较劲一样。

咸丰帝把李星沅调走后便命令周天爵代理广西军务，毕竟等重新物色人选以及等这个人选再到广西，这中间还有一段时间，而现实是需要有人先撑着。

周天爵其时已年近八旬，然每战必亲临一线，看到临阵退却的官兵就上去一刀一个，尽显酷吏之风。可是，周天爵还是节制不了向荣，也照样奈何不了太平军。

就这样，周天爵、向荣就像两个不齐心的和尚，他们连抬水喝都做不到，以致水被洒得满地都是。幸好，咸丰帝利用这段时间物色的那个人已经来了。

赛尚阿，出身于蒙古八旗。八旗共分三类，依次是满洲八旗、蒙古八旗和汉八旗，到了后来由于"铁杆庄稼"的压力太大，朝廷逐渐将部分汉八旗并入绿营，满洲八旗和蒙古八旗就成了八旗的主要成员。

赛尚阿以文华殿大学士兼军机大臣的身份被咸丰帝任命为钦差大臣，先赴湖南，然后再与广西李星沅进行对调。

清代自军机处设立后，内阁便失去了实权，但仍是一种地位的象征，所以有人又把内阁学士称为"文宰相"。文华殿大学士是学士之首，也可以说是"第一文宰相"。身为文华殿大学士的赛尚阿从没有出任过省督之类的职位，以他这样的身份和地位督师地方在以往绝少先例，而若往前追溯，只有道光时代征讨张格尔之乱时的长龄可算一例，也足见咸丰帝对广西平乱的重视程度。

不过，"三个和尚"的故事让咸丰帝心有余悸，为了避免李星沅所说的"事权不一"的状况再次发生，他在送别赛尚阿时特赐遏必隆刀。

遏必隆是康熙时期跟鳌拜排在一起的辅政大臣，遏必隆刀乃其平时所佩腰刀，不过这把刀真正出名并非在他生前而是身后。到乾隆时期，遏必隆的孙子奉命出征地方打了败仗，乾隆帝派人接替时就用此刀将其正法，而后果然一战得胜。

咸丰帝嘱咐赛尚阿："你到了广西后，谁要是不听你的话或者畏缩不前，就用遏必隆刀砍下他的人头！"

赛尚阿到广西后见周天爵和向荣还在闹别扭，他便采取了各打五十大板的办法，解除了周天爵的兵权，而向荣也降三级留任。

但是，这个处理又是有区别的，周天爵是真靠边站了，而向荣却是明降暗升成了赛尚阿倚重的大将。

赛尚阿只是个"文宰相"，"文不知兵"，外界说他能文能武，而那都是吹牛的。其实，赛尚阿自己对平定广西之乱也并无多少把握，以至于出京时面对来送别的同僚还流了眼泪。

当然，文臣不能指挥军队的说法也是靠不住的，如南宋时候的虞允文也是挺文弱的，但他能把部将使用得当，于是采石一战便能成功地阻止金军渡江南侵。

赛尚阿要走的正是虞允文路线，应该说他是走对了。向荣没了周天爵这颗眼中钉，又得到钦差大臣赛尚阿的格外器重，他抖擞精神开始使出浑身解数平乱。

然而，赛尚阿来得又太晚了，"灭火"的最佳时机已经错过。赛尚阿无可奈何地看到，太平军今天这里明天那里，而官兵节节失利、顾此失彼，他手里握着的遏必隆刀却不知道到底应该砍谁才好。

话说李星沅当时果然没有看错，源自金田的这支农民军（太平军）真的太难对付了，如果听任他们一直钻来钻去，"久蔓将不可制"，必须"聚而歼之"才行。

煎熬了一段时间之后，赛尚阿终于等到了这样的机会，而这实际上也是他的最后一次机会。

非常手段

1851 年 9 月 25 日，太平军攻占永安州（今蒙山县），这是自金田起义后太平军攻占的第一座城市。

太平军的主力已齐聚于永安，客观上为赛尚阿"聚而歼之"创造了条件，于是他严令各路军队全力进攻。在赛尚阿的督促下，其帐下的另一员大将乌兰泰首先攻下要隘，从而对永安形成了合围之势。

此后，向荣从北，乌兰泰从南，把永安围得水泄不通。不过，赛尚阿感到困窘的是，几个月过去了，官军仍然难以攻破这座小小的永安县城。

当然，城的大小不是关键，关键的是人。如今，永安城里的太平军已今非昔比，正一步步走向它的鼎盛期。

在永安，洪秀全实行"永安建制"，分封诸王，同时发布"小天堂"诏告，宣布只要跟着他打江山的"老兄弟"，均可在进入"小天堂"后封官晋爵，最大可以做到"丞相"，最小也能当"军帅"，而且代代世袭。

这样，活着的时候可以进"小天堂"，死了还能上"大天堂"。由此，太平军士气大振，守城和作战时个个勇不可当，浑然不知死亡为何物。

官军始终攻城不下，所有的人都急了。咸丰帝拉下了脸，将赛尚阿连降四级，并下达死命令："如果还不能迅速解决问题，拖延时日，唯你赛尚阿是问；如果是防堵不住，让太平军再次逃脱，则唯向荣、乌兰泰是问。"

咸丰帝将责任分工明确，并提醒赛尚阿——给你的那把遏必隆刀不是用来玩的，得拿出来亮亮了——只要不遵军纪的，砍头就是。

赛尚阿不敢懈怠，亲自到永安督阵。经过前后长达半年的围攻，赛尚阿似乎已经看到了攻破城池的一线曙光。

这个时候，向荣偏偏耍了个小聪明，他给赛尚阿献计：这些太平军之所以拼死力战，缘于没有退路，现在不如将城北一隅空出来——三面围堵，网开一面，然后"以追为剿"，在运动中将太平军一举歼灭。

赛尚阿依计而行，不料太平军却趁机从城北杀了出去，使得官军白忙一场，前功尽弃。

太平军这一杀出去不要紧，此后便犹如蛟龙入海一路摧枯拉朽。1852年6月，太平军冲出广西，进军湖南。咸丰帝闻讯大惊失色，急召两广总督徐广缙率师赴援。

徐广缙是咸丰帝轻易不得使用的一张王牌，但事到如今这张王牌也已失效。其时，徐广缙所主持的湖南战场没有丝毫起色，太平军仍是指哪儿打哪儿，势如破竹。

9月，太平军围攻长沙。谁也没想到，一年前，太平军还被困在城里，处于守势；一年后，他们已能够把官军围在城中，转为攻势。

咸丰帝亲政后的所有计划，都被这场突如其来的大乱给搅得乱七八糟。可是，噩梦并没有结束，就在太平军围攻长沙的前夕，咸丰帝得到消息——奉旨北上赈粮的杜受田因劳累过度而病故。

咸丰帝还记得"十七年师生情怀"，还记得当年书房中如亲人般的恳谈教诲，还记得师傅赞襄帷幄、出谋划策的情景，但这一切都已化成了流水，抓不住，挽不回。

正逢时局艰难却又恩师病故，咸丰帝感觉自己也像死了一般："鸣呼，卿之不幸，实朕之不幸也。"

不过，咸丰帝的伤心丝毫没有能够感动上天，南方的太平军继续挺进，只是在攻长沙不下的情况下杀进了湖北。

1853年1月，太平军攻克武昌，随后又放弃这座省城沿江东下，直取其心目中的"小天堂"南京。

这个时候，太平军就像滚雪球一样越滚越多，进入湖南时有五万兵力，到湖北增加了一倍达到十万兵力，离开武昌时已号称五十万兵力，水陆齐全且拥有水上部队（"水营"）和工兵部队（"土营"），称得上"兵多将广，军种齐全"。与此同时，咸丰帝的能力却不断下降，手中可打的牌更是所剩无几。

新任钦差大臣陆建瀛曾担任过两江总督，颇富治政才干，也能够纸上谈兵地给咸丰帝贡献一些战守之策，但实际上对军事一窍不通。但是，咸丰帝实在无人可用，便像抓壮丁一样地把陆建瀛给拉上了战场，结果仅仅一战便把陆建瀛的胆给吓破了，吓得其带头逃窜，造成长江沿途防线连连崩溃。

3月19日，太平军攻克南京，并被定为太平天国的首都，改名为天京。

咸丰帝为了围困南京，不得不开始采取一些非常手段。于是，咸丰帝下旨起用向荣和琦善，任命两人为钦差大臣，分别负责组建江南、江北大营。

向荣和琦善，前者本来只是帅下面的将，而且在广西作战时就多次受罚，后者是鸦片战争时的"投降派"，素为咸丰帝不屑。当然，咸丰帝如果还有其他选择的话，他可能连正眼也不会瞧向荣和琦善二人，但如此破格重用，实在也是被逼急了的结果。

咸丰帝将南方各省可调之兵，除溃散的外都集中到了向荣的江南大营，并又从北方军队中拨出一部分给琦善的江北大营，满心希望两大营能够攻克南京。但是，实际情况是向荣和琦善连在南京外围立住脚都不容易，更遑论其他。

就此，南北对峙局面形成。洪秀全和他的将士们如愿以偿，终于步入了"小天堂"，与此同时咸丰帝则跌入了地狱。

"这不是命又是什么"

咸丰帝出生于圆明园湛静斋，这座房子后来改了名字，叫基福堂。基福堂挂着一块匾额，上面写着"洪范五福"，这四个字的出处来自《尚书·洪范》，而"五福"则相当于"五福临门"的意思。"洪范五福"本来是再吉利不过的字眼，但等太平军兴起，就连它也被蒙上了一层神秘而恐怖的阴影。

内侍们私下议论，说基福堂就是"洪福堂"，乃洪秀全的先兆。言下之意，洪秀全这个灾星简直就是跟着咸丰皇帝一起出世，故意来与他为难的：你看，咸丰帝在北京即位，洪秀全在金田起事；第二年，咸丰帝改年号，洪秀全建号太平天国……

于是，咸丰帝自己也渐渐有了命中注定式的悲叹。

咸丰帝即位时大清帝国国库存银尚有八百余万两，但还没等他节衣缩食继续往里面攒钱时广西就出了问题，那些存银转眼便不见了踪影。这还不算，在两年不到的时间里，仅仅为了与太平军作战，就花去了军费近三千万两银子。

要知道，咸丰帝是人间皇帝，不是天上神仙，他没有点金术，能想到的办法只能是跟道光帝学——从内务府"挖掘潜力"。可是，道光帝即便在变成人人厌弃的"铁公鸡"之后，也只抠出了两百万两银子，而咸丰帝面临的缺口还远不止两百万两。

或许，做"铁公鸡"已经不够了，得做"铁扫帚"。因此，咸丰帝除了把私房钱全部掏出来以外，他又在内务府四处翻腾，就连宫廷园林中存放的铜瓶、铜炉、铜龟鹤这些小物件都一律没放过，全部搬出来用作军费开支。

内务府不堪其苦，向咸丰帝报告说不能再往外"抽血"了，因为存银一共只剩下四万两了，除了吃饭外再也无法应付其他任何开支。

即便这样，咸丰帝还是要人给人、要钱给钱，不惜倾家荡产也要打赢一仗。可是，太平军却越打越多，最后竟取得了半壁江山。这不是命又是什么？

其间，咸丰帝连发两道"罪己诏"，祈求上天和百姓能原谅自己的过失，祈求前线传来好消息，但是通通无济于事。

自从师傅杜受田病故之后，咸丰帝身边少了一位忠心耿耿且鞠躬尽瘁的老军师，他变得更加忙乱，从此再也顾不得什么"求言求贤"、厘清弊政了——尽管他花费的精力其实有多无少，但在大臣们看来皇帝已经明显没有原先那么勤勉了。

咸丰帝的表现让很多人感到失望，其中一个就是在"求言求贤"中上奏并得到皇帝赞扬的曾国藩。

曾国藩走的是正统的京官之路，他首先考中进士，接着又得以在翰林院深造。要知道，翰林院是朝廷储备人才的所在，能进入翰林院的人都是精英中的精英。不过，即便在翰林院这样高手云集的地方，曾国藩也依旧不落下风，他参加翰林院定期组织的考试，每次都在前六名之列。

当然，翰林再优秀，也不过是"新进词臣"，要想补授实官还得靠运气或权贵们的提携。按照野史记载，曾国藩的发迹便完全依赖于"奸臣"穆彰阿的特殊指点。

道光年间，穆彰阿多次在重大的科举考试中出任主考官。科举时代很注重主考官与考生的关系，即只要其担任了考生的主考官，甭管有没有见过面实授过，都算是考生的老师，叫作座师；而批阅卷子的阅卷官叫作房师，考生就算是他们的门生。穆彰阿门生遍天下，也乐于拉拢和提拔年轻有才华的低级别官员，因此形成了一个很大的圈子，时人谓之"穆党"。

穆彰阿是曾国藩考中进士那年的主考官，据说他对曾国藩很是欣赏，认为这个门生以后一定会有前途，曾多次在道光帝面前进行保荐。道光帝说，既然是人才，那就见上一见吧。

曾国藩奉旨入宫，太监把他带进一间屋子，然后就扔下他走了。但是，曾国藩苦等到中午，皇上也没召见，只让人传旨："明天再来。"

曾国藩一头雾水，只好去穆府向恩师请教。穆彰阿想了想，问他可曾留意墙壁上悬挂的字画，但曾国藩摇了摇头。穆彰阿一拍手："皇上要考察你是否细心，明天他肯定会问你墙上字画的事。"

曾国藩给穆彰阿一说蒙了，但他怎么拼命回忆也想不起墙壁上的字画，因为他当时根本未曾留意。

穆彰阿眼珠转了转："不妨，我自有办法。"于是，穆彰阿派人偷偷地买通太监，连夜把那间屋子内字画上的内容抄了过来。

第二天，道光帝接见曾国藩，不出所料问的果然都是字画上的东西。曾国藩对答如流，把道光帝听得连连点头，自此曾国藩便得以官运亨通，不断升迁。

按照类似故事的说法，曾国藩似乎是走了穆彰阿的捷径才得以显达的，不过这些都是世俗"传言"罢了。从曾国藩留下的日记来看，他跟穆彰阿之间并无任何特殊关系，按其品行也绝不会为升官去走捷径。

不过，话又说回来，曾国藩自己不主动凑上去，并不表明穆彰阿就不关照他。晚清文人王闿运对曾国藩和湘军历史很有研究，他在和门生作答时，说穆彰阿对曾国藩非常器重，由于穆彰阿的尽力帮助才使曾国藩得以官运亨通。

事实上，曾国藩的仕途也确实当得起"官运亨通"这四个字。曾国藩仅仅十年时间就从一个四品的侍讲学士升到了正二品的内阁学士兼礼部侍郎，那一年他三十七岁。当然，曾国藩对座师穆彰阿也非常尊敬，成名后曾多次拜访穆府。

不过，知遇归知遇，政见归政见，这是两码事。可以肯定的是，曾国藩不是"穆党"。咸丰帝登基以后，穆彰阿靠边站，但曾国藩没有受到丝毫影响，他以内阁学士先后兼代礼部、工部、兵部、刑部、吏部侍郎。

"不忠贞怎么叫烈女"

清代官员薪俸微薄，地方督抚还好，尚有丰厚的养廉银，但京官没有，只能靠一年四百两银子过活，而那时候所有的开支都要自己开销，包括各种各样的公务应酬。

曾国藩是一个标准的清官，基本没有灰色收入，所以每到年终就要靠借债才能度日。不过，对曾国藩这样的人来说，国家大事永远比过日子更重要，第一份建言的成功对他是一个非常大的激励，自此以后他放开手脚又上了第二、第三份建言。不过，这时候曾国藩却发现咸丰帝已经变了，变得对这些建言不再感兴趣，而他那些花了很多工夫琢磨出来的"治国良策"也石沉大海无人问津了。

曾国藩郁闷了，他不明白咸丰帝到底怎么了。

看到广西局势闹得沸沸扬扬且不可收拾，曾国藩认为是咸丰帝不肯采纳他这个"忠臣"的直谏所致，他性子一上来便又写了一份折子。这一回非同小可，以前都是批评"朝政"不痛不痒，此番是直接剑指咸丰帝本人舍本逐末、刚愎自用以及虚荣心强之类，反正都是一些让人受不了的责难之语。

曾国藩写这样的折子颇有些"死谏"的决心，大抵是学着林则徐"岂因祸福避趋之"的路子。要知道，"不忠贞怎么叫烈女"，曾国藩就等着皇帝龙颜大怒呢。

其实，咸丰帝此时正处于无比烦心的时候，他之所以对曾国藩的建言弃而不问：一方面是广西的那些事已把他搅到心神不安，根本顾不上推行自己的新政；另一方面也是时事通行的法则，即说总比做容易，落实起来却没有说得这么轻松。

咸丰帝收到曾国藩的奏折后气得脸色铁青，狠狠地把奏折往地上一扔："军机大臣在哪里？拟旨，朕要好好地办一下这个不知天高地厚的家伙。"

军机大臣们一听赶紧上前解劝，说曾国藩固然不识好歹，但"求言求贤"是皇上您亲自发起的，如果因此治罪，只怕会寒了大伙儿的心。

咸丰帝想了想也有道理，于是他强压火气写了一份口气温婉的谕旨，算是把曾国藩给打发掉了。不过，咸丰帝不会料到，就是他当时这么手下一留情，若干年后竟然会换得一个梦寐以求的可用之大材。

就这样，已经做好杀头进班房准备的曾国藩逃得一劫，但皇帝的谕旨没有带给他更大希望，而且眼瞅着不治罪已经是高恩厚德，如果再往枪口上撞那就是给脸不要脸了。

曾国藩只好停止进言，专心做他的学问。当时，在京朝官分为两种：一种是参与时政的，一种是讲求学问的。曾国藩倒也想参与时政，可事与愿违，如今就只能跟学问死磕了。

在京期间，曾国藩曾拜名噪一时的理学大师倭仁为师。倭仁以操守著称，他像穆彰阿一样长期担任科举考试的主考官，门生弟子多如牛毛，但从不借此徇私。如果有人要向倭仁请教学问，他会言无不尽的什么都讲，就怕听不懂，但若要想请他帮忙走后门、托关系，那还是免开尊口为好。

倭仁的官做得不小，但生活上则是能节俭就节俭。他有一件冬天穿的狐裘，皮革已破损外露，但仍然不买新的，仅仅在外面打个补丁，能凑合就凑合。

倭仁也从不收礼送礼。他有一个亲戚在地方上做官，估计捡到的是个外放的肥缺，到北京来看望他时一出手便送其一千两银子。倭仁说什么也不肯要，说亲戚之间礼尚往来本来应该，可现在都做着官——官有官德，别说一千两银子，就是一两银子也不能收。

这个亲戚还要坚持。倭仁便说一定要送的话，就准备拿这些银子去开一个粥厂，也好给贫民提供食物，这样倒是个两全其美的好事。

这个亲戚不愿一千两银子拿去做慈善，只好红着脸走了。

倭仁做这些并非表面功夫，那都是他长期自我修养、自我要求的结果。因此，曾国藩对倭仁很是佩服，他觉得身处末世要改变世风日下的状态，就得有这么一股劲头。

镇山之宝

为什么倭仁能够达到那么高的境界呢？原来倭仁有写日记的习惯，每天写每天记，白天的每一件事甚至是一个念头都不放过，然后再对照理学的道德标准进行自我警醒。

曾国藩照这个方法苦修，可他也是个吃五谷杂粮的凡人，平时也会骄傲，也会冲动，包括看到漂亮女人也免不了会偷着瞄上几眼，而这些都是事后必须反省的"罪过"。

曾国藩把日记送交倭仁批阅。倭仁看过之后，用一种异样的目光打量着他："老弟，你要想上个境界就得脱胎换骨，重换一个人啊！"曾国藩赧然汗下，无地自容。

除倭仁外，曾国藩还曾拜另一位以学问见长的理学大家唐鉴为师。倭仁、唐鉴虽然学问深厚，但事功方面都没有做出什么让人刮目相看的成就，这缘于他们或只注重自我精神修炼，或只专治古学，不问时事。曾国藩则不一样，"青出于蓝而胜于蓝"，他虽然暂时无能力参与时政，但始终没有忘记审察大势和研究国计民生。例如，唐鉴告诉曾国藩，为学有三个门径，曰"义理、考核、文章"，此外还有一个是经济之学——相当于陶澍、林则徐、魏源等人研究过的实学。当时，实学还被包括在义理里面，算不上一个大门径。曾国藩的创新之处在于把经济单独列了出来，使实学走向经世实学，成为他继理学精神之外赖以开创事业的另一镇山之宝。

学术之目的在于致用。至此，曾国藩已经完全具备了能力，只等命运的召唤。

1852年7月，四十二岁的曾国藩被钦点为江西乡试正主考。自离乡赴京，曾国藩已经十四年没有回去湖南老家了，于是他向皇帝告假，请求在乡试结束后能让他顺道回老家探望父母。

9月，尚未归家的曾国藩忽然听到了母亲病逝的噩耗，这让他既吃惊又悲痛，急忙穿上孝服乘小舟溯江而上。

在路上，曾国藩就知道了太平军进入湖南境内，并正在围攻省城长沙的消息。这样，曾国藩回老家的心情更加迫切，一个月后他终于风尘仆仆地回到老家湖南湘乡，并为母亲举办了丧事。

这时，整个湖南的气氛都异常紧张。自大清国建国以来，包括两湖地区的内地已保持了两百多年的和平期，人们从没有看到过这样兵荒马乱的景象，一时谣言四起，恐怖情绪到处蔓延。尽管太平军还未能攻破长沙，湘乡周围也未见到过太平军的影子，但扶老携幼以逃兵灾的人家仍随处可见。

这时，曾国藩需要在家乡为母亲守孝（当时惯例，母亲死在父亲前面，守孝期为一年），而其坚持不懈苦修也使他得以在外界一片纷扰的情况下仍能做到镇静从容、处变不惊。

曾国藩能在乱世中沉得住气，自然是非同一般人，加之又是有名的达官学者，凭借声望也能压得住阵脚。其时，正值湘乡成立团练，当地县令和曾国藩的一些师友便都盛邀他出来主持，但被其婉言谢绝了。

曾国藩除了一心守孝外，他对能不能办好团练也没把握，毕竟纸上谈兵和真正的行军作战不是一码事。

可是，团练这件事似乎盯上了曾国藩，第二年，咸丰帝亲自下旨了。1853年1月21日，曾国藩接到咸丰帝谕旨，任命他为湖南帮练大臣，要求他到长沙协助督办团练，以便"搜查土匪"。

皇帝的谕旨让曾国藩很为难，因为这意味着他必须离家。当初，曾国藩在听到母亲病逝时，他就认为是自己修养不够，有虚名而无实学，才没能给母亲带来应有的福祉，而现在守孝期未满（才两三个月）便要脱去孝服离家远去，于人于己都无法交代。

其时，太平军已经离开长沙转往湖北。曾国藩认为，太平军既然拿不下长沙，要攻打其他城市自然也不容易，或许过不了多久便能被官军一举剿灭，况且他只是一个文臣，未习兵事。

咸丰帝尽管在谕旨上希望曾国藩一定要尽力，"不负委任"，但曾国藩还是写了封上疏恳请让他继续在家守孝。不过，曾国藩的上疏写好尚未发出，一个惊人的消息传来——太平军攻破了武昌！

湘　军

原来，官军守住长沙不过是个偶然，而太平军已经强大到了可以攻城拔寨的程度了。曾国藩犹豫起来，守孝固然重要，可如果哪一天让太平军夺得天下，他这个前礼部侍郎是否还能好好地待在家里都难说，恐怕到时候连给自己守孝的人都找不到了。

曾国藩的踌躇不决把很多人都给急坏了，其中也包括他的一些至交好友，这些人纷纷上门来对其进行规劝。曾国藩嗫嚅着说守孝不出是古法，好友们皆不以为然："古法，那也不必拘泥，而且你素来有澄清天下之志，现在不乘时而出，对得起皇帝的托付吗？"

为了打消曾国藩关于不孝的顾虑，他们还翻出典故进行劝说，指出春秋战国时就有先例，遇到战事危急时照样穿着丧服行军打仗——要说古法，这也是古法。

经过整整四天的痛苦取舍，曾国藩终于决定迈出家门，踏出他人生中最重要的一步。

1853年1月25日，曾国藩来到长沙，他是不去不知道，去了之后才发现不得了——太平军虽然走了，却把湖南的火给点了起来。在太平军的影响下，长沙周围全是揭竿而起的会党，什么串子、红黑、边钱、香会，名目繁多，数不胜数，且隐隐然已有燎原之势。

在咸丰帝的谕旨中，团练的用途只是用来"搜查土匪"，如放哨、报信之类的，真正剿匪的主力是驻长沙的绿营官军，但是这些官军根本就不中用。

在太平军撤围北上后，绿营中的精锐已去追击太平军，剩下来的都是一些成事不足、败事有余的兵痞子。他们去剿匪，动不动就说打了胜仗，擒斩多少多少人，实际是见了对方就跑，或者最多端端花架子，用火炮、鸟枪远远地放那么几下，打得着打不着全没人管。

曾国藩调查了一下，在这么多剿匪战事中竟然从没有短兵相接的例子，也就是说兵勇们根本不敢进行白刃肉搏。

除了缺乏勇气，当然也与兵痞们平时不训练有关，所谓"无胆无艺"。在绿营中，这还不是个别现象。例如，周天爵有一次要从广西省城带两百名兵勇去和太平军作战，其中一百人到了半路上就赖在地上不肯走，另一百人在路上哇哇大哭起来。

周天爵以为这些兵勇到了真正的战场上会好一些，不料去了之后更让他哭笑不得：一百人有如见到秃鹰的小麻雀，一百人仿佛裹足之羊，反正都像被孙行者施了定身法，就没一个敢上去拼杀的。

已近八十高龄的周天爵气炸胸膛，上去用刀砍了两个，又用箭射了两个，还是无人敢跟着他往前冲。周天爵无可奈何，只好说了一句："你们这些熊兵可真厉害，算是让我知道了什么叫'撼山易，撼岳家军难'。"

显然，靠兵痞们是难以成事的。曾国藩决定改弦更张，独辟蹊径，用勇军来剿匪。

征得咸丰帝同意，曾国藩从罗泽南所编练的团练中进行挑选，再在湖南各地增募勇丁，着手建立了一支勇军，这就是日后名震天下的湘军，也称湘勇。至1853年7月下旬，湘勇人数已达四千多人。

湘勇出自团练，但它在战斗力方面完全按正规野战部队的标准来要求。在湘军成立之初，曾国藩便亲自在长沙城对其进行了集中训练和管理。

曾国藩没有当过一天兵勇，他之所以能练出一支不同凡响的军队，是因为拜了一个好老师——明朝名将戚继光。

戚继光生前留下两本兵书——《练兵实纪》和《纪效新书》，其中详细记录了他的"戚氏练兵法"。这两本兵书里讲的是原原本本的练兵方法，而且讲的都是新的兵法，所以一为"实纪"一为"新书"。

曾国藩读了这两本兵书后激动不已的是，当年的戚继光也遇到了和他一样的麻烦，说是要统兵打仗，可手下全是一群"扶不起的阿斗"，只好重新选兵并形成了一个独特的选兵标准。

例如，由于孬兵们很多是城市里的游手好闲之辈，戚继光就选用农村里老实巴交的庄稼汉。又如，孬兵们平时能摆出个花架子，打仗时却一无所能，说明战场之上胆量比架势更重要，只有够胆敢往刀枪剑戟中冲的才能称为好兵。

这种标准太符合曾国藩的想法了，于是他照单全收。

"戚氏练兵法"

戚继光与别人不同的是，他不喜欢太聪明的士兵，当然也不能太笨了，简单来说就是你得服从命令听指挥，说前就必须向前，说后就必须向后，只准老老实实，不许乱说乱动。

曾国藩从书上看到：当年，戚继光练就的军队开赴边关，曾在入城前遇到一次突如其来的大暴雨。在没有接到入城命令之前，所有官兵全都站在城外，而且笔挺地站了一天。

"好，兵就得练成这种样子。"曾国藩心想。

戚继光的实在作风一以贯之，最烦表演花架子，并认为"打仗，是杀人的勾当，不是供别人欣赏的。刀剑舞得天花乱坠，动作摆得光怪陆离，有什么用呢？不过是戏剧套路罢了"。

戚继光讲究的是兵种配合，官兵分工十分明确。一般而言，在戚继光的军队里，动作敏捷的士兵拿藤牌，性格稳重的士兵拿大毛竹制成的狼筅，这两种都是胆子不算大的，是防守兵。胆子大的归入进攻兵，其中有人持长枪，有人挥短刀。总之，谁属什么兵，拿什么武器，就专练哪种作战方式及其武器，哪怕只掌握一招半式，也务必把它发挥到极致。

这一点让曾国藩深受启发，他从此非常注重军队中冷热兵器的搭配比例，尽量使火炮、鸟枪和大刀、长矛都能发挥各自的长处。

除了作战兵外，曾国藩还专门设立了一种被称作"长夫"的辎重兵，一方面提高了部队的供应效率，另一方面最大限度地避免了拉夫等扰民现象。

不过，戚继光的兵法也有让曾国藩犯难的地方，就是难以操作。

俗话说，"既要马儿跑，就不能不让马儿去吃草"。兵勇也都是人生父母养的，如果没有回报，凭什么要别人把脑袋拴在裤腰带上去拼命。

清末的官军，无论八旗还是绿营，待遇都不理想。八旗兵的薪俸固然比绿营兵要高，但其标准一直未变，到了道咸年间随着物价上涨，那点薪俸就不足以养家糊口了。八旗如此，绿营自然更不用提了，有的拖家带口的士兵实在维持不了生计，只能兼点小生意，有的甚至业余去打短工。

对照明朝的情形，当时普通官军的薪俸也很低，他们有理由不拼命，而戚家军的薪俸很高，就没有理由不拼命。曾国藩不是书呆子，他便照着戚继光的办法在湘军里实行了厚饷制度。湘军勇丁大多来自青壮年农民，没有家室之累，而他们拿到的饷银则是在家种田的三四倍，生活上自然没有什么问题。

曾国藩犯难的地方在于，湘军作为团练武装并非正规军，朝廷不提供军饷，只能由士绅捐募。捐募，就与和尚化缘一样有一搭没一搭，遇到一时化不到就不好办了。

曾国藩绞尽脑汁设计了一招，他先发一半饷银，到被遣散或请假回家时再一起发，如果自己跑掉则另一半就没有了。此招一出，除非出手赶，谁也不甘心留下一半饷银就走人。

对戚氏练兵法，曾国藩是既有继承又有创新，其中一个重要方面就是加入了"精神训练法"。

在绿营八旗中，武官们的收入比士兵高，但又远远比不上文官，于是只能靠山吃山靠水吃水，他们在军队里面吃空额、克扣兵饷，在社会上则直接进行勒索和受贿。这一点，就连关天培指挥下的广东水师都概莫能外，甚至在鸦片战争前都照样接受鸦片商私下送给他们的"陋规"，所以林则徐曾为此再三叹息："虽诸葛武侯来，亦只是束手无策。"

在曾国藩数年以来所观察过的军营之中，自守备以上的军官几乎没有一个是清白的，皆"丧尽天良"。曾国藩对此痛恨无比，为了转变这种风气，他搬出了倭仁的法宝。

在湘军营官中，有一半以上是富有"忠义血性"的湘籍儒生，但理学中"忠君报国"的思想和精神使得这些人印象中手无缚鸡之力的读书人爆发出了超常的勇气，在打仗时能够奋不顾身、舍生忘死，不打仗时还能在军营中探讨钻研学问甚至著书立说。

不过，一般士兵当然领会不了如此深奥的东西。曾国藩的办法是将为人处世的道理和军队纪律浅显化，编成大白话一样的韵文让士兵们背诵和遵守。

经过戚氏练兵法和"精神训练法"双重武装，湘军逐渐成形。看到训练已初步取得成效，曾国藩便让湘军出马"剿灭土匪"，与此同时"搜查土匪"的任务则被移交给当地团练负责。

湘军果然比绿营强，他们在对付长沙周边的土匪时表现得绰绰有余。

衙门也是一条食物链

在组建湘军之初，曾国藩就认识到，湖南治安如此恶化，社会如此混乱，在于太平军起到了示范作用。

一方面，人人都知道造反要杀头——谁不怕杀头呢——可是看到造反的太平军不仅没有被杀头，相反还差点攻下长沙，于是一些蠢蠢欲动的人的胆子也就跟着大了起来。另一方面，自从太平军冲击长沙后，从前威风八面的官吏们个个像霜打了的茄子一样，平时多一事不如少一事，就怕在乱世之中惹祸上身性命不保，他们的不作为使得法纪逐渐变得废弛不堪。

曾国藩担心的是，一旦省城的"无赖之民"与周边的会党里应外合，将对长沙形成致命威胁。于是，曾国藩决定"乱世用重典"——面对乱局乱世，严刑峻法，换句话说就是"要么忍，要么残忍"。

曾国藩随后在长沙城设立审案局，不管是会党还是盗贼，也不管是想造反还是要劫财，一见就抓，抓住就审，审定就杀，一点不客气。

从1853年7月起，仅仅几个月时间里，曾国藩所主持的长沙审案局就处死了一百多人。因此，曾国藩被赠送了一顶酷吏的帽子，于是"曾剃头""曾屠户"的名号不胫而走。

曾国藩的大开杀戒，对于老实本分的普通百姓来讲未尝不是件好事，至少以后出门不用再胆战心惊了，再加上湘军的反复"剿匪"，不仅已经发动的各类起义被一一扑灭，即便是正在酝酿的也胎死腹中，使得湖南由此"欣欣乡治"，社会秩序重新趋于稳定。

其实，曾国藩真正得罪的恰恰是长沙的各级官吏。

审案、断案甚至处决人犯，本是按察使的职责，人家才是负责刑名的官员，不管之前其如何明哲保身，如何睁一只眼闭一只眼，但这毕竟属于其权限范围。如今，长沙的按察使还没被朝廷撤职，倒先让曾国藩的审案局给架空了，于是他们自然不会高兴。

实际上，衙门也是一条食物链，而且向来比别的食物链更见不得光，里面不光是按察使，大小胥吏全都指着它收取"陋规"。曾国藩完全不顾衙门"起码规矩"的做法，自然惹得骂声一片。

湖南巡抚张亮基是原先出面向曾国藩传达咸丰帝旨意，同时也是向他发出邀请函的官员。张亮基与曾国藩虽是初次相识，但关系十分融洽，若是他在的话不管什么情况下都可以从中协调，可惜好景不长张亮基被调任湖广总督去湖北收拾残局了。

骆秉章接替湖南巡抚一职，但骆跟曾国藩没有交情，又是个久历官场的老油条，他刚刚到任很难说会为一个曾国藩而不顾及其他官员的情绪，再说这湖南官场到底还是姓骆的而不是姓曾的做主。

糟糕的是，曾国藩似乎还没有意识到危险，他仍在继续得罪人。

当初太平军围攻长沙，朝廷从各省调集数万兵勇，以后除了大部分尾追太平军而去以外，尚留了部分散勇下来。这些兵痞经常三五成群在湘江上拦截民船，以勒索财物，从来没人敢管，使得湘江之上几乎断了交通。曾国藩闻讯之后立即出令抓捕，审讯后将其中的三名四川兵斩首示众，一时风纪肃然，江上交通畅行无阻。

散勇属于绿营，这回把兵也给惹翻了，双方由此结下了梁子。

其时，曾国藩在练湘军的同时还想练绿营，倒不是他对绿营又有了好感，而是想通过这种方式改变绿营军纪废弛、四处扰民的状态——就算不能打仗，也不要拖后腿。

可是，这无异于踩了别人的尾巴。在长沙的官吏们看来，如何训练和指挥绿营，该操心的是提督，连巡抚都不予过问，就算绿营再差劲，又碍着你曾某什么事呢？换句话说，曾国藩明摆着就是狗拿耗子多管闲事——手也伸得太长了！

"庙小妖风大"

湘军每天都要进行长达八个小时的军事训练，每个月还要组织两次会操兼训话。当时，曾国藩传令绿营就在这两天内与湘军一起出操。

湘军天天都要接受训练，早已习以为常，但懒散惯了的绿营兵哪里受得了。绿营平时的所谓出操，不过是随随便便地比画几下走个过场而已，更有甚者连这都觉得烦，宁愿花钱找个人代替，然后自己去睡大觉、下馆子、逛妓院。

会操的那两天偏偏烈日炎炎，天不亮就要出操，一天下来汗流浃背，以至绿营官兵们全都叫苦不迭。

对绿营官兵来说，陪着练几下也就算了，最讨厌的是还要聆听训话。曾国藩在上面讲要吃苦耐劳、遵守军纪、精忠报国，底下的绿营官兵都恨不得冲上去扇他两耳光——"老子们当兵是为了吃粮赚钱，什么国不国的，尽胡说八道"。

绿营的副将清德带头不听约束。会操时，正值清德的小妾过生日，他大发请柬并命令五十多个士兵给他操办酒席。众人心领神会，便都以病假为由拒绝参加会操。正待大发宏论的曾国藩往底下一瞧，绿营士兵稀稀落落，问明缘由才知道是清德从中作祟，不由大怒："不把这股歪风打下去，我的'曾'字就得倒过来写！"

曾国藩的便利之处是有直接给皇帝上折子的特权。于是，曾国藩一查清德的档案，发现此人劣迹斑斑：在长沙被围时，别人都上了前线，唯有他换了便装躲在民房里连大气也不敢出一口，而且他的一大嗜好是养花，出去打仗时军备事务一概不知如同泥塑木偶一般，但有件事一定忘不了——买花运回家。

证据确凿，曾国藩以"性耽安逸、不理营务"之罪，狠狠参了清德一本。

就这样，曾国藩要参劾清德的事很快传到了清德的耳朵里。清德又急又恨，赶紧跑到刚刚回省的提督鲍起豹处喊冤告状："天气这么热，坐家里都能出一身汗，何况顶着毒辣辣的太阳出操。这是在虐待士卒，不把我们绿营当人看啊。"

鲍起豹哼了一声。清德发现有门，赶紧再敲边鼓："纵使我体恤士卒有错，但我是大人您的副将，他'曾剃头'有什么权利说参就参呢？"

鲍起豹的脸色渐渐变了。接下来，清德的一句话终于让鲍起豹再也按捺不住："长沙居民只知有帮练大臣曾国藩，不知有提督鲍起豹。"

"你不过是个搞搞团练的文官，懂得什么军事？现在竟然庙小妖风大，公然欺负到老爷我头上来了。"鲍起豹心想。

于是，鲍起豹当下发布命令："盛夏操练，实为虐待士兵，不仅不参加会操无罪，今后谁要胆敢私自参加，还要军棍伺候！"

鲍起豹的这道命令原本荒谬绝伦，但在湖南官场却赢得了一片掌声和喝彩。这里面的人当然少不了按察使和他手下的大小胥吏，他们正愁没人给他们出头，现在提督鲍起豹站了出来，双方立即"王八看绿豆——对上了眼"。

就这样，舆论完全站到了鲍起豹一边，与曾国藩成了对立面，不仅说他凶狠残暴，杀人如麻，还说他爱出风头，凭着一点老资格就管东管西，随便插手。

绿营官兵有了舆论支持，他们变得有恃无恐，会操自然是不去了；不仅如此，他们还常常在街上对碰到的湘军兵勇进行袭击辱骂，连曾国藩的弟弟都无缘无故挨了打。

湘军平常也看不惯这些绿营兵，一次看到几个提标兵在喝酒赌博打架，就上前秉公说了几句。所谓提标兵，乃提督鲍起豹的亲兵，他们一向目空一切，别说训了，就是多看几眼，没准也能挥舞拳头。双方发生了械斗，但提标兵吃了亏，回去后又搬了一大群救兵，要找和他们打架的湘军算账。

提标兵找不到人，他们就围住曾国藩，让他交出"打人凶手"。曾国藩对绿营内斗的热情很是吃惊，心想："有这股劲头，你们为什么不用在'剿匪'或追击太平军上？"

曾国藩想到这样斗来斗去将没完没了，而且绿营的军纪败坏也将影响省城治安，于是他给提督鲍起豹写了封信，请他抓一抓绿营的军纪。

按照曾国藩的意思，他是要鲍起豹在绿营军营内对违纪者进行惩治，但鲍起豹却来了个绝的——"行，你既然这么惦记他们，我这就给你送过来"。

鲍起豹把几个涉事的提标兵绳捆索绑后送到了曾国藩的公馆。这招可太毒了，不仅让曾国藩下不来台，也因此激怒了绿营士兵。绿营兵向来"勇于私斗，怯于外战"，一听还有这事，都冲动起来。在绿营兵看来，他们认为，"这个'曾剃头'太过分了，我们问他要人，他居然还把我们的兄弟给捆了"。

这边曾国藩正不知道该拿捆来的提标兵怎么办才好，正在犹豫不决之时，他的公馆便遭到了绿营的围攻。

"惹不起，还躲得起"

对于绿营满城鼓噪的声音，长沙的文武百官其实都听到了，但他们一个个紧闭大门装聋作哑。曾国藩在长沙的公馆原先是巡抚官署的一部分，新任湖南巡抚骆秉章的住所与曾公馆不过一墙之隔，这么大的动静他哪里会听不见，可他就是钻在里面不出来，更不要说制止了。

事到如今，曾国藩也不能"装孙子"，他想着绿营士兵胆子再大也不敢冲进公馆，便走到堂前欲派人与包围者进行交涉。可是，曾国藩想错了，要知道绿营的一大特色就是无组织、无纪律，以下犯上之风盛行，只要这些士兵一冲动起来，"哪管你是不是朝廷大员，这里老子说了算"。

未等曾国藩开口，绿营士兵们已经冲进公馆，并且二话不说就动起刀枪，以致曾国藩的一个亲兵被刺伤，他自己也险些中招。眼见事态已不可收拾，曾国藩不得不向邻近的巡抚骆秉章求救。

听见曾国藩在门外喊救命，骆秉章这才装出一脸惊讶的表情走出门来替曾国藩解围，他亲自给那几个被捆的提标兵松绑，又说了一大堆赔礼道歉的话。这样，绿营士兵不仅没有受到怪罪或处罚，还得了这么大一个面子，自然得意扬扬地撤兵回营。然而，整件事情最后只苦了一个曾国藩，因为骆秉章从头到尾都没有上前安慰一句，似乎曾国藩才是肇事的元凶。

当然，不单是骆秉章，得知消息后的长沙官员从大到小没有一个同情曾国藩，全都是幸灾乐祸地认为他咎由自取。对于长沙官场的态度，曾国藩的部下和幕僚们都看不下去了，纷纷劝他上折告御状。

曾国藩叹了口气："时势危急，我们这些做臣子的不能平定内乱，怎么还敢拿这种事去让皇上烦心呢？"

曾国藩终于想明白了，因为他破坏了官场的"游戏规则"，所以早已成为众矢之的，以致长沙城里的所有官员都和他成了敌人，只要他待在这里一天就得斗上一天。

当然，曾国藩可以写折子给皇帝，可是其他官员同样也会，至少巡抚就有上奏权，所谓"众口铄金，积毁销骨"，真的打起笔墨官司来则未必会赢。

俗话说，"惹不起，还躲得起"。1853 年 9 月 29 日，曾国藩率湘军转驻衡阳。衡阳是曾国藩的祖籍，也是他夫人的故乡，此地人文鼎盛，风景不殊。常言说得好，"心随境转"。对于烦恼而言，远离也许是最好的办法。

曾国藩完全抛开了长沙城里那种郁闷而憋屈的情绪，而从此以后他们腐败也罢，庸碌也罢，妒才也罢，都将与他无关了。

在衡阳，除继续加强陆师训练外，曾国藩开始重点筹建湘军水师。此时，"剿匪"已经结束，湘军必须和真正的对手太平军进行硬碰硬的较量。太平军的陆师固然狠辣，但这时最让各省官军叫苦不迭的还是太平军的水营。

水营系太平军自广西攻入湖南后所创建，前后拥有万艘由民船改造的战船，所到之处"帆幔蔽江，衔尾数千里"，黑压压都看不到头。太平军有了水营，得以完全控制长江水面，以致长江沿岸官军所控制的城池都成了太平军的案上鱼肉——想吃哪一块就吃哪一块，而守军则猝不及防，毫无抵御的办法。

显然，曾国藩今后要想与太平军分个高下以肃清东南，拥有足以与其抗衡的水师是基本条件，但是这个活儿起初着实难倒了曾国藩。

以前说建立陆师不容易，现在看来还算简单的，只要像戚继光在书里讲的那样，招一批不怕死的人，再发上鸟枪和刀矛，训练一下就能凑合了。但是，水师不行，这完全是一项庞大的再建工程，涉及技术瓶颈、经费筹措、水勇募练，可以说任何一项都没有先例可循，而任何一项也都足以使主持者烦恼到生不如死，其艰难程度可以用曾国藩自己的比喻来形容——"像蚊子去背起大山，如虫子去渡过大河"。

可是，曾国藩没有退路，哪怕是"精卫填海、杜鹃泣血"，也得一桩桩、一件件予以解决。

首先得有战船。真正的战船是什么样，没人见过，而在两湖地区就从来没有战船的影子，也没有一兵一卒曾服役于水师。翻书，书里也没现成答案，因中国人打仗大多在陆地，除了难得一见的三国的赤壁大战，有关战船的记述更是很少。

曾国藩的脑子里没有战船的准确概念，一开始他甚至想用木排来予以代替。按照曾国藩的想法，木排容易，伐一排木头编一起就行了，而且这东西又轻便又灵巧，况且太平军的战船高，看不到木排，船炮只能仰射，又打不着木排，如此多好。

可是，等一试验，发现完全不是这么回事：太平军的战船根本就不用打炮，光挤就能把木排给挤没了，更挠头的是木排很难逆水而上，更不用说以后去南京了。

皇天不负苦心人

战船没法省略。曾国藩日思夜想，突然找到了灵感：两湖地区有龙舟比赛，节日的时候飞舟竞渡，煞是快捷好看，能不能仿造龙舟制造战船呢？

为了编练水师，曾国藩此前特地向广东地区的能工巧匠发出了征集令。当"龙舟版战船"正要动工时，工匠们到了后却一听就笑了起来，说真正的战船哪是这种样子的。

在广东，共有两类三种战船样式。

第一类是长龙和快蟹，此为大船类型。它们拥有庞大的船身，往水面一放，威风凛凛。但是，"快蟹"二字得拆开来讲，概言之，它们像"蟹"一样的慢慢腾腾，却唯独少一个"快"字。

第二类是小舢板，此为小船类型。鸦片战争时期，英军兵临南京城下所用的登陆舟就是小舢板，特点是个头小，但移动灵活，行动迅速。

戚继光曾说，打仗非同儿戏，不是你杀人，就是人杀你，玩花样最后很可能先玩死的就是自己。于是，曾国藩马上放弃了他的"龙舟计划"，让造船工匠按照广东战船样式动工。

皇天不负苦心人，战船终于如愿试造成功了。鉴于两类战船一快一慢，在实际演练和作战中，曾国藩便将它们的优点予以互补，配合起来使用。

有船，没有炮不行。中国是能自行制造火炮的，只是一个鸦片战争把自产火炮的老底儿完全揭穿。曾国藩要炮，但他不能要这类土炮，得要好炮。当时广东可进口西洋炮，曾国藩就"师夷长技"，花大价钱托叶名琛在广东进行购买。

截至1854年2月，湘军共打造出三百六十一艘战船，其中既有长龙、快蟹和小舢板，也有购买并改造为战船的民船，但令人称羡的是都装配了大量洋炮，其火力不容小觑。

炮船齐了，还得有水勇。衡阳靠近湘江，会水的人很多，要招水勇则人有一大把，但曾国藩不敢就近招纳。原因在于衡阳会党的势力很大，但曾国藩最不喜欢这类会党，他生怕一个不小心让会党混进来，关键时候对自己反戈一击。

曾国藩决定从老家湘乡招纳水勇。湘乡是山区，好多人都是旱鸭子，熟悉水性的人很少，要做水勇还得先从游泳抓起。不过，曾国藩认为这个不难，一天不会就一周，一周不会就一月，人可靠才是关键。

最困难的还是钱。湘军陆师的粮饷，主要靠劝募士绅来维持，但比之于陆师，水师简直是一只吞钱的老虎，仅筹备炮船、招募水勇就需要十余万两银子。

为了弄到钱，曾国藩到处打听，只要哪里有银子的气味儿，觍着脸也得凑上去闻上一闻。当时，南方各省尚被清政府控制在手里，但有财源的只有一个地方，那就是广东。曾国藩得知广东解往江南大营的十余万两饷银将经过长沙，赶紧向咸丰帝上折子，要求截留四万两饷银作为组建水师专用。

咸丰帝也知道长江上没有水师之弊，便马上予以批准，同时随后又下令给湖南藩库也就是湖南地方财政，要求掏三万两银子给曾国藩。曾国藩有了这七万两银子打底，再东挪西凑，总算解了燃眉之急。

到1854年2月，经过近半年的操练，湘军从体量和能力都完成了一个升级，已拥有水陆两师共二十个营，一万七千人。

回过头来，曾国藩禁不住要庆幸离开长沙的选择，甚至要感谢那些什么正经事都做不了且又不肯让别人做正经事的庸官俗吏，正是他们的排挤才成就了一支更高水平的军队。

有时候，主动放弃未必就意味着损失，它很可能将是一个崭新的开始。

第七章

当亡不当亡

在曾国藩演练湘军的这一年，外面的世界一天也没有平静过。

咸丰帝好不容易促成的江南、江北两大营，并未能困死甚至攻破南京，反倒是太平天国组织的新一轮进攻让他再次陷入困境。1853 年 5 月 8 日，太平军从扬州出发发动北伐，矛头直指大清帝国的心腹之地。

咸丰帝对此当然不敢掉以轻心，赶紧把北方各省所能调动的绿营八旗都调过来，用于堵截北伐的太平军。但是，还没等咸丰帝完全部署好，另一股太平军于 6 月 3 日又从南京出发，以保障供给为目的开始西征。

咸丰帝顾此失彼，匆忙之下再拨不出多余力量来应付，只得命令南方各省尽力自保。太平军自广西出发，到定都南京，长江沿途省份差不多都已被扫过一遍，以致各省所驻官军少得可怜，哪有什么自保能力。仅仅一周之后，西征的太平军便攻克了长江北岸重镇安庆，随后又继续溯江西上。

6 月 24 日，太平军兵临南昌城下。此前几天，驻守南昌的江西巡抚张芾正在焦急地等待一个人，他相信只有这个人才可以拯救自己并挽救这座城池。

"江青天"

张苻焦急期盼的是一个湖南人，叫江忠源。

江忠源身材高大，据说其像三国时的刘备一样"手垂至膝"，不过早期的江忠源并不像刘备，倒更像汉高祖刘邦年轻时候，"黄赌毒"里面除了不吸鸦片外他占了两个。

那时候，江忠源虽然行为不检，但他有一股难得的豪侠之气。中举后，江忠源赴京会试，对身体不好的友人非常照顾，常常为之寻医问药，当友人病故了他还买来棺木，当作自己的亲人一样帮助处理后事。

江忠源在北京三次参加会试，三次负责护送友人灵柩回原籍，不畏千里跋涉，不怕耽误考期，没有钱了就典当衣物、徒步当车，其古道热肠可谓"前无古人，后无来者"。在湖南学子中，江忠源遂有"侠义儒生"之美称。

其时，已为京官的曾国藩也爱扶困济弱，尤其乐于为人撰写挽联。因此，曾国藩与江忠源被誉为当时京城中"最为难得的两个湖南人"，以至于人们说"只要京城里死了人，江忠源必会帮忙买棺材，曾国藩则必送挽联"。

同为湖南老乡，江忠源有心拜谒曾国藩。可是，"侠义虽可贵，清白价更高"，江忠源既有"黄赌"的恶名，那曾国藩这个道学先生就不想接见了。于是，曾国藩对门卫交代说，"来找我的人'素无赖'，这人是个很流氓的家伙，你替我编两句话给打发了吧"。

门卫便把曾国藩的原话给江忠源照说了一遍。听完后，江忠源承认自己确实曾有"黄赌"的嗜好，也知道今天要拜访的是个讲究人，但是他让门卫给曾国藩捎去一句话："天下岂有拒人改过之曾国藩邪？"

这话让曾国藩很是震惊，知道对方出言不俗，便令门卫让江忠源进来。

江忠源见到已为京官的曾国藩毫不怯场，天下大事侃侃而谈，而且说话时声如洪钟，因为过于激动甚至把茶杯都给打翻了。

对于遇到把茶杯打翻这种尴尬事，左宗棠或许还要巧言掩饰一下，但江忠源没有那么"酸"，他就像没看到一样仍然谈笑风生。

自此，曾国藩、江忠源二人结为至交。当时，大清帝国仍在承平之际，即便闹腾过一段时间的鸦片战争，也像所有的边境冲突一样，这场战争只影响到沿海的几个省份。要知道，长期的和平生活足以使人昏昏，江忠源对此却有先见之明。在交往中，江忠源将自己的想法如实告诉了曾国藩："天下可能将有大乱，有勇气的读书人绝不能袖手旁观，应为平定大乱建功立业。"

旧时，凡是出名的士大夫，若不会点旁门左道，似乎就会让人看不起，如林则徐钻研过星象，曾国藩则是对相面术情有独钟。曾国藩后来曾对别人说，"我这辈子从没见过像江忠源这样的人，太厉害了！京师求如此人才不可得，以后一定会扬名天下"。不过，曾国藩也预言了对方的结局——"江忠源性格刚直豪爽，他如果真像他所说的那样去平定大乱，'终以节烈死'，将会死得很壮烈"。

江忠源的心思完全不在老套的道德文章之中，他攻读四书五经纯粹是为了应付考试，对书里的教化语言丝毫不感兴趣。大概出于这个原因，江忠源在京城八年都没能"更上一层楼"，三次会试都落了榜，失去了成为进士的可能。

当不了进士，还有最后一次机会。自乾隆年间起，吏部在选用官员时采用了一种新的办法，即每六年从会试不中的举人中进行一次选拔，成绩一等的分发各地做知县，成绩二等的授予教职，俗称"大挑"。

这次江忠源总算挤上了"末班车"，名列二等，可以凭教职混碗饭吃了。不过，这碗饭也不是想吃就马上吃得上，必须先在吏部排号。"大挑"，顾名思义，等到若干年后有相应官位腾出来，才可以把这些备选的拿出来大大地挑选一下，至于哪一年挑以及能不能被挑中，就是未知数了。

江忠源不是靠死读书吃饭的，他是靠本事吃饭的。为了不用等吏部漫长的"排号"，江忠源回乡后便招纳子弟，组织乡勇"剿匪"，于是吏部按其战功将他破格录用为知县。在湖南学界，江忠源也开了书生从军的先例。

不过，江忠源这个七品芝麻官的运气不好，他赴任的地方是浙江秀水——当时正在发大水，随后还爆发了抢米风潮。

按大清律法，抢米就是抢劫犯，一般官员的做法都是把抢米的人抓起来按律定罪。但是，江忠源与众不同，他把全县士绅找来让大家捐资赈灾，并亲自写匾赠送。

捐得多的，门口挂一匾，曰"乐善好施"，另外墙上张贴一张告示作为"护身符"，说明"这是好人家，不能抢，抢了一律处死"。不肯捐或捐得太少的，也有匾相赠，曰"为富不仁"。当匾挂上去后，江忠源派专人巡视，不许随便摘下。

如此一来，江忠源"乐善好施"的匾就成了抢手货，士绅们谁也不愿意捧一块"为富不仁"的匾回家。

当然，士绅乐于捐款的前提，还取决于官府不能从中揩油。为此，江忠源将灾民造册，让捐款人按册子直接进行捐助和救济，而官府只是履行监督的义务。

等人心安定后，江忠源再对抢米风潮中抓获的人犯进行处理，除将作恶多端的抢劫惯犯予以处决外，其余人等一律释放。因此，江忠源被秀水的百姓称为"江青天"。

出奇制胜

太平天国运动爆发后，赛尚阿督师广西，有"剿匪"经验的江忠源随军效力。江忠源从跟着自己"剿匪"的乡勇中选出五百人编为一军，因所有勇丁均来自江忠源的家乡湖南新宁，故称"新宁勇"。——这就是湘军中最早的一个支派——楚军，也称"楚勇"。

在官军序列里，江忠源属乌兰泰指挥。乌兰泰很赏识江忠源，把他作为自己的左右手，但乌兰泰本人与向荣不和，两人经常闹矛盾，当然也谈不上什么密切配合。为此，江忠源不知劝了乌兰泰多少次："别再跟同僚怄气了，大敌当前，这样只会坏事。"

乌兰泰却无论如何拗不过这个弯，他认为自己的功劳比向荣大，赛尚阿应更重用自己，但为什么反而要去偏袒向荣，这样不公平。

江忠源调解不成，顿感前景不妙，心想："跟太平军作战本来就没有绝对优势，你们还要窝里斗，能不打败仗吗？"

于是，江忠源便以母亲生病为由告退回家了。

当官军包围永安时，江忠源听说向荣要"以追为剿"，意识到这是个馊得不能再馊的主意，赶紧派人送信给向荣——"只要继续深沟高垒，等到太平军一旦粮尽援绝，便可以将其困死在城里"。

向荣却偏要摆噱头给赛尚阿和乌兰泰看，弄了一个什么妙计歼敌。结果，正如江忠源所言，太平军一旦突围出去便势不可当，并由守转攻反过来包围了广西省城桂林。

听到消息，江忠源坐不住了，他又扩招了千名乡勇率部火速支援。这时，乌兰泰已受伤死于军中，江忠源遂得以独立指挥楚军。

江忠源治军，一方面，可以看到他当学子时古道热肠的一面。作为统兵将领，他关心和体恤士兵，能够同甘共苦，当兵的吃什么他也吃什么，从不搞特殊待遇。另一方面，"江青天"时代的机敏务实也随处可见。每次作战前，江忠源都要深入前线，对地理形势进行一番认真观察，之后举着马鞭告诉部下们，哪里可以诱敌，哪里便于设伏。

在后来的很多次战役中，楚军都并非主力，但由于江忠源善用地形，往往能起到出奇制胜的效果。

桂林一战，江忠源没有到城里去协防，而是大胆地驻军城外，结果三战三捷，迫使太平军撤围而去，令人叹服不已。

不过，真正让江忠源扬名天下的还是蓑衣渡之战。蓑衣渡是湘江上的渡口，位于湘桂两省交界处，过了蓑衣渡很快就可进入湖南。江忠源料定太平军要入湖南，入湖南则必经蓑衣渡，因此他向上司提出要在蓑衣渡伏击太平军。

江忠源的上司早就被太平军打成了惊弓之鸟，正面挡都怕挡不住，哪里还敢搞伏击，便把江忠源的方案一口回绝了。

江忠源不甘心，他亲自到蓑衣渡查看地形，发现此时江水暴涨、水流湍急，战机实在不容错过。于是，江忠源就独自率楚军赶到蓑衣渡，砍伐湘江沿岸树木制作木桩，然后钉入河底，以阻断水路。不过，唯一麻烦的是人不够，楚军只能埋伏在湘江西岸，无法顾及湘江东岸。

几天后，太平军乘坐数百条船到达蓑衣渡，当即被木桩拦住去路。楚军乘机以火炮和火箭攻袭，将太平军压于江中。双方激战两个昼夜，太平军最终找到东岸的空隙，这才登岸冲了出去。

蓑衣渡之战，是清军与太平军作战以来所取得的第一个大胜仗。太平军在这一战中损失了全部辎重粮草，数千精锐的广西老兵战死，最惨的当然还是此前已经受伤的南王冯云山中炮身亡。

在"拜上帝会"的领导人中，冯云山算是"天父"的三阿哥，也就是说，洪秀全之下就是他。更重要的是，早期教徒大多是靠冯云山发展起来的，"教主"洪秀全不过因人成事而已。更有论者甚至认为，冯云山的死直接关乎后来太平天国的兴衰。

虽然太平军逃离了蓑衣渡，但这一战对其士气打击是如此之大：若不是东王杨秀清坚持己见，洪秀全等人当时就想散伙回家或者转返广西了。

杨秀清说："我们都已经骑上虎背了，还能下得来吗？唯今之计，就是专攻金陵（南京），以后即使不能完全取得天下，起码据其半总还是有的。"

听杨秀清这么一说，众人觉得有道理，遂鼓起勇气继续向湖南挺进，而且很快就杀到了长沙城下。

面对面角逐

当长沙告急的时候，曾国藩还在湘乡守孝，而他当年认为前途无量的江忠源已经赶到了长沙。

此时，长沙的攻守战甚是激烈，但江忠源不看这个，他观察的是长沙城外的地形：一看发现糟了，作为制高点的天心阁被太平军占领了。

鸦片战争以来，据高建立火炮阵地的打法已渐为人知，当然也有无师自通的。按照江忠源素来的军事理论，地利为第一重要，须寸土必争，如桂林之战为什么要驻扎城外，就是要抢一个好地形，而蓑衣渡一战也完全是借了地势的光，否则几千人哪里是几万人的对手。

江忠源立即组织敢死队，与太平军争夺天心阁。

不过，初战虽曾夺得一面大旗，但终究没有能够攻克对方营垒。江忠源既然已认准天心阁是固守长沙的关键，他哪里肯舍弃，索性便挨着太平军扎营。于是，两军大营相距仅数十米，咳嗽一声都听得见，而且还同饮一口水井——在这种情况下，大家都很自觉，没有人敢朝井里下毒或吐口唾沫什么的。

江忠源靠着人贴人的战术一步步进行挤压，终于把太平军的防区挤得越来越小，逐渐变成了背水临城的不利态势。

长沙之战，杨秀清、石达开都参与了指挥。作为太平军前期最出色的将领，他们都很年轻，其时杨秀清三十一岁，石达开才二十一岁，与赛尚阿、向荣这些六七十岁的老人形成明显反差。不过，战场上的淘汰率是最高的，此时那些老人们已经或正在退出舞台，在长沙城外与杨秀清、石达开角逐的是四十岁的江忠源。——四十岁，这是一个男人的黄金年龄，其经验、能力、动力都近于完美。

面对面角逐，年轻的一代并没有能够战胜成熟的一代。经过三个月的围攻，太平军不仅没有找到入城的空隙，还蒙受了较大伤亡——位列太平天国领导层第四把交椅的西王萧朝贵被火炮炸死。

官军固守长沙的把握越来越大，但是城中文武百官仍然不敢松懈，只有江忠源语出惊人："太平军锐气已挫，可能要撤退了。"

当然，江忠源这么说是有依据的。根据江忠源的观察，长沙四面布满官军，只有湘江西岸空虚，现在一部分太平军已经渡江到了西岸，为的就是收割岸上的稻谷以便补充军粮。

这说明什么呢？这说明太平军所携粮草将尽，倘若再攻不下长沙，就一定会撤退。江忠源的想法是，趁太平军撤退时，在他们必经的回龙塘水道设伏，再次复制一个蓑衣渡之战。但是，鉴于太平军力量大大增强，楚军不可能独当其任，因此江忠源希望大家一齐上，他当先锋并全军设伏。

不过，江忠源的计划一出来，除了湖南巡抚表示赞同外，下面诸将都变成了缩头乌龟——谁也不敢到城外去与太平军一决雌雄。

巡抚是一方大员，但聚集长沙的多为外省军队，若是这些军队不愿意去，他也没办法。江忠源见状，决定亲自去湘潭找接替赛尚阿的钦差大臣徐广缙。

徐广缙初来乍到，对前线的情况不了解，何况他也只是个文臣——缺乏江忠源那样的名将眼光，他认为长沙驻军的主力若是出城设伏风险太大。

这也不行那也不行，战机全给浪费得一干二净了。为此，江忠源急得直跺脚，却又无可奈何。

对战场上的风云变幻，江忠源一向算得很准。太平军撤了，而且一丝不差地是沿回龙塘撤走的。长沙诸将闻之愕然，没有敢鼓掌相庆的，并都被这个官职不大但料事如神的江忠源给比了下去——当战机失去时，只有懊悔和沉默的份儿。

事后，有人还怀疑这些将领是收了太平军的贿赂，所以故意纵敌。其中，一名将领只好红着脸辩解道："贼（太平军）都不怕我们，人家凭什么要出钱贿赂我们？"

照例，太平军撤走，官军是要跟着追的。江忠源意冷心灰，打死也不肯再与这些长沙的同僚为伍，而宁愿留在湖南"剿匪"。

不过，江忠源的赫赫战功和过人的军事才华是遮掩不住的。短短几年时间里，江忠源由知县升知府，由知府升巡抚，成为湖南士子中投笔从戎并崛起于官场的第一人。

江西巡抚张芾久闻其名，对于他来说，只有江忠源把守南昌才是最让他放心的。江忠源正奉旨到江南大营报到，途经九江时就接到了张芾的告急文书，他立刻星夜兼程赶往南昌。

"救火队长"

1853 年 6 月 23 日，江忠源率领千余楚军到达南昌，只比太平军早了一天。看到江忠源这个有名的"救火队长"赶到，江西巡抚张芾差点哭出声来。张芾亲手把"王命旗牌"交给江忠源，表示在守卫南昌期间，包括他本人在内，全都服从命令听从江忠源的指挥。

"王命旗牌"是朝廷颁给地方大员用于便宜行事的令牌。这个令牌一交出来，就等于把自己的身家性命交了出来，但是这么一交真是值得，因为江忠源名不虚传。

按照防守长沙的经验，江忠源一到南昌便将城外的民房尽行焚毁，从而使太平军失去了前线隐蔽所。

南昌的百姓起初对太平军还没现身就把民房给烧了怨言四起，第二天却发现还真的非烧不可。太平军从江上登陆后，找不到靠近城墙的堡垒或制高点，只好顺着较远一些的文孝庙修建堡垒，然后用火炮轰击城池，就这样也杀伤了很多守城官兵，若要靠得再近一些，无疑对守城是一个莫大的威胁。

距离限制了火炮的作用，太平军只好提前投入土营。土营是太平军继水营之后组建的第二支特别部队，以加入太平军的煤矿工人为骨干，实际上是一支工程兵部队。土营的任务是实施"穴地攻城法"，即先进行土工作业，挖掘通往对方要塞之下的地道，再用炸药进行爆破，从而为攻坚创造条件。太平军能够攻克武昌、南京，土营厥功至伟，可以说，在冷热兵器混杂的近代战争中，土营几乎就是突破高大城墙的唯一金刚钻。

如何对付土营，江忠源当然早有研究。江忠源采用的是"瓮听法"，其法要点是预先在城内紧靠城墙的地方埋一座大瓮，派人坐在里面专门侦听来自地下的动静，如果有掘土的声音，立刻循声向下对挖，从而破坏对方的地道。

虽然大家都很努力，但总有防不胜防的时候。土营终于得以挖通一条地道并引爆了炸药，导致城墙被炸开数十丈的缺口，然后太平军蜂拥而上。江忠源亲自率部上前格杀将太平军击退，然后用装满泥土的布袋填塞缺口，如是者三，才保得城池不失。

楚军军纪严明，没人敢临阵溜号，但楚军一共也才一千多人，与之配合的绿营则是薄弱环节。江忠源便用楚军来监督绿营，每隔四五个城堞就安排一名楚军士兵，由这名士兵来监督其他绿营兵，如果有人弃城而逃，可以立即斩首。江忠源自己也以身作则，在最易被攻破的一面日夜巡防督战。

此时，远在天京的东王杨秀清始终关注着南昌的攻守。这是自从围攻长沙后，杨秀清与江忠源在战场上的第二次激烈交锋。按照杨秀清的原定计划，在攻取南昌后，太平军将进入湖南，但是此次战役的结果与长沙之战没有什么不同，同样是打了三个月，同样是太平军在蒙受较大伤亡的情况下仍不得其门而入。在挫败面前，杨秀清唯有下令从南昌撤军，并将西征主将赖汉英予以革职问罪。

这一次对峙，江忠源又赢了，他不仅保住了南昌，还保住了湖南。但是，这一战一如长沙之战一样，杨秀清很快就将转败为胜，因为他撤下了一个不太能打仗的，换上了一个特别能打仗的。1853 年 9 月 25 日，翼王石达开到达安庆，接过了安徽方面的西征军务。

在早期亲临前线的太平军将领中，有很多是李逵似的黑旋风，智勇兼备的较少。石达开是一个例外，他在战场上熏陶和锻炼出了不一般的军事素养，有着极深的谋略。在围攻长沙之战中，就是石达开率先想到乘虚而入控制湘江西岸的稻田，从而维持了太平军的军粮补给。

翼王石达开上阵，局面马上不一样了。石达开不是专攻一城而是全面开花，并依靠水营的灵活机动和工营的擅于攻坚，一步步把对手逼上绝路。

关键时候，江忠源所统率的楚军也出现了问题。由于军饷有困难，士兵开始闹饷，有人甚至对江忠源兵戈相向。之后，官兵不是未战先溃，就是哗散还乡，曾以作战英勇而闻名的"新宁勇"终致瓦解。

对此，江忠源痛心不已。江忠源自己总结教训，认为原因"不在勇而在带勇之人"，是营官没配好，而不像湘军的营官大多是"不爱钱，不怕死"的读书人。

症结是找到了，但长江沿岸的形势根本容不得江忠源这个"救火队长"再坐下来从容练兵。江忠源只能把希望寄托在曾国藩身上，然后继续跑东跑西，直到累得吐血。

"江天忽报大星沉"

1853 年 11 月中旬，太平军逼近安徽省会庐州（今安徽合肥）。庐州知府胡元炜向江忠源求救，但是此时江忠源正病倒在床，跟着他的残余楚军由于长期得不到休整补充，也越打越少且战斗力锐减。

胡元炜为了能让江忠源舍命救自己，他在信中撒了个谎，说庐州兵力和粮饷充足，光乡勇就有万人。换句话说，就是庐州兵强马壮，您来了只要动动嘴、想想招儿，太平军就根本不在话下。

江忠源信以为真，遂强撑病体让人用担架抬着上了路。12 月 10 日，已被任命为安徽巡抚的江忠源进入庐州，他去了之后才发现被胡元炜给忽悠了。

江忠源把他带去的楚军加一块儿，全城兵勇一共才三千人，而且庐州城墙低矮、物资缺乏，与胡元炜所说的相去甚远。

江忠源气狠狠地对胡元炜说："你小子既然肚子里有这么多鬼心眼，应该是用脑过度的瘦猴形象才对，怎么会长一身肥肉出来？"胡元炜是个肥嘟嘟的胖子。

当然，骂归骂，既然来了，守还是要守。不过，未等江忠源部署完成，大批太平军已经赶到庐州城下。江忠源带病指挥，他明白此一时彼一时，庐州守军势单力薄，必然难以长久支持，因此急忙写信对外请援。

可是，太平军早就为江忠源准备了围点打援的战术，赴援的兵马来多少被打掉多少，剩下的噤若寒蝉般纷纷裹足不敢向前。陷于孤城中的江忠源不得不继续带病指挥，用守南昌的办法来守庐州，如此艰苦忍耐，又坚持了月余。

在攻城过程中，太平军嗅到了城内的紧张空气，他们立刻派人入城打探动静。令人吃惊的是，曾经厚着脸皮把江忠源拖下水的知府胡元炜，竟然在这个关键时刻发生动摇——他背叛了江忠源，把城内的情况跟太平军一五一十地做了交代。太平军由此了解到城中食物将尽，军火也所剩无几，于是攻势变得更为猛烈。

江忠源对付"穴地攻城"用的是老办法，但太平军土营已通过改进创造了新技术——"你不是会破坏地道吗？好，我这次给你来个双黄蛋"。

土营掘的是双层地道，破坏了上层，还有下层，而且弯弯曲曲的让守军捉摸不透。1854年1月14日晚，上层地道的炸药炸塌了城墙，但派兵抢堵时下层地道再次发生爆炸，导致守城兵勇非死即伤，乱作一团。然后，太平军乘势如潮般涌入庐州城。

眼见大势已去，江忠源欲抽刀自刎，被左右拦下。此时，天还没亮，又起了大雾，有忠心的部下将已负重伤的江忠源背在肩上，欲借机冲出包围。江忠源不愿拖累别人，劝止不住时突然咬住部下的耳朵，趁对方一松劲挣扎了出来，径直跳进一口水塘自杀身亡。

江忠源守城时，曾给咸丰帝上疏言"誓与此城共存亡"。咸丰帝好不容易找到江忠源这么一个将才兼"救火队长"，哪里舍得丢弃，因此破天荒地在奏疏上批示"不必与城共存亡"。

当咸丰帝的圣旨递到，庐州已城破两天了。江忠源死后，他的部下冒着风险重新派人潜入庐州打探，最后从水塘的桥下找到了江忠源的尸体。江忠源的尸体被运回楚军军营时，距其身亡已经过去二十二天，但面目竟仍如生。楚军部卒见之，无不痛哭失声。

曾国藩曾经预言江忠源会"节烈死"，当得知其"投水殉城"后，他写给江忠源的挽联是："百战守三城，章贡尤应千世祀；两年跻八座，江天忽报大星沉。"

"三城"，指江忠源死守过的三座重要城池，即长沙、南昌、庐州。"八座"，指江忠源按军功所得的官衔，从知县到巡抚依次为八级。

就这样，曾国藩失去了一位至交——江忠源。不过，不久之后，曾国藩还将失去一位老师。

曾国藩参加过的考试多，当然老师就多，在那些出名的座师中，除了穆彰阿，尚有吴文镕。

更为巧合的是，吴文镕还曾是江忠源的上司。吴文镕曾出任浙江巡抚，出任之初他就对浙江进行了巡视，一圈看下来发现一省之内就没几个好官，不是贪污受贿，便是无能渎职。吴文镕一口气弹劾了五个不称职的知县，但仍解决不了问题，新的换旧的也不过是一百步与五十步的差距而已。

秀水知县江忠源的出现，让吴文镕眼前一亮。吴文镕从没见过江忠源这么优秀的官员，又清廉又能干，简直无可挑剔。

对一个小小知县，吴文镕却待之如国士，但凡浙江境内赈灾、治盗和水利等一干大事的处理，皆依赖于江忠源在秀水所取得的经验，只需要把它们推广开来而已。

后来，江忠源的父亲去世，他请辞归家奔丧。临行时，吴文镕亲自送行，见江忠源两袖清风，便叹息着说："像江知县这样贤明的人，怎么可以两手空空地回去给父亲办丧事呢？岂不寒了志士之心。"

吴文镕从自己的养廉银中拿出五百两送给江忠源，同时还在赈灾有功人员名单中将江忠源列入第一。

实际上，吴文镕与江忠源一直有书信往来。就在清军在永安围住太平军那一仗中，吴文镕就曾在信中表示，这一战若不能成功就会放虎归山，进入湖南的太平军将不可节制。

关系微妙的搭档

吴文镕有长远眼光，江忠源有战场谋略，可惜他们都无法让时局的车轮跟着自己转。在吴文镕临时调任湖广总督时，长江沿线战场已经风雨飘摇，太平军更是进逼武昌。

这个时候就如何守城，吴文镕和湖北巡抚崇纶产生了分歧。

清代实行督抚制，这是一个很让人纠结的制度。从名义上来看，总督的权力要大过巡抚，但他们之间没有直接的隶属关系，巡抚并非总督的下属，二者都只对皇帝一人负责。

这样一来，总督和巡抚的关系就很微妙。如果二者合得来当然没问题，可以做到齐心协力、优势互补，如广州反英军入城斗争时的徐广缙和叶名琛，可若是合不来就免不了互相扯皮。

吴文镕和崇纶便是一对关系很微妙的搭档。崇纶以武昌缺乏军饷且兵力单薄无法固守为由，主张移营城外进行野战，实际上是想找机会随时开溜。吴文镕则坚持死守待援，与武昌共存亡。

就在吴文镕、崇纶二人争执不下时，太平军已经逼近，想出去也不可能了。吴文镕指挥守城，武昌居然守住了，太平军撤围而去。

但是，这对崇纶来说可真不是什么好消息。崇纶和庐州知府胡元炜是一样的小人，都是"有祸事就躲，有功劳就抢，有能人就妒"的人，而吴文镕的成功毫无疑问地意味着他的失败。

"鸡蛋里挑骨头"是小人常用的招数。崇纶也精通这一招，他向咸丰帝告了吴文镕一状，说吴文镕闭城固守的战术属于守株待兔，不仅没功劳，还因此放跑了太平军。

吴文镕给崇纶这么一诬陷，他的守城功绩大为失色，反倒是崇纶似乎有先见之明——"要早点照我说的去做，野战于武昌之外，太平军怎么会说溜就溜，肯定能予以一举歼灭啊！"

看了崇纶的奏折，咸丰帝也糊涂了，不知道谁说得对。咸丰帝只知道一样，这两督抚在一起不仅不和衷共济，还在相互拆台，那就干脆一拆两半——崇纶守城，吴文镕负责去野战。

收到咸丰帝的旨意后，崇纶幸灾乐祸，天天催着吴文镕出城，但吴文镕一直不肯动身。其实，吴文镕已经发出信件，陆上征调胡林翼的黔勇，水上邀约曾国藩的水师，请这两路人马赶来助战，到时他再率军从武昌杀出，这样野战才有胜利的把握。

吴文镕迟迟不动身，就是想抓紧战场上宝贵的暂停时间继续选拔和训练官兵，同时等待其他水陆两军聚齐。可是，吴文镕的举动在崇纶看来就是怯懦："不敢去了吧，就知道你会这样。说我无能无胆，你倒是表现一下你的英勇气概呀？"

崇纶对吴文镕极尽冷嘲热讽、贬损挖苦之能事，甚至还用"抗旨不遵"来进行威胁和逼迫。吴文镕气愤不已，他说："我受到国家厚恩，难道还会怕死吗？我是在等待一个夹击太平军的最佳时机啊。现在你既然这样说我，'今不及待矣'，我不能再等下去了。"

吴文镕随即亲率数千清军进驻武昌周边的黄州，与太平军相抗。从出城的那一刻，吴文镕实际上就知道黄州一行意味着失败和死亡，但他只能如此。

自吴文镕出发后，崇纶便暗中掣肘，甚至不按时向黄州运送粮草，再加上天气严寒，士气低落，黄州战败不可避免。结果，吴文镕所建的十一座兵营被全部烧毁，他也在最后时刻选择了和老部下江忠源一样的道路——投水自尽。消息传来，崇纶还落井下石报称吴文镕失踪，意思就是并非战死，而更可能是逃跑或投降了。

几个月之后，曾国藩进兵黄州，访问当地百姓，人们都说吴文镕死得很壮烈，很多人还流了眼泪。为了给吴文镕洗清不白之冤，曾国藩据实上奏，而咸丰帝了解实情后十分震怒，当即要下诏将崇纶逮捕治罪。崇纶闻风服毒自尽，也算给了吴文镕一个交代。

江忠源和吴文镕的相继战败自杀，对曾国藩造成了极大的刺激。

江忠源与曾国藩不仅有十多年的交情，他还利用自己不断跃升的政治地位进言咸丰帝，让咸丰帝支持曾国藩扩充水师。可是，当太平军包围庐州，江忠源向曾国藩求救时，曾国藩却仅派了一千陆师赴援，而没有派出至关重要的湘军水师前去解围。

心惊肉跳

吴文镕身为曾国藩的座师，也一直是曾国藩背后的有力支持者。早在吴文镕第一次固守武昌时，他就向曾国藩发出了急速援救的信函。曾国藩不愿意，只是部下踊跃才勉强答应，但一接到太平军撤围的通报，就马上取消了出发的命令。

第二次吴文镕奉旨与太平军决战，又接连写信给曾国藩，要其尽速派水师赴鄂，可曾国藩仍然没有在第一时间派兵赴援黄州。

按常理说，不论是依据世俗人情，还是对照理学标准，曾国藩都不该这样做。可是，曾国藩又不得不这么做，原因就是他没有准备好，尤其水师还处在雏形阶段，其中"快蟹船"只有十艘且连油漆都没干，从广东采购的洋炮还在路上，至于水勇才刚刚开始招募训练。可想而知，若水师以这样的水平仓促出战，难免会输得落花流水。

自出走长沙后，曾国藩再次发挥了他咬牙忍耐的硬功夫。在没有把握取胜的情况下，曾国藩死也不肯拿水师去冒险，以他这样一个把儒家伦理道德奉如圭臬的人来说，可想而知其间需要承受多大的心理压力。

当然，更应该让人感到佩服的还是曾国藩的老师吴文镕。吴文镕被曾国藩说服了，认为曾国藩做得对，反过来还一再告诫对方在水师完成训练之前千万不能轻易出兵。

战死前两天，吴文镕给曾国藩写去一封信。在信中，吴文镕说其是被逼才来到黄州前线的，没有胜利的希望，所以必死无疑，而今后只有靠曾国藩在衡阳训练的部队才有能力跟太平军作战。

吴文镕怕曾国藩念及师生之情不顾一切地前来援救，因此一再叮嘱曾国藩非有把握不得出战。如果一定要二者存一，吴文镕要保全一个人，不是从人伦的角度，而是从国家利益的角度。按照人伦，学生不救老师乃大逆不道，但按照国家利益，学生比老师更重要，因为以后的东南大局全要靠这个学生来支撑了。在吴文镕看来，倘若曾国藩再有不测，他纵使能侥幸活下来，但也挽不回这一之于国家的损失。

对吴文镕生前留下的这些话，曾国藩痛彻于心，"深忧之"，要么不出战，只要出战就必须做到最好，否则他将一无是处。

当南方战事混沌一片时，咸丰帝正在北方面临一场更猛烈的冲击——较之于太平军的西征，北伐无疑更让他心惊肉跳。

太平军的北伐军统兵将领为林凤祥和李开芳。林凤祥、李开芳都是广西武鸣人，有"武鸣双雄"之称，两人都有一身硬功夫，从拳术到骑马射箭无不擅长，在太平军内被尊为"军锋之冠"，乃军中一等一的悍将。

北伐军共有两万之众，论人数远不及西征军，但从广西到南京，他们一直都是先锋部队。换句话说，北伐军都是精锐，尤其这两万人里面还有三千人是广西"老兄弟"，他们大多是"拜上帝会"的信徒且身经百战，更称得上是"精锐中的精锐"。有一种说法认为，正是由于他们资历太老，洪秀全和杨秀清怕控制不住，才索性把他们全部派往了北方前线。

将为一流，兵为一流，可以想象北伐军有多强劲。出征前，林凤祥、李开芳二人得到的指示是不贪图攻城夺地，要速战速决，以便"疾趋燕都"——第一时间进入北京。

咸丰帝自然不能等闲视之，他不断地下旨从北方各省调集军队，但凡关外关内内蒙陕甘能调出来的都被派往了前线。

在南京谈判时，张喜对英国人说，大清帝国的北方军队加起来可达几百万人，那纯粹是拿来蒙洋人的。试想想，如果能养得起这么多北方军队，道光帝、咸丰帝父子还用得着天天苦着个脸吗？事实是，即使在鸦片战争前，绿营八旗加一块儿也只有八十多万人。当然，在当时看来，这也已经是世界上最大规模的常备军了，足足是侵华英军的一百多倍。

如果这八十多万常备军能够一齐上，倒也的确够对手"喝上一壶"的，但问题在于他们中的大多数都分散驻扎于全国各地，平时的职能就是维持治安，每次要想集中起来打仗都不是那么容易的事。以鸦片战争为例，战争期间，全国大约向南方调动了五万一千名士兵，但因为运动速度太慢，这些部队全都没能派上用场。其实，真正派上用场的基本都是离作战地区最近的邻省援军，可就算离得最近的援军也需要三四十天才能到达前线，离得远的则需要九十天甚至更长的时间。

不过，现在清军的对手从英军换成了太平军，应付的难度还不至于如一天一地那么悬殊。等到好不容易凑足人头，咸丰帝即任命讷尔经额为钦差大臣，沿黄河防线对太平军进行堵截。

讷尔经额出身满洲八旗，此前为直隶总督兼文华殿大学士。咸丰帝派他出马，实际上也是延续了大清建国以来的一个惯例，即遇到重大军事活动即以八旗重臣督师，一如之前南下的赛尚阿。

应该说，按照惯例，这么做也并没什么错。例如，乾隆时期的八旗重臣阿桂和福康安，他们都是腹有韬略、战功赫赫的名将。不过，无奈时年不利，一方面是遇到的对手越来越强，另一方面则是八旗中涌现的军政人才越来越少，到道光时期只有一个平定张格尔叛乱的长龄够格，其他如奕山、奕经都快把督师重臣的脸给丢光了。

不过，咸丰帝不甘心，继续举着"旗子"上。可是，在先出了一个赛尚阿之后发现不顶事，但轮到讷尔经额其实也好不了多少。赛尚阿是"文不知兵"，讷尔经额是"素不知兵"，碰上打硬仗的太平军都一样被耍得团团乱转。

当得知林凤祥和李开芳先准备在黄河下游渡河，讷尔经额急急忙忙地赶到下游防堵，但谁知太平军虚晃一枪，又改从黄河中游抢渡，结果在渡过黄河后包围了怀庆府（今河南沁阳）。

所向披靡

太平军之所以看中怀庆府，其原因在于他们通过情报得知怀庆城内居民殷实，而且出产火药兵器，因此志在必夺。不料，怀庆知府余炳焘也是个非常厉害的角色，此人虽是文官，但极具胆略。

当时，驻怀庆城的官军只有三百人，余炳焘另外组织了三千团练兵勇上阵助守。守军借助于城内现成的火药兵器库，在太平军三次轰塌城墙的情况下三次将其击退。

除固守外，余炳焘还先后采用了敢死队出城冲营、水里投毒等各种能想得出的招数，对太平军进行不停顿的袭扰，反正就是死不投降。

最惊险的一次，太平军集中炮火进行轰击，因此怀庆城内燃起大火。就在这时，风向突变，太平军反而被烧死了好些人，使得这座古城在危急时刻又逃过一劫。

如此强悍的太平军主力包围怀庆城五十六天竟不能克，称得上是太平军自北伐以来遇到的最大挫折。在将近两个月的时间里，怀庆城中粮食已尽，饿死的人非常多，但余炳焘因素得民心，所以仍能保证人心不致涣散。

　　林凤祥无奈之下只能改流动速决为持久攻坚，他率部沿城墙挖掘深沟，同时环城筑垒建成木城和土城，准备继续围困怀庆。对讷尔经额来说，这无疑是一个歼灭对手的天赐良机，而这就好像当初赛尚阿跟在太平军后面总也找不到、追不上，直至太平军进占永安，才给他提供了聚而歼之的条件。

　　就这样，增援的各路官军反过来包围了攻城的太平军，但是条件归条件，有没有能力又是另外一回事。讷尔经额与赛尚阿不同的是，赛尚阿还有大局观，讷尔经额则连这个也没有，他记挂的只是自己任职的直隶省，怕太平军跑去直隶，所以围也只围怀庆三面，即南、东、北。

　　当初赛尚阿是上了向荣的当，讷尔经额帐下倒没有向荣那样自作聪明的家伙，但有人提醒他应在西面布控以防太平军漏网。不过，讷尔经额不管，他的想法倒跟赛尚阿、向荣等人类似：若是四面都围得密不透风，把太平军给惹急了还不得死磕到底啊。

　　讷尔经额的怯懦和自私，让太平军的突围变得无比顺利。太平军撤退前，林凤祥下达密令，让各军营把捉来的山羊倒悬于鼓边——山羊要挣扎，自然会不停地用脚去踢皮鼓。与此同时，太平军又在火灶里焚烧干草，做出鼓声阵阵、炊烟袅袅的假象。

　　等官军闻讯赶过来，太平军早已是人去营空。直到此时，讷尔经额仍然是头脑昏昏，还给咸丰帝发了个捷报说是"贼大溃"，完全没有赛尚阿的那种自悔意识。

　　有人告诉讷尔经额，太平军往西，必然是要翻越太行山进入山西，但太行山上尚有险隘，建议其立即调兵驻守。讷尔经额倒也答得干脆："山西，那是山西巡抚的事；我是直隶总督，管的是直隶。"讷尔经额给山西巡抚写信，让后者自行派人去防守。

　　不过，讷尔经额的信还没送到山西，"钦差大臣"已经到了太行山的险隘关口。当关口的寨门一开，太平军一拥而入——原来是假冒的！

　　太平军自翻过八百里太行山后，犹如当年永安突围，其北伐军开足马力，二十天破十余城，所向披靡。1853 年 9 月 29 日，北伐军进入直隶境内，火烧到了讷尔经额的家门口。其时，讷尔经额这位真正的钦差大臣惊慌失措、晕头转向，带着随从狼狈逃命，身后关防印信、令箭军书丢得满地都是。

最后，讷尔经额的下场与赛尚阿如出一辙：革职逮捕，判处斩监候，后出狱当苦差。

咸丰帝撤下讷尔经额，换上了胜保。胜保跟讷尔经额一样都是满洲八旗，也做过内阁学士。不过，在太平军发起北伐之前，讷尔经额、胜保二人的境遇却是一上一下，讷尔经额官运亨通，而胜保一路下行。

胜保的毛病在于他管不住自己的嘴，而且胆子比曾国藩都大。例如，胜保是把曾国藩敢说的他都说了，说咸丰帝励精图治之心不如从前；而且他还喜欢拿新老皇帝做对比，口口声声称咸丰帝的勤俭之德比不上道光帝，其证据之一是内府正在采办唱戏用的服饰。

这时候，咸丰帝没有哪一刻神经不是绷得紧紧的，身上要承担的压力绝非一张嘴呱呱叫的大臣们所能想象，心想："我是人，就不能听听小曲，放松一下吗？"

咸丰帝虽然恨不得把说风凉话的人脑袋拧下来当夜壶使，但有曾国藩这个先例在，就得顾及舆论和"欣然纳谏"的形象，不能轻易治罪。

当然，无论皇帝也好、百姓也罢，被人指着鼻子骂的滋味总是不好受的。咸丰帝治不了胜保的罪，就亲自写谕旨针对胜保的指责逐一为自己辩护。如果胜保就此继续"犟"下去，咸丰帝拿他一点辙也没有，但关键时候胜保却又胆小起来，自己把奏折撤了回去。

如此一来，这不明摆着说明亏心，还平白无故地诬赖皇上。于是，咸丰帝顺势把胜保从二品的内阁学士降为四品京堂。不过，受了处分的胜保倒并没有因此气馁，仍然一如既往地保持着高调。之后，太平军第一次攻克武昌，胜保又给咸丰帝献策了，告诉皇帝该怎么做怎么做。

咸丰帝早已心烦意乱，哪里吃得消这么闹腾，于是干脆下旨将胜保下放，让他帮着琦善去营建江北大营。

应该说，胜保不像有些光说不练的大臣，去了江北后很是卖力，也多次取得过战功。可是，胜保的秉性是到哪儿都改不了，包括琦善在内，没人不烦他的一张嘴，到哪儿都不愿带着他。

在胜保看来，既然你们嫌我，那我偏做给你们看看。在北方战场，调来与太平军作战的各路部队大多畏敌如虎，但胜保所部是其中最特殊也最为抢眼的一支。作战时，胜保本人总是一马当先、身先士卒，而其统率的部队里面也是勇敢者多、畏缩者少。

来自北京城的紧张空气

在怀庆城对太平军实施包围时，极力劝谏讷尔经额阻住西面的正是这个胜保，而且他防守的南面也对太平军构成了很大压力。太平军由此对胜保的印象极深，撤退前专门在寨营前挂上一块大木牌，谓之"小妖（胜保）免送"。

接着，在山西追击太平军时，其他部队也是能拖则拖、能推则推，独有胜保率四千兵勇在后面穷追不舍。

当然，不管胜保追的效果如何，总是肯追、敢追的。咸丰帝觉得又有了盼头，在处罚拖延不前的将领及讷尔经额的同时，他又改授胜保为钦差大臣，可节制北方各路兵马。

咸丰帝怕胜保的权威不够，还特赐了一把神雀刀。与赐给赛尚阿的遏必隆刀一样，这把神雀刀也很有讲究，追根溯源发现其历史比遏必隆刀还要久远——神雀刀原为安和亲王岳乐所佩。岳乐是一位战功卓著的前朝名将，他在顺治时期击溃过张献忠，在康熙时期又平定了吴三桂和耿精忠发起的叛乱，而他的神雀刀自然也不知砍下过多少敌手的脑袋。

咸丰帝把神雀刀交到胜保手里："凡贻误军情者，副将以下可以先取他们的人头。"

胜保见皇帝终于肯定了自己，很是激动且发着狠在太平军后面拼命追。可是，遏必隆刀做不成的事，神雀刀终究也做不成。太平军行动之飘忽，速度之快疾，战力之强悍，都远远超出了胜保的能力范围。就这样，一天天过去，胜保离太平军不是越来越近，而是越来越远了。

1853 年 10 月 10 日，咸丰帝听到了一个让他震惊不已的消息——太平军攻占定州（今河北定州）。

北京与定州相隔仅三百多里，也就是说太平军两三天工夫就可以杀到北京。这一消息后来被证实是误传，但是依照太平军的进军速度，攻进北京只是迟早的事，而再看后面追赶得气喘吁吁的胜保，已经不知道被甩到什么地方去了，压根儿就追赶不上来。

实际上，太平军也做好了攻打北京的准备。在北京附近，官军缉拿到一个十五人小组——这十五人皆为太平军探马，他们扮成官兵，戴官帽穿袍褂，前有长轿，后有大马，其任务就是探听北京城防的虚实。

当时的形势，外界都认为太平军指日可至北京城下，北京城亦将成为北方的"小天堂"。太平天国在给英国驻上海领事的信件中就很笃定地说，"灭尽妖清"已没有什么问题。

对此，西方国家同样作如是观。其时，正在伦敦著书立说的马克思得到了一则来自东方的电报，上面言之凿凿称中国皇帝预料北京即将沦陷，日前发下诏谕要将皇室财物紧急运往热河。

此时，几乎所有人都感受到了来自北京城的紧张空气。在北京，城内居民特别是大户人家纷纷出逃，短时间内就有三万多户携家带口共十几万人逃出城外。

前门大街，也就是道光帝曾点名要喝片儿汤的地方，原先是京城最繁华的商业区，如今竟然跟荒郊一样看不到一个人。相反，最繁忙的所在是车马行，顾客把门槛都踏烂了，人人都想雇到出逃的车马，车资马费也随之一路上扬——是平时的好几倍。

其时，眼前俨然已是一副城破国灭的样子。这一年，咸丰帝二十二岁，才登基三年，正式拥有自己的年号也才两年时间，可他已经遇到了古往今来任何皇帝都会为之发怵的危机和挑战。

咸丰帝的承受能力已经到了极限，这个时候他再次想起了那个不是亲人但胜似亲人的老师杜受田。自杜受田去世后，咸丰帝经常思念自己的老师，而且随着局势越趋紧张，这种感念之情越是深刻：如果杜师傅还能常在左右，面对艰难时事必然能多有补救，就用不着一个人咬着牙在这里硬撑了！

殊死一搏

在咸丰帝看来，如果看不到老师杜受田，能够看到与老师有关的人也是好的。杜受田死后没几个月，他的大儿子杜翰便由湖北学政擢升为工部侍郎。湖北学政只是个地方上的五品官，工部侍郎却是正二品中央大员。不仅如此，杜翰还奉命入值军机处成为军机大臣，其跃升速度之快，没有第二个人可以相比。

就这样，杜翰似乎成了杜受田的化身，而咸丰帝会对着他说出自己不便向外界透露的心声。咸丰帝对杜翰说："自太平军发起北伐以来，一路纵横，五个月之内跨越五省，从江苏攻入直隶，现在又即将打到皇城根下。从这个势头看，明朝的故事就要重现了。"

咸丰帝所说的"明朝故事"，是指崇祯皇帝上吊煤山的亡国旧事。在谈到这段历史的时候，咸丰帝总是感慨良多。当然，咸丰帝倒不是说明朝不该亡，如果明朝不亡又哪会有大清的兴呢。其实，咸丰帝的意思是，明朝不应该亡于崇祯帝。

崇祯帝是从他的哥哥天启帝手里接过皇位的。天启帝是位有名的"木匠皇帝"，可以说大明朝的根基就是给他一口气全部"挖空"的。据《明史》记载，天启帝虽然在位仅七年，但已经把国家弄到不可收拾的地步，"虽欲不亡，何可得哉"。

崇祯帝即位后就如同道光帝、咸丰帝一样勤恳尽力，鸡鸣即起，起早贪黑，没日没夜地处理政务，并据说在他执政期间皇宫里面从来不搞宴乐这类事。

可是，大明朝偏偏"不亡于天启，而亡于崇祯"手中，也就是说天启帝欠下的债要让崇祯帝来还。不过，这债委实太多太沉重，崇祯帝还不了，结果被"债主"逼近家门，只得自杀了结。

"天启当亡国而弗亡，崇祯不当亡而亡"，历史的不近人情处也正在于此。

咸丰帝对此伤感不已，虽然他说的是崇祯，其实叹的是自己。自即位以来，咸丰帝岂不也一样的夙兴夜寐，可是到头来竟然就要像崇祯帝一样"不当亡而亡"了。更令人悲哀的是，崇祯帝起码还可以怨他的兄长天启帝，怨前面几任皇帝的不着调，而咸丰能怨谁呢，从他父皇道光帝往上数至少是没有哪一个清朝皇帝称得上昏君的。

处于从未有过的时代大变迁中，咸丰帝能够得到的不可能是令他满意的答案，而只会是一个接一个的痛苦和无奈。

因此，咸丰帝在四下无人时才会向杜翰这个所谓"老师的化身"叹苦经，一旦回到朝堂之上又必须硬着头皮主持大局。

话说当时马克思得到的东方电报，其实也是一个误传。事实是，咸丰帝从来没下诏搬运财物，他只是紧急召集了王公大臣会议。会上，众人都被局势给吓坏了，连那些六七十岁且见多识广的大臣也惊恐失色，甚至有人在朝廷之上当众哭了起来。

看着眼前这些怯懦的大臣，咸丰帝忽然觉得自己比他们更有勇气和担当，他大喝一声："哭不足济事，要准备长策！"

随着皇帝一声断喝，大臣们的抽泣声立刻停止了，都七嘴八舌地出主意、想办法：有人主张逃，或者回关外东北，或者迁都西安；有人主张战，或者死守北京，或者下诏让各省兴师勤王。

意见很多很杂，最后只等咸丰帝定调。咸丰帝思考了一会儿，做出了判断："不管逃到哪里，都是耻辱的行为。让各省兴师勤王，倒是不错，可是来不及了，没准儿各省军队还没到，北京已经被攻破了。"

然后，有人说，要不还是把城门关起来，待在北京城里守得一日算一日。

咸丰帝对王公大臣们说："国君死社稷，礼也。"换句话说，皇帝为国家社稷而死，乃分内之事，就像崇祯帝一样，而他咸丰帝也做好了这个准备。

不过，"与其坐而待亡，不若出而剿贼"。于是，咸丰帝做出了一生中最为果断且也最为明智的决定：做殊死一搏！

咸丰帝要升坛拜将，继续派人督战出征，打赢了最好，打不赢再深沟高垒，等待勤王之师来援救。

在做这个决定的时候，咸丰帝的心境跟"国君死社稷"其实也差不多，而这个决定崇祯帝也做过。

在李自成攻破北京之前，崇祯帝曾拜大学士李建泰为将，出京抵御。一个月后，李建泰回信说"贼势大，不可敌矣"，已经失去了抵抗能力。两个月后，李自成兵临城下，一举攻破北京。

咸丰帝的决策与崇祯帝当年是一样的，至于有没有效或者能不能避免崇祯帝当年的遭遇，早就不取决于决策者的智慧和能力，而只能寄望于难以预测的天命了。

拜　将

说起升坛拜将，好像都不知道是哪个年头的事了。在大清朝廷之上，没一个人知道相关礼仪，只好紧急派人到文渊阁去翻寻查找。

礼仪终究是个形式而尚在其次，关键还是拜谁为将。此时，已经到了危急存亡的最后一刻，在赛尚阿、讷尔经额这些重臣都一一让咸丰帝失望之后，他想到了血浓于水的叔伯兄弟。

第一个人选是咸丰帝的亲叔叔惠亲王绵愉。到咸丰帝做皇帝时，几个叔叔伯伯都已辞世，绵愉是咸丰帝唯一在世的叔叔。咸丰帝对这个叔叔很是尊重，除在各种召对宴席活动中免叩拜之礼外，还特许其在紫禁城内乘轿。

第二个人选是咸丰帝的亲弟弟恭亲王奕䜣。由于系同一个母亲抚养，又年龄相仿，所以在诸兄弟中咸丰帝和奕䜣的关系一直都很好。当年，还是阿哥的咸丰帝和奕䜣二人在上书房读书的时候，就常常凑在一起假模假式地操练武艺。

当时，奕䜣研究了一套枪法和刀法，做兄长的咸丰帝很是欣赏，他还给其刀枪各起了一个名字，即枪叫"棣华协力"，刀叫"宝锷宣威"。起完名字后，咸丰帝又送给奕䜣一把被称为白虹刀的宝刀，那时这对哥俩儿简直好到能合穿一条裤子。

在未公布皇储之前，奕䜣的呼声曾经盖过咸丰帝，但咸丰帝并没有像外界猜测的那样对奕䜣生出什么罅隙。换句话说，如果咸丰帝是这样的人，道光帝恐怕就不会选他继任皇位了。

在道光帝的立储诏书里，明确将奕䜣封为亲王，这一缺乏先例的举措实际表明了奕䜣今后的地位以及他可以在咸丰帝身边起到的作用。登基之后，咸丰帝即正式册封奕䜣为恭亲王，此后又让其在内廷行走。内廷相对于外廷而言，指皇家的院子里面。行走，不是一个正式官衔，就是入职办事。咸丰帝给奕䜣这个职位，其意在于让他四处看看，多点历练，以便以后好辅佐朝中大政。

此时，咸丰帝终于到了需要帮忙的时候了，便让叔叔绵愉在外掌军，弟弟奕䜣在内理政。

1853年10月11日，咸丰帝在紫禁城乾清门外举行拜将仪式，拜绵愉为奉命大将军，僧格林沁为参赞大臣。第二天，咸丰帝任命奕䜣署理领侍卫内大臣，参与办理京城巡防事宜。一个月后，咸丰帝又让奕䜣正式入值军机处，接触各种军务政要。

不过，当天的拜将仪式却很不热闹。原因是参与的人不足，即便咸丰帝亲自下旨让官员们尽可能地到仪式上来，但人也到不齐。那些不来的人都请假出京了，给出的请假理由几乎千篇一律——"我父母年纪大，需要照料"。

当然，也有没溜号的。这些人里面有很多是翰林之类的穷酸官员，他们没钱雇"高价马车"出逃，只能留在京城里陪着皇帝听天由命。

其时，皇帝还留在京城，但官员们"无不如鸟兽散"。于是，时人遂作一喻，把溜号的人叫作"国乱出孝子"，把穷得逃不去的叫作"家贫出忠臣"。

此情此景，让咸丰帝看了着实心凉。

在明亡前夕，崇祯帝亲自在前殿鸣钟召集百官，可是任他再怎么敲也没能唤来一个大臣。在临死前，崇祯帝在衣襟上愤然写道："皆诸臣误朕。"

不过，人的短视和愚蠢，有时是可以达到惊人的地步的。北京城陷后，所有投降或躲藏的大臣太监或被砍头或被讹诈，下场都没有比被他们抛弃的皇帝好上多少。

时间在流转，朝代在更迭，但人间世情百态却永没有改变。此时，咸丰帝真真切切地体会到了明朝那位亡国之君的处境和心态，而他又何曾想到自己可能会像崇祯帝一样在几百年后去敲响大清王朝的丧钟，也会在树倒猢狲散的凄凉中孤孤单单地去"死社稷"呢？

如今，咸丰帝希望皇叔绵愉能救他一命，并帮助他摆脱眼前的困局。

实际上，绵愉的军事能力和魄力远不及道光帝，其能被拜为奉命大将军靠的只是资历，而真正可以救咸丰帝一命的是参赞大臣僧格林沁。

"玉石绵羊"

僧格林沁出生于科尔沁草原，从小家境贫寒，七八岁便随父牧羊。九岁时，父亲布和德力格尔为种田去找小舅子借耕畜，这个小舅子跟姐夫开玩笑说耕畜正好没有了，要的话只能自己到牛群中去抓两头闲散的牤牛（成年种公牛）来套犁。

俗话说，牛脾气惹不起。牤牛生性野犟，力大无比，要给它套犁可不容易。布和德力格尔花了一天工夫，累得汗水湿透了衣衫，也没能抓住牤牛。无奈之下，布和德力格尔只好喊来僧格林沁帮忙。

僧格林沁手拿羊鞭追赶父亲布和德力格尔所指的那两头牤牛。说来也怪，两头牤牛竟然变得跟熟套牛一样，老老实实地听从吆喝，让布和德力格尔将它们套进了犁杖。后来，人们便将僧格林沁抓牤牛种地的坑称为"牤牛坑"，挖的井称为"牤牛井"，至今科尔沁草原仍保留着这两个遗迹。

僧格林沁的远祖为成吉思汗的同母兄弟哈萨尔。据史书记载，哈萨尔少年英俊，长大后身材高大，膂力过人，不仅刀枪棍棒无一不精，而且箭法也异常出众得能做到百发百中，乃一位不可多得的神射手。

僧格林沁身上的特征与其远祖哈萨尔有些相似，成年后的他集超群胆魄与孔武有力于一身，成了一个不折不扣的草原"巴特尔"（蒙古语，英雄的意思）。

相传，僧格林沁看到一个小贩气力惊人——能将石狮耍得滴溜溜转，他就用两个手指捏住几十文铜钱，让小贩将铜钱从他的手指中拔出去。小贩无论如何都做不到，等僧格林沁笑着将这几十文铜钱出示给他看时，才赫然发现铜钱大多已成齑粉。

僧格林沁个人的经历，就如同"牤牛坑""牤牛井"一样充满了传奇色彩。在科尔沁草原上有一个传说，说道光帝做了一个梦，梦见金銮殿上的柱子直晃悠，眼看就要倒下来了，此时一只山羊把柱子撑住了。醒来后，道光帝传旨挑选属羊的满蒙子弟，最后就选到了僧格林沁。

类似草原的传说在内地也能找到，不过做梦的人由道光帝换成了孝和皇太后。孝和皇太后有一天做梦，梦见东南方风云突变，乌云笼罩整座京城，正在惊恐不安之时，忽见东北方出现亮光一道，立刻驱散了乌云。

孝和皇太后很高兴，便跟着亮光走，走着走着从亮光上面掉下一件东西，定睛一看是一只玉石绵羊，再要细看，突然就惊醒过来。

道光帝每天要给孝和皇太后请安，然后孝和皇太后就把自己的梦说给他听，他听后便将钦天监大臣叫来让其给解梦。

在古代中国，钦天监是一个很神秘的机构。它的主业应是观察天象，里面的人也经常应皇帝的要求连蒙带猜地预测人世兴衰，其中最知名的就数编写《推背图》的李淳风和袁天罡了。

钦天监大臣听道光帝说完孝和皇太后这个稀奇古怪的梦，便说这是大吉之梦："东南方起乌云，是说东南方恐怕有人造反闹事；东北方现亮光，是说东北方将有贵人来保大清天下。玉石绵羊，则显示这位贵人生肖应属羊。"

在做梦解梦的当口，正赶上道光帝要为死去的科尔沁郡王选嗣。按照满蒙联姻的传统，科尔沁郡王娶的是道光帝的姐姐，但郡王生前没有儿子，他一死就留下了一个谁来继承郡王爵位的问题。

从方位上看，科尔沁就在北京的东北方，于是道光帝留了个心眼，决定把郡王家族的一班子弟都召到北京，由他亲自来挑选外甥。

僧格林沁时年十五岁，虽然也在备选之列，但他只是科尔沁郡王的族侄，属于非常远的亲戚。因此，一开始谁都没想到僧格林沁会有入选机会，他也就是凑个数而已。

道光帝注意到僧格林沁，是因为他发现这个来自草原的少年"仪表非常"，极有气质，再问是属羊的，还念过两年书，能识汉字说汉语。

于是，道光帝就决定选僧格林沁做外甥了！

自僧格林沁入宫后，道光帝对这位选来的外甥始终爱护提携有加，不知道是不是孝和皇太后的梦起了作用。僧格林沁自十九岁起就被任命为御前大臣、蒙古八旗都统，且"出入禁闱，最被恩眷"。道光帝临死前，僧格林沁更被列为顾命大臣之一，托孤之意尽显。

此时，孝和皇太后那个玄妙无比的梦似乎终于露出了端倪——"玉石绵羊"僧格林沁的使命，是帮助道光帝的儿子咸丰帝去撑起大清摇摇欲坠的帝国大厦。

僧格林沁领命后，立即率师出征。据研究蒙古史的专家说，蒙古军队当初之所以能纵横南北，靠的不是人多势众，而是其擅打聪明仗，战术战法非常灵活。僧格林沁从祖先那里继承了这一传统，在战场上集凶猛彪悍与狡黠灵活于一身。这样，林凤祥和李开芳就遇到了真正的对手。

强弩之末

从京师出发后，僧格林沁没有像胜保一样急于寻找和追赶太平军，而是驻兵于北京西南的涿州，改攻为守。僧格林沁不追，自然有人会追，此人就是胜保。由于追赶太平军不及，胜保已被连降两级，同时咸丰帝还给他下了死命令："你要是再玩忽职守，朕一定拿你的身家性命相抵！"

胜保急到恨不能上房揭瓦，一直在南面赶，而僧格林沁要做的只需在北面堵。

不过，太平军的闪转腾挪仍令僧格林沁和胜保有顾此失彼之感。1853年10月27日，太平军攻克天津西南的静海，兵锋直指天津。

天津组织抵抗的是天津知县谢子澄。谢子澄籍贯四川，"为政有声"，是个难得的好官。谢子澄到天津后，发现了这里的一个特产——"天津混混儿"。

天津混混儿们玩打架泼皮个个都是把好手，但这对地方治安当然就不是什么好事，所以历任地方官都为之头疼不已。谢子澄上任当天，先到牢里面转了一圈，发现关的全是混混儿，都快人满为患了。于是，谢子澄叹了口气说："难道这些人真的不可教化吗？"

谢子澄把混混儿们的名字登记造册，然后全部予以释放。过不了多久，放出来的混混儿们又到街上闹事，完全不把知县大人的苦心当一回事。

这次，谢子澄按名捕拿，不抓小混混儿，只拿大混混儿，而且手段狠辣——"牢里不管饭，先借你的人头使使"。

处死了大混混儿，中小混混儿们都给吓坏了，这样地方上才安宁下来。

太平军过黄河时，别人都不以为然，认为还远着呢，唯独谢子澄忧心忡忡，认为不可不防，便按照名册把当初释放的混混儿们都叫到了公堂之上。

混混儿们摸不着头脑："最近我们很消停，没犯什么事啊？"

谢子澄不是要砍他们的头，而是要他们加入团练。这位知县还引经据典讲了番道理，说："你们知不知道以前有个叫周处的人，这人也跟你们一样，年轻时是个混混儿，被父老乡亲视为地方上的一大祸害。可是，他后来悔改了，造福乡里，结果成了人人称颂的英雄。"然后，谢子澄才转到正题："现在天津随时可能被太平军攻下，诸位应该向周处学习，肩负起保卫地方的责任。"

混混儿们与普通百姓不同的地方，就在于他们胆子大，喜欢也敢于惹事。他们给谢子澄这么一鼓动，全都热闹沸腾，"众皆为用"。

与沧州相比，天津的守备要落后得多，除了由混混儿们组成的团练，就只有几百正规官军。但是，谢子澄的运气不错：那几天，天津下起了暴雨，小路都被淹没了。太平军要进攻天津，只能走唯一的大道，而这使得防守天津变得相对容易，只要集中力量守一个方向就可以了。天津城的另一个好处是有钱的盐商多，由他们出资在大道上修筑战壕，从而为守军提供了较为坚固的阵地工事。

当天负责进攻天津的是太平军的前锋部队，先锋官人称"开山王"，绰号"小秃子颜三"。"开山王"发现正面进攻比较困难，就转而计划从水路发动绕袭。水路需要船，太平军正好看到远处有民船，便招手让民船靠岸。

民船越驶越近，距离太平军百米远时，忽听号锣一声，船上鸟枪齐发，岸上的人纷纷倒地。

这是民船，不过是一种特殊的民船，即白洋淀上的雁户，乃后来大名鼎鼎的雁翎队的前身。实际上，谢子澄早就招募了五百雁户，平时这些雁户把鸟枪放在船上用竹席覆盖，外面根本看不出来，为的就是从侧面打太平军一个冷不防。

雁户们祖祖辈辈在白洋淀上打鸟，枪法很准，骤然发作，使得太平军死伤惨重。"开山王"见状急忙挥舞令旗，调整部署。担任正面防守的团练们看到"开山王"，想用鸟枪射他，但这位先锋官作战经验十分丰富，身手也异常矫健，打上面他卧倒，打下面他跳起，射了半天仍然无可奈何。

与团练在一起防守的官军里面有一些是老兵，老兵遇老兵，都能瞧出对方的套路。有一个老兵与团练进行配合，一上一下同时射击，"开山王"这才躲闪不及中弹被打死了。

这一天，谢子澄依靠混混儿团练加上雁户，守住了天津城。第二天，当太平军主力压上时，僧格林沁和胜保一前一后已经赶到，这样太平军攻占天津的最佳机会就擦肩而过了。

自怀庆城撤围，太平军所过之处，"席卷无坚城"，没有哪一座城池可以挡住他们。天津受挫对于太平军来说还是第一次，而天津素来被称为北京的门户和卫城。从这个意义上说，谢子澄的功劳又要超过防守怀庆府的余炳焘。

此时，北伐军其实已是强弩之末。

虽然沿途有天地会等加入，使得北伐军最多时达到四万之众，然而他们毕竟以南方人为主体，大部分人习惯于吃稻米，对北方的饮食不适应，麦粟、玉米、高粱米等全都难以下咽。尤其进入冬季后，北方气温下降，太平军又缺少御寒衣物，那真是里面吃不饱、外面穿不暖，就算不打仗而光是行军都会增加很多病号，以往的灵动活跃也渐渐被凝滞沉重所替代。

北伐军如果能攻下天津，以天津城之富庶，即可借以补充，喘口气后还能再打北京，但天津这一战失败后便失去了继续攻坚的勇气和能力。

无奈之下，北伐军只能先就地扎营。林凤祥和李开芳分别占据运河的两岸，一面准备接应天京派来的后续援兵，一面用以对付包围上来的僧格林沁和胜保。

看谁先着急

与以前一样，僧格林沁始终守着不动，攻打太平军最起劲的是胜保。

胜保尽管总也追不上太平军，但他真的是用上了所有的劲儿。为了做到轻装追击，胜保甚至放弃了后勤辎重，能扔的全扔了。太平军在前，打下一座城即掠夺一空，使得跟在后面的胜保什么都捞不着。当胜保的部队在静海城外驻扎时，附近村庄不是被水淹没，就是被太平军扫荡得十室九空，就算胜保想打劫都不可能，因此人马整整断了三天粮。

即使这样，胜保仍不甘心像僧格林沁一样守着不动，他要立功。要知道，胜保已经被降了两级，他得有所表现，否则咸丰帝随时可能将他革职，并将战场的指挥权完全委任于僧格林沁。

在胜保看来，僧格林沁这位皇亲国戚老是不动弹，十有八九是胆小怕死，于他而言正是机会。胜保频频实施围攻，并从天津搬来巨型大炮对太平军所据木城进行轰击，但始终无法取得进展，而且一不留神还被太平军打了一次反击。随营效力的天津知县谢子澄，即死于此役。

谢子澄之死已令胜保"仰天跌足，痛愤填胸"，但最让他无法接受的还是满洲骑兵的拙劣表现，而这些满洲骑兵都是刚刚从黑龙江和吉林调来的。在历史上，满洲骑兵相当厉害，明末时更有"满万不可敌"的说法，当时明军能与之勉强较量一下的也只有吴三桂的关宁铁骑。

可是，现在的满洲骑兵却让同为满洲旗人的胜保都生出了不忍目睹之感。这些所谓关外精锐，在见到太平军时全都抖得跟见到猫的老鼠一样，不是一触即溃就是望风而逃，身上全无一点满洲骑兵战士应有的血性之气。

就在谢子澄战死的那天，谢子澄的身后本有数百满洲骑兵，但一直观望不前且也不配合作战，当太平军冲过来时，他们竟轰的一声散了个干净。这里面，有来不及逃掉，然后乖乖下马跪着挨太平军刀的；有跑得把战马、兵器、鞋子、衣服都丢掉，只得沿路讨饭做乞丐的。总之，满洲骑兵穷形尽相，要多难看有多难看。

胜保愤恨不已，他拔出咸丰帝赐的神雀刀一连砍翻了好些畏缩不前的士兵，但这仍不能改变满洲骑兵的萎靡不振之状，面对敌人时他们自己仍然就像待宰的羔羊一般。

胜保发出悲叹之声，他实在想不通曾经声名赫赫的满洲八旗军队怎么会变得如此"气懦胆怯"。

这一仗又打输了，胜保被连降四级。

其实，要说老练还得是僧格林沁，他的固守不出不是毫无作为，而是出于既定战略。

僧格林沁已经意识到，太平军的最大特长在于其机动性和灵活性非常强，一旦动起来跟在他们后面是打不过的，只有把它围堵在一个固定地方才会有战而胜之的机会和希望。

来到天津附近后，僧格林沁没有像胜保那样急于求战，而是埋首建造营垒，尽可能堵死太平军向外突围的每一条通道。与此同时，僧格林沁一直派出探马对太平军的动静进行侦察。探马回来报告，称不时有太平军化装成难民、乞丐甚至官军偷偷地潜出木城，而且这些人随身都有一只小布袋，里面装的是做干粮的面饼，看样子"急思他窜"——想借机突围了。

僧格林沁看出了林凤祥和李开芳用兵的真实用意：他们坚守木城并无长远打算，只是为了让进攻一方露出破绽，从而找到"伺隙方出"的机会罢了。也就是说，在等不到天京援兵的情况下，木城内的太平军随时可能进行全军突围。

话说高手对阵，输赢不在于谁的气势大、样子凶，而在于谁露出的破绽少，谁的破绽多谁必输。

面对太平军的"诡谲异常"，僧格林沁更加坚定了自己的想法——"你不攻，我也不攻；你不急，我也不急"。

蒙古骑兵

不过，僧格林沁不急，皇帝急啊。咸丰帝原先只想能保住京师就不错了，如今则有了消灭北伐军的念头——夜长梦多，说不定太平军什么时候又再杀到京城了。

咸丰帝再看派出去的两员大将，胜保虽说吃了败仗，但总在卖力气进攻，而僧格林沁却像个木桩一样地往那里一竖，迟迟没有动静。于是，咸丰帝连发上谕催促僧格林沁尽快行动，但得到的回复总是"时候还没到，现在进攻没有效果"。

虽然僧格林沁没有发动进攻，但事实上他每天都在忙——忙于建营，其战术可归结为八个字——"步步为营，密集靠拢"。

在营盘逼近太平军阵地后，僧格林沁仍旧不肯硬攻，而是在木城对面搭起土山、修筑炮台，用大炮进行反复轰击，使得太平军轻易不敢出营。僧格林沁给胜保送去密函，原样传授了自己的打法秘诀。胜保原先对僧格林沁还不以为然，但吃了亏后不得不心悦诚服，老老实实地照着做。

如此，一南一北，包围圈一天天紧缩。对于胜保开始在距离木城仅一里远的地方建造营垒和炮台，林凤祥和李开芳都很紧张，由于白天有炮火威胁，他们只能一边晚上派人对胜保的工事进行破坏，一边在土城外扩建自己的防御营垒。

太平军的举动，恰如其分地显示出步步为营战术的极端重要性。胜保如获至宝，当然不肯相让。于是，晚上双方常常大打出手，打完了再各自回营争分夺秒地抢着修筑工事。

太平军要对官军进行夜袭，自然不会点火把，而胜保为了不暴露目标，也不让军队点火把，双方都是摸着黑打斗，犹如京剧中的《三岔口》。有时，双方打完了，因为分不清方向还弄错了位置，闹出了"我给你修营寨，你给我筑炮台"这样的大笑话。

胜保的新炮台终于建成了，炮弹可以直接打进木城。因此，太平军被炸死了很多人，连林凤祥也险些中炮，而军中的广西"老兄弟们"虽然久历战阵，但也心胆俱寒。

在软磨硬泡之下，太平军一方率先露出破绽。林凤祥忍受不了这种苦苦相逼，他开始弃守为攻，试图从胜保这边打开缺口，但胜保对此早已有备，所以始终无法突围成功。

在逐步逼近木城的情况下，胜保又采用心理战，用"投降不杀"来进行阵前煽动。太平军沿路吸收了很多新兵，这些新兵本身没有很强的作战意志，战事顺利自然不用说，一旦出现难以克服的困难则最易动摇，因此逃跑的人很多。

不过，人一得意就容易松懈，胜保想不到的是太平军会再出"绝招"。1854年2月5日，林凤祥、李开芳掘开运河大堤，用水来对付胜保。胜保忙不迭地抢堵分流，他这边一分神，那边太平军便从木城冲了出去。

由于胜保的疏漏，僧格林沁企图在天津近郊歼灭太平军的计划完全破产。如果照从前的情景，太平军又得像鱼入大海般谁也抓不住、找不到了，但现在不一样，因为在太平军背后有一个僧格林沁，他拥有一支蒙古骑兵。

在中世纪，蒙古骑兵曾是无敌的标志，当他们扬名立万的时候还没有满洲骑兵的存在。重要的是，如今满洲骑兵衰弱了，但蒙古骑兵却还保留着一股雄风。

在一定程度上，这跟生活环境的改变有很大关系。想当年，满洲人在关外顶着星星和月亮，成天过的是放牧、狩猎的游牧生活。在日常里，满洲人勇猛剽悍、不拘小节，会不择手段地捕获各种猎物，甚至不惜用人的尸首诱捕紫貂。然而，自从入关后，满洲各旗逐渐脱离了过去的那种游牧生活，而一旦打猎的铁弓变成逛园子的鸟笼，一度强大并值得夸耀的满洲骑兵也就逐渐沦落为一群"有特权的乞丐"。相比之下，蒙古人可以说是"祸兮福所倚"，自元末被赶下台后他们又退回了草原，恢复了"马背民族"的本色。

僧格林沁虽极少主动进攻，但他一直虎视眈眈地紧盯着木城和太平军，当太平军一出木城，便马上率蒙古骑兵追了过去。蒙古骑兵的特色之一，就是骑兵们胯下的蒙古马。乍一看，蒙古马其貌不扬，跟人们印象中的千里赤兔、汗血宝马之类相去甚远，但其耐力和速度均非常惊人。

这是一种最适于长途奔袭的战马，即使在北方严寒的气候下仍能保持高速奔跑，且毫发无伤。据说，在世界上任何一种马都生活不下去的环境里，蒙古马照样可能活蹦乱跳。当年，成吉思汗的蒙古大军能称雄欧亚，蒙古马功不可没。

蒙古骑兵的追击给太平军带来了极大困扰，同时那几天连降大雪，太平军往南突围的路上到处泥泞一片。林凤祥、李开芳这些高级将领坐在马车里抱着被子睡觉，尚尝不到行军之艰苦，但许多来自南方的士兵却赤着脚，在冰天雪地之中"冻死相望"。此次行军中活下来的人连脚指头都变黑了，手脚也不能自由弯曲。

在连走两天后，天气渐暖，但是冰雪消融后的积水反而增加了行军的困难，脚冻伤的士兵们根本就走不快。这时，偏偏僧格林沁的蒙古骑兵又追了上来，而且越来越近。太平军的将官们怕耽误行军速度，情急之下只能抽刀砍杀不能行走的士兵，以至于"哭号之声，盈于道路"，其状惨不忍睹。

第八章

华丽转身

按照林凤祥和李开芳的计划，他们原本是想撤往保定，这样还可以再换个方向后再度对北京发起攻击，但由于僧格林沁追得急，只得改道继续南奔。1854年2月7日，太平军经过河间府，发现这里的束城镇周围树木茂密、村庄密集，比较适于防守，便赶紧就地据为营垒，以凭险对抗始终无法摆脱的蒙古骑兵。

当太平军刚刚扎好营，僧格林沁便尾随而至，但他只远远包围，不敢贸然进行攻坚。

胜保开始还稀里糊涂，搞不清楚突围的太平军究竟到哪儿去了，等接到通知后才气喘吁吁地率领骑兵赶到束城。不过，胜保来了之后唯有干看着，原因跟僧格林沁一样，没有带上大炮。

随着时间慢慢过去，形势变得对固守一方有利了。太平军加紧修筑营垒，虽然在蒙古骑兵的追袭下已死亡了两千余人，逃亡掉队的也不计其数，但撤到束城的部队仍有两万人，再加上稳住了阵脚，其防守能力又得以回升。

2月23日，各路官军全部到达，天津的大炮也运来了，僧格林沁他们这才发起大规模进攻。然而，接下来双方互有胜负，这些进攻并未能起到一锤定音的效果。

"高帽子"白送了

京城的危机暂时解除了，可是僧格林沁、胜保及其统率的北方官军全都被牵制在束城，无法回援南方战场，这让咸丰帝陷入了新的焦虑。此时，咸丰帝能做的，只有下旨催促曾国藩尽快出省作战。

不过，咸丰帝下这样的旨意早已不是第一次了。当吴文镕在武昌告急时，咸丰帝就曾接连三次下旨，命令曾国藩派湘军赴鄂。咸丰帝当时并不像吴文镕、江忠源一样看重湘军，纯粹是拉一个算一个——"拨到碗里便是菜，有总比没有好"，而湘军也并非担当主力，只是给同样被征调的湖南绿营打下手而已。

那一次，因太平军撤围让曾国藩得到了自动豁免的机会，而曾国藩事后对自己逡巡不进的解释也得到了咸丰帝的谅解。曾国藩解释说，"我的水师还没练成，暂时没办法跟太平军较量，等我把这个难题给攻克了，一定亲自率部出击"。

清代自有水师以来，分为内河水师和外海水师，此外还有二者特征兼备的广东、江浙水师。其时，长江水师是个新事物，以前从来没有人提过，这让咸丰帝眼前一亮。不过，咸丰帝也已经意识到沿江战场因为缺乏水师才导致局面如此被动，所以建立水师是第一要务，而且的确比配合绿营都来得紧急。

可是，接下来咸丰帝就没办法保持冷静了。

两个月后，太平军水营频频出击，"千里长江，任其横行"，而沿岸官军就是看见太平军的战船也不敢主动交战，只能祈求对方不是奔自己来的。

唯一有希望遏制这一局势的就是湘军水师。于是，咸丰帝再次把目光投向曾国藩，但这次不是打下手，而是作为救命稻草一样的主力。当时，咸丰帝催促曾国藩尽快率水师与江忠源会合，以对来势汹汹的太平军进行水陆夹击。

当人的身价不一样时，与其说话的口气都得变。咸丰帝很少夸人，此番却破例给曾国藩送来了"高帽子"："朕知道你向来为人忠诚，且有胆有识，相信你一定能够顾全大局，不辜负朕的重托。"

不过，咸丰帝没想到的是，这顶"高帽子"白送了，自始至终曾国藩也不肯露一面。咸丰帝问曾国藩为什么不肯出兵，回答翻来覆去还是那句话："我这支水师很重要，与太平军作战非水师莫能致其死命，不练好是绝不能轻易出征的。"

咸丰帝差点给气乐了，怒道："你以为你是谁啊，这么人五人六的，好像南方诸省离了你都不行似的？你觉得以你的才力配吗？"

"忘记你做礼部侍郎时写的谏议书了吧？说这个不行、那个不妥，什么都不放在你眼里，可轮到自己还不就是一副畏葸的熊样！"咸丰帝有理由怀疑曾国藩背后的实际能力，认为他之所以推三阻四很可能是为临场怯懦所找出的借口。

当然，关键还是要用人，而不是骂人。因此，在结结实实给了"两棒"之后，咸丰帝又用上了哄劝的口吻："朕想，你既然能自担重任创建水师，肯定非胆小之辈可比，赶紧设法赴援吧，能早一步就可以得到早一步的好处。"

然而，曾国藩似乎铁了心软硬不吃，无论是"大棒"还是"胡萝卜"。总之，曾国藩就一句话，反正"我的水师没有练成，出去也是白给，你说我畏葸就畏葸，胆小就胆小"。

曾国藩还找到了一条理由，汇报说衡阳一带尚有一股起义会党未扑灭，而这股会党乃"湖南巨患"——言下之意，"你硬要调我走也是可以的，只要你能另外找到'征剿'会党的替代部队"。

这条理由狠狠地将了咸丰帝一军，让他顿时傻了眼。咸丰帝本来指着湘军出省打仗，结果拔出萝卜空出坑——还得再找支部队去补上，那倒还不如让他们一手一脚料理完算了。

于是，咸丰帝闭起了嘴，不再瞎指挥了。

自吴文镕在黄州战败自杀武昌告急后，咸丰帝是第三次给曾国藩下达"刻日开行"的圣旨了。由于前面连续遭到回绝，咸丰帝都有了一种强烈的挫败感，他不知道这回曾国藩给他的回复会是什么，难道又是一大堆无法拒绝也无法反驳的理由吗？

咸丰帝想象曾国藩会给他什么借口，他得预先就给堵住："时间过去了这么久，朕想你的水师该早就建成了吧，战船、水勇、洋炮也谅已齐备。"在"时间"这个潜台词里面，当然还得包括"湖南巨患"应该已经解决了。

这一次，咸丰帝多虑了。就在咸丰帝发出谕旨的同一天，曾国藩的水师已经倾巢开拔，即使是在战船刚刚赶造下水的情况下。

这仍然是一支仓促成军的部队，江忠源、吴文镕的接连战死，前线形势的日趋恶化，以及朝廷急如星火的催促，都不会再给曾国藩留下继续打磨的时间，而他必须出发了。

"有教无类"

1854 年 2 月 25 日，曾国藩率湘军离开衡阳，水陆并进，浩浩荡荡地向北进发。此前，曾国藩亲自撰写和发布了一篇著名的檄文，即《讨粤匪檄》。

"粤匪"，指的是太平军和太平天国。因此，曾国藩这篇檄文也可以看作湘军出师前双方在思想上的一次提前交锋。

纵观整个太平天国运动，其政权从起事起，对满洲人采取的就是一种极端政策。在武昌、南京等重要城市，只要具备上述身份者皆一个不留——杀光完事，无论官兵还是妇幼老弱。为此，太平军遭遇到了激烈反抗，一如鸦片战争后期的乍浦和镇江。

在曾国藩的时代，虽然这种"以满为敌"的思想在主流社会还缺少基础，但曾国藩也自知有驳斥的必要，否则湘军就会师出无名，还没开打就腰杆子硬不起来了。

不过，古书上早就为曾国藩找到了依据，这是孔夫子的经典语录"有教无类"。用现代的话说，就是不管出自哪个民族、哪个种群，关键是要有同一的价值观，只要价值观相同，就可以走到一起成为志同道合的同志。

当年，林则徐出任云贵总督，在解决汉民和回民械斗纠纷时，所奉行的正是这一原则，即"只分良莠，不分汉回"，就是只看是好人还是坏人，而不看是汉民还是回民。

在中国历史上，蒙古人灭了宋朝，满洲人灭了明朝，但是满洲人与蒙古人不同的是，自他们入主中原后就成了汉文化的归附者，原有的传统文化也相应得到了延续。曾国藩在檄文中要表达的意思是，作为汉族士大夫，他不光要保卫大清帝国，更主要的是要保卫传统文化的血脉。

就这样，曾国藩成功地抓住了洪秀全和太平天国的软肋，因为太平天国要摧毁的不仅仅是清廷，而是传统社会制度本身。自金田起义以来，太平军是走到哪里扫荡到哪里，文昌、岳飞、关帝等国人的精神偶像被一一推倒，文庙、寺庙、道观无一存留，可以说千百年积累下来的儒释道文化全被扫地以净，他们只准人们信奉所谓"上帝"。因此，在不少地方，百姓将太平军称为"长毛"，并对其印象很不好。

曾国藩在檄文中指责太平天国要消灭"中国数千年礼义人伦诗书典则"，以及"荼毒生灵""残忍残酷"并非没有根据，同时他将湘军与太平军之间的战争定位为保卫传统文化之战的提法，也在民众特别是两湖学界得到了极大的认同。

不过，曾国藩的长项是写文章，那可是笔走龙蛇般行文潇洒，但领兵打仗就未必这般得心应手了。

当然，曾国藩并非没有自知之明，因此他对江忠源期望很大。曾国藩本来是打算在练兵结束后将湘军全部交由江忠源指挥的，他自己只负责后勤、办理练兵和筹饷等幕后事宜，但可惜他没能等到这一天，江忠源一死就犹如砍去了他的左膀右臂，如今他只有硬着头皮亲自率兵上战场了。

咸丰帝最初交给曾国藩的任务是要进入湖北援救武昌，但是形势变化是如此之快，转眼之间太平天国的西征军已经攻入湖南，并占领了湘北重镇岳州（今湖南岳阳）。

湘军陆师久经训练，虽然此前也曾四处"剿匪"，但彼"匪"非此"匪"，那些中小股的会党或盗匪无论规模和战斗力都没法与太平军相提并论，而曾国藩和他的书生营官们又不像江忠源一样经历过大阵仗，所以每个人心里都多少有些忐忑，不知道结果究竟会怎样。

结果，完胜！

当时，太平军还没怎么接仗就早早逃跑了，岳州等于是空城一座，以至于湘军拿下它未费吹灰之力。

曾国藩扎营岳州，并当即点出一千人马作为前锋继续向武昌进发。

不过，湘军连走两日，沿途还是不见太平军的踪迹。在湘军军营，原先的紧张情绪由此一扫而空，到了晚上都懒得派人巡逻了。

当天半夜时分，湘军营帐外忽然传来一阵阵类似于松涛般的声音，有人睡眼惺忪地把头探出去一看，只见四周到处都是灯笼火把，不知从哪里钻出来的太平军成千上万，他们都舞刀弄枪地直奔大营而来。

兵家之大忌

与久经战阵的太平军相比，刚刚出道的湘军还是太稚嫩了。

组织这次伏击战的太平军将领叫石祥祯。其人作战以勇猛著称，喜欢一对一跟人较量，基本上没有输的记录，因此得到绰号"铁公鸡"。

应该说，石祥祯不算一个智将，但是这也要分跟谁比，与初出茅庐且两眼一抹黑的湘军比，他就可称得上是"第一智将"了。经过侦察，石祥祯发现湘军军容整齐，与其他绿营八旗迥然不同，显见得是一支经过严格训练的部队，若是硬碰硬并没有必胜把握。于是，石祥祯故意制造出怯战的假象，以便诱敌深入，将湘军引入伏击圈。

当设伏的太平军冲杀过来时，完全没有心理准备的湘军惊慌失措，被打得稀里哗啦，好端端的一支部队愣是变成了"薄皮大馅儿十八个褶"。石祥祯乘势掩杀，一直穷追到岳州城下，把曾国藩及湘军包围在了岳州城里。

曾国藩的心情一下子从云端跌入谷底，他这才知道太平军有多能打，自己从古代兵书中偷学来的几招实在太小儿科了。

不过，曾国藩现在想什么都太晚了，眼瞅着太平军"扑城甚急"，那是要瓮中捉鳖。幸好，曾国藩还有水师，他赶紧将一营水师调到岳州城外，朝岸上的太平军进行连续轰击，这才打开缺口脱困而去。

湘军虽然依靠水师化险为夷，但这回丢脸却丢得够大，共战死和逃散五百多人，光小头目就死了十几个。此外，岳州不仅得而复失，连同长沙周围的靖港、湘潭也被太平军给捎带拿下，从而对长沙形成了钳形攻势。

于是，湘军只得退到长沙城下，但曾国藩没好意思进城，只得驻扎城外。

话说连打听都不需要，就能猜到长沙城里那些人的嘴脸，无非是冷嘲热讽和踩脚大骂两种，但这些曾国藩都无所谓，反正过去难听的话听多了，再来一遭也不见得会有多伤心。不过，曾国藩感到格外憋屈的是，他千辛万苦训练出来的这支部队应该是能够打败太平军的，怎么会落到眼睁睁地被太平军痛打的下场呢？

曾国藩总结反思了一下，想想恐怕还是输在"虚骄轻敌，冒进贪功"八个字上，这是兵家之大忌啊；这次就当花钱买个教训吧，既然在衡阳都忍了那么长时间，绝不能骤遇挫折就自暴自弃，甚至是破罐子破摔——要以事实告诉世人，湘军可不是一只破罐子。

当务之急，湘军要先收复靖港和湘潭。但是，湘军在新败之后实力有限，不可能既攻靖港又攻湘潭，二者只能任选其一。同样，石祥祯需要分兵驻守，也不可能人数一般多。从探马得到的线索来看，石祥祯是将靖港作为后方，湘潭作为前线，其主力均在湘潭。

曾国藩召集军事会议，他选择先攻靖港，其依据是这样可以出其不意，一举端掉石祥祯的大本营，只要太平军后路一断，也自然就垮了。

可是，其他营官选的都是湘潭，而且理由更加充足：只要在湘潭歼灭太平军主力，石祥祯将失去留驻靖港的意义；相反，纵然占领靖港，却并不能让对方伤筋动骨，太平军仍有战斗到底的资本和能力。

会议最后，决定水陆并进，全力进攻湘潭。这是一个少数服从多数的结论，曾国藩对此并无多大把握，首战失利把他给打怕了，一想到湘潭集中的是太平军主力，就觉得成功的概率不会太大。

可是，也只能试试看了。在送走首批出发的水师后，曾国藩准备第二天再派余下的后续部队接力，但这时他收到了一份情报。情报是靖港当地团练送来的，说驻扎靖港的太平军实在太少——不过几百人，而且戒备不严，只要湘军前去发动袭击，必然马到成功。

靖港位于湘江西岸，与长江之间有江相隔。不过，靖港团练表示，他们已经做好了浮桥，如果湘军同意出击，到时可以通过浮桥过江。

收到情报后，曾国藩纠结起来：浮桥不浮桥倒在其次，问题是大部队已经去了湘潭，不可能再召回来了，而且团练的情报也不知是真是假。

曾国藩犹豫良久，他还是觉得机会不可错过，同时他也考虑到大部队虽走了，但最有价值的水师还留下一半——共五营，一营五百人，也就是有两千五百人，再加上部分陆师兵勇，一起去打几百太平军肯定是"十个指头捏田螺——十拿九稳"；退一步说，纵然一时取不了靖港，也可以打草惊蛇使其"首尾不能相顾"，到那时太平军在湘潭的主力必然得回援，从而增加湘潭之战胜利的可能性，如此自然比直接增援湘潭更有效。

曾国藩主意已定，决定亲率部队袭击靖港。幕僚们都觉得过于冒险，劝曾国藩还是稳妥一点为好，在长沙守着坐等湘潭方面传来好消息。

当然，好消息需要去争取，不争取它也不能从天上掉下来。幕僚们越是劝说，曾国藩反而越觉得有豁出去大干一把的必要了。1854 年 4 月 28 日，曾国藩屯兵于靖港上游，派一部分水师顺风而下在靖港对岸列阵。

"西洋镜"

事实上，靖港团练没有诓骗曾国藩，这里的太平军确实不多。换个角度想想，如果太平军多的话，也不可能任由靖港团练通风报信，甚至是搭浮桥了。眼看着敌众我寡，但太平军坐镇靖港的石祥祯尽显其一等悍将之本色，浑不把面前的险境当一回事，部署应对尽在谈笑从容之间。

湘军看着有些看不懂，甚至怀疑团练是不是情报有误，或者石祥祯又设了什么诱敌深入之计，然而左看看右瞧瞧却也不像是要伏兵四起的样子。

那边团练已经搭好了浮桥，湘军只能赶紧上去了。

在太平军眼皮子底下搭浮桥当然不可能做到多么认真仔细，况且团练也不是什么专业的工兵部队，浮桥的质量很差劲，加上过桥的人又紧张，前面一推，后面一挤，桥很快塌了，以致湘军兵勇纷纷落了水。就这样，太平军连手指头都没动一下，湘军便淹死了两百多人，士气大受影响。

然后，湘军只得重新使用战船，沿江面直接向太平军发起进攻。

这回石祥祯一声令下，岸上火炮齐发。湘军看到太平军开炮当然要躲闪或者后退，但战船进时顺风、退则逆风，进易退难，结果很多船只成了送上门的靶子，并在凌厉的炮火中或沉或毁，狼狈不堪。

石祥祯紧接着遣出小船对湘军进行围攻，而这些小船上都带有火种，只要一靠近，便点火焚烧。与湘军水师的战船相比，太平军的小船毫不起眼，但太平军的船位低，而湘军的炮位太高，即使炮火再猛也打不中，加之湘军只有几十艘船，太平军却有两百余艘，以致湘军手忙脚乱中又损失了十余艘战船。

至此，战局完全改观，原来攻的变成了逃的，原来守的变成了攻的。

曾国藩正在上游坐等捷报，但传来的消息却是大败。

"是不是情报出错，靖港驻扎着太平军主力？"曾国藩一问，得到的回复是情报没有出错，太平军确实就只有几百人。

曾国藩郁闷到不行，赶紧带着剩下的水陆部队火速赴援，可是湘军并没有因为主帅亲征而提起劲头。

关于"戚氏练兵法"的精髓，一是士兵没技术不要紧，重要的是要敢于闭着眼睛往上冲；二是阵形不花哨不要紧，重要的是要服从命令听指挥。这些都是曾国藩在湘军草创特别是衡阳练兵期间一再灌输的，当时看着没问题，走过来走过去的都很像那么回事，可是一上真正的战场——"西洋镜"便被无情地戳穿了。

当初湘军挑选士兵时，当然都是拣胆子大的挑，但战场之下的胆量跟战场上的胆量有时候就不是一码事。实际上，真正的"刀口舔血"是很容易让人"尿裤子"的，而一旦有人做了坏榜样，又往往会影响周围的人，导致有胆的也变成了没胆的。

说到阵形，更是乱七八糟。湘军陆师毕竟还久经训练，但水师因前线需求急迫，合练的时间连一个月都不到，基本上是一营乱便全军乱。

仅仅半顿饭的工夫，水师两千多兵勇就大部溃散，最惨的便是水师重金购买的船炮很多被扔在江上，有的船上空空荡荡的连一个人都没有。曾国藩自己的座船还算好——有人，除了他和幕僚之外，还有三个水手。

曾国藩急了，他赶到岸上插一杆令旗于地，然后抽出随身宝剑大呼："有过此旗者，立斩无赦！"

官兵们绕过令旗继续疯狂逃散，没人在乎曾国藩的命令。

曾国藩气得差点吐血，他最看不起的军队是绿营，可是自己耗尽心血打造出来的这支部队与绿营似乎没什么区别。

曾国藩想到一年来的艰苦忍耐，以及长沙城里的流言蜚语，再想到江忠源、吴文镕这些死去的同僚和京城的皇帝，他真有一种万念俱灰、无脸见人的感觉。

曾国藩再次登上座船，但他自己也只能跟着逃跑了。

这时，太平军的小船已经猛追过来，别看船身板小，但气势可不弱，浑不把曾国藩的大船放在眼里。曾国藩再也忍受不住，趁亲兵不注意推开舱门跳进了江里。

随从们见状，赶紧上前七手八脚地要将头部即将被淹没的曾国藩拉上来。曾国藩还来了脾气，对随从们破口大骂，并且激动得"须髯翕张"——吹胡子瞪眼的，意思是"谁敢拉我上去，我一定把他拖下来，大家一起做个淹死鬼"。

就在众人均不知所措之际，有一个叫章寿麟的幕僚忽然从船尾后舱跃出，硬将曾国藩从水中拖了上来。曾国藩上船后，湿漉漉地仍不肯罢休，甚至迁怒于章寿麟并朝其大叫一声："你来干什么？"回身又作势要跳到江里去。

章寿麟躲在后舱的时候就想好了搭救曾国藩的办法，于是他马上回答："我是来给您汇报湘潭方面战况的。"

听到这话，一心求死的曾国藩不跳了，周围其他人也都紧盯着章寿麟，只听章寿麟兴高采烈地说："湘潭大捷，我们把湘潭给收复了！"

此时此刻，最大的心理安慰莫过于打赢一仗，曾国藩是这样，众人也都如此。

回到营帐后，曾国藩才发现他上了当——章寿麟压根儿就不知道湘潭方面的事，只是为救他而情急之下扯了一个谎。

大福星兼大贵人

原来，曾国藩在出兵前情绪很是亢奋，跟平时的那种镇定从容很不相符。几个幕僚一合计，他们觉得曾国藩这副样子恐怕心里是要非胜不可的，要是打了败仗恐怕就要寻死觅活了，得安排个人暗中提防照应着。章寿麟自告奋勇前去，他偷偷地随军行动并且藏在座船里，但曾国藩对此毫不知情，这才使得他一救就得手。

曾国藩哭笑不得，但他并不能因此责怪章寿麟，毕竟人家说的是善意的谎言——这是为了救他自己，应该道声感激还差不多。

再回长沙城下，日子比先前更加难熬了。曾国藩的一败再败，与外界的期望形成极大反差。于是，素不相睦的湖南官场对曾国藩群起而攻之，从布政使到按察使，一个接一个地向巡抚进言要求参劾曾国藩，让他的湘军从哪里来的还滚到哪里去。

曾国藩眼见着从一个苦海陷入了另一个苦海，不禁又起了自杀之念，为此不仅预先写好了给皇帝的遗折和给家人的遗嘱，还让弟弟曾国葆买来一副棺材，准备随时"到棺材里躺着"。

在长沙城里，湖南巡抚的脑子还算清醒，没有理睬周围官员们的乱起哄，也幸好他没有理睬，因为半天不到事情又有了戏剧性的变化。

湘潭大捷，但这回不是编的谎话，是真的！

在曾国藩写的遗折中，他向咸丰帝推荐了可接替自己的人，其中水师一时找不到合适人选而希望由朝廷派人坐镇，陆师则指明由塔齐布统带。在曾国藩眼里，这个塔齐布"忠勇绝伦，深得士卒之心"，舍此再无合适人选。

塔齐布出自京旗里的"外三营"。当时，除北京城内的"驻京八旗"（京旗）外，城外还有三支京旗，即俗称的"外三营"。这三支部队类似于驻防八旗，部队和家眷均集中居住，由于与城市相隔绝，在他们身上同样较好地保留了满洲人矫健尚武的传统。

为巩固根本，清军内部按照质量对枪炮进行了梯次配备。在宫中御用枪之下，依次为京旗、驻防八旗所用枪炮，其中京旗还专门建立了一个火器营的编制，后者不仅拥有专门的军火库用以储藏枪炮，平时也经常进行枪炮训练。这个火器营直接隶属"外三营"，塔齐布即为火器营军官，他先任鸟枪护军，后又被擢升为三等侍卫，其枪炮技术包括八旗传统的骑射技能都相当不错。

清代的各省督抚，可以奏请朝廷从京城分配人员到本省听用，叫作"拣发"。曾国藩在结识塔齐布之前，塔齐布已经被拣发到湖南，不过当时他只是一个普通的绿营军官。曾国藩举办湘军之初，从士兵到营官乃至于他本人在军事技能和经验方面都是一片空白，为此他专门从长沙绿营中聘请了三名教官，其中一人就是塔齐布。

曾国藩对一般的绿营军官都异常反感和不屑，认为既无能又贪腐，但与塔齐布谈过话之后，对其却几有惊为天人之感。塔齐布不仅没有上述毛病，而且有胆有识，颇具将才之资。绿营与湘军会操，别的绿营兵大多松松垮垮、不成体统，唯有塔齐布所辖兵勇站有站相、坐有坐姿，一看就知道平时训练十分认真。

曾国藩、塔齐布二人非常投契，曾国藩发出的会操令也都由塔齐布代为传达。不过，这样一来却引起了绿营方面的嫉恨，大到嫉贤妒能的鲍起豹、清德，小到只想偷懒放刁的兵痞，无不欲对塔齐布逐之而后快。

曾国藩知道后给咸丰帝写奏折，推荐塔齐布"忠勇可大用"，还为其拍胸脯、打包票，称将来如果塔齐布作战不力、打了败仗，他愿意一同领罪受罚。

与此同时，曾国藩参劾了绿营副将清德。咸丰帝看过之后，便将清德予以撤职，塔齐布升任副将。

不过，绿营没有了清德还有鲍起豹，经过煽风点火后，塔齐布便被说得和曾国藩一样坏，几乎成了湘军安设于绿营中的"头号内奸"。在长沙绿营士兵闹事时，他们第一个要杀的就是塔齐布。塔齐布见势不妙，事先躲到了屋后的草丛中这才逃过一死，但饶是如此，房间仍被砸了个稀巴烂。

曾国藩离开长沙赴衡阳练兵之前，专门跟湖南方面打招呼把塔齐布给要到身边，从此塔齐布就成了湘军陆师中的第一猛将。

塔齐布既是曾国藩的得力战将，同时也是他的"大福星"兼"大贵人"。从根本上说，挽救曾国藩性命的，不是把他打捞上船的章寿麟，而是在湘潭前线的塔齐布，后者正是湘潭大捷的头号功臣。

漂亮的伏击

塔齐布喜欢在战前进行轻骑侦察，对湘潭之战也不例外，但他差点因此丧命。当塔齐布在湘潭城外转悠的时候，太平军埋伏在一座狭长的小巷里，待他一出现便用长矛突刺，幸亏随身亲兵手疾眼快，赶紧趴在塔齐布身上以一命换一命，这才保得塔齐布策马逃出。

塔齐布冒着差点送命的危险，得以掌握了太平军的虚实。

太平军西征作战以稳扎稳打为基本特点，占领一座城池后并不像以往一样急于流动转移，而是采取以守为战、深筑营垒的战术。这样，太平军等到营垒巩固后便能起到反客为主的功效，官军要再想占领就会变得非常困难。

有鉴于此，塔齐布采取了速战策略，第一时间便对湘潭发动猛攻，不给太平军喘息之机。

湘潭战役打响于1854年4月25日，当时曾国藩尚未确定主攻目标，正在湘潭和靖港两个选项前徘徊，但湘潭城外已经是喊杀声一片。塔齐布之勇可谓名不虚传，每次出战均一马当先，绝不让任何一个士兵跑在自己前面，而有了塔齐布作为榜样，士兵们的胆子便都壮了起来。同时，塔齐布也富有作战经验，他给兵勇的命令很简单："你们听到炮声就趴下来，炮声一停马上前进。"

借助于太平军发炮的间歇，湘军如浪翻卷，层层给对手制造压力。太平军自西征以来，从未看到绿营军队敢于和他们短兵相接，因此相顾惊愕地被一直逼到了湘潭城下。

塔齐布的勇猛善战，在进入湖南的太平军将领中大约只有"铁公鸡"石祥祯堪于匹敌，但此时石祥祯在靖港，防守湘潭的是时任春官副丞相的林绍璋。

在太平天国领导层中，林绍璋以聪明好学著称，他是个样样都懂的"百晓通"，但是他什么都懂一点却又什么都不精，可谓"内无治政经纬之才，外无统兵御敌之能"。不过，这些都架不住林绍璋在太平天国朝中的超强人缘，往好里说叫喜交朋友，往坏里讲就是结党营私。因此，林绍璋虽非大将之才，但仕途倒一直不错，连东王杨秀清都对之委以重任，其职权也远在石祥祯等诸人之上。

初战失利，林绍璋想想不甘心，第二天他决定集中城中主力出城作战。

诱敌设伏本是太平军的拿手好戏，但这回却被塔齐布活学活用打了一个漂亮的伏击。

其时，太平军新老参半，从广西过来的老兵被清军称为"长发兵"，新加入的新兵头发还没长出来——只有三四寸的样子，称为"短发兵"。"长发兵"主要起到督阵作用，出阵时一般是"短发兵"居先，其后是童子军，再然后才是"长发兵"，但若"短发兵"临阵畏缩，"长发兵"会立斩其首。

"短发兵"心理素质不高，突然遭到伏击，尤其是在火炮群发的阵势下，立刻阵脚大乱，往后急退。所谓法不责众，一个两个逃，可以斩首以儆众，但大家全都在逃，连"长发兵"也没办法只能跟着一起逃，结果扔下城外的营垒栅栏全都缩到了城里。

遇上塔齐布，林绍璋这么一个平庸无能之辈可算是倒了大霉——城外栅栏被塔齐布付之一炬，由此也种下了太平军失败的种子。

此时，曾国藩的军事会议已经结束，首批援助湘潭的湘军水师赶到。林绍璋察觉后，便在半夜时分派人点燃几只大船，又用装满油灯的小船随后，使其顺流而下准备以此来击退敌军。

在民间的评书演义中，火攻和水淹策名头响亮，似乎一用就有奇效。但是，实际上这两招都是双刃剑，若运用不当，非但伤不了别人，还会伤及自己。湘军水师远远就看到了纵火船，他们马上派出舢板，靠近之后用撑杆将火船撑聚一处——太平军水营的所谓战船大多改造自民船，体量很小，也很容易使其移动。

就这样，前面大船停住了，后面跟上来的小船一只接一只撞在大船上，火攻瞬间变成了自燃。天亮之后，湘军水师毫发无伤，太平军水营却被烧掉三百余只战船，五百多水营老兵死于江面，"浮尸蔽江"，损失十分惨重。

江上待不住了，太平军水营残部只能弃舟登岸，从陆上返回湘潭。由于塔齐布烧掉城外栅栏，城上的守军不敢大开城门，要进城必须缘梯而入。跟踪追击的湘军兵勇乘势夺梯而上并打开了城门，随即塔齐布挥师冲入。

对此，湘潭城里的林绍璋毫无反击之力。就在林绍璋派出水营进行火攻的时候，太平军陆师竟然还在爆发内讧——盘点白天遭遇伏击的损失，老兵指责新兵是溃退之源，新兵反过来埋怨老兵逃得更快，完全不顾及新兵的安危，最后双方一言不合便动起刀枪，光死于自相残杀的就有数百人之多。

林绍璋作为统兵主帅，本是可以且也能够从中协调的，但他不调解还好，越调解众人越不买账，结果是最后谁也不听他招呼，导致部队在关键时候出现了指挥失灵。

1854 年 4 月 30 日，太平军全线溃败，林绍璋从湘潭败走时身边只带了七名骑兵，数万水陆精锐全部被消灭。

天晴了

湘潭一战，被湘军称为"初兴第一奇捷"。之前，由于曾国藩败于靖港，整个湖南都大为震动，而且长沙城更是岌岌可危，没有几个人认为还有守住城池的把握。这一战之后，湖南人心始定，原先争相弹劾曾国藩的湖南官吏们也一个个换了腔调，当着曾国藩的面又是致贺又是道歉。

湖南巡抚感到庆幸，心想："亏我有先见之明，要是听了你们这帮人的胡乱撺掇，现在见到曾国藩该有多尴尬。"

曾国藩也觉得庆幸。在曾国藩伤心失望且整天想着如何死法的时候，有人转来了曾父的一封家信。显然，曾父也知道了湘军战事不利且儿子曾国藩屡思轻生的情况，所以在信中专门告诫他："你此次率师出征是为国家，而不单单是为家乡。胜败乃兵家常事，你今后如果能打出湖南，死了那是死得其所，但假使没出湖南便死了，那我不会为你流一滴眼泪！"

这封家信让曾国藩很受震动，遂一心一意等待湘潭的消息，没想到还真让他给等到了。

从此，湘军际遇全面改观，由被各种嫌弃和唾骂包围的"窝囊废"一跃上升为众皆期待的"金字招牌",其中湘潭大捷的首功之臣塔齐布还因功升为湖南提督。

塔齐布坐的是鲍起豹的位置。鲍起豹被咸丰帝劈头盖脸一顿大骂,说:"你身为一方军事大员,就知道蹲在长沙城里写报告,可我光要你的报告干什么用呢? 我要你去跟太平军打仗,打胜仗,然后收复失地。"换句话说,就是"既然你不行,那就早早滚蛋,把职位让给能打的人吧"。

在收到关于湘潭大捷的奏报时,咸丰帝起初还怀疑曾国藩是因为在靖港吃了败仗而临时胡编获胜的假消息来糊弄他,但随后他便在一个湘潭籍的翰林院编修口中得到证实,并确证了曾国藩没有撒谎。

雨停了,天晴了! 为此,一直被失败所折磨的咸丰帝特别激动,特别高兴。所谓"悲观起来就颓废,兴奋起来就失控",这时候的咸丰帝恨不得给这些帮他打了胜仗的人提上一辈,何况一个提督的官职又算得了什么。

对于塔齐布而言,这次提升则意义非凡,因为两年前他还只是个名不见经传的小军官,转眼之间竟成了一省的军事长官。不过,绿营众人都很惊叹,而从前那些与塔齐布结怨的绿营士兵则除了惊还有怕——怕塔齐布上任后予以报复。

不过,绿营士兵们都想错了。塔齐布履任新职后,不仅没给人穿小鞋,还将朝廷赏赐给他个人的财物分赏官兵。因此,即便是鲍起豹过去的亲兵随从也对此心悦诚服,而绿营也一改鲍起豹在任时的萎靡颓唐并开始像个样子了。

此时,塔齐布甚至在地位上超过了曾国藩。按照规矩,地方大员给皇帝联名上折,提督要排在巡抚前,曾国藩的名字尚在巡抚之后,也就是说往塔齐布后面看两格才能看到曾国藩,但塔齐布并不以此自傲。塔齐布这个老实厚道的人仍把自己当成曾国藩的部将,平时如果曾国藩不上折,他绝不会单独写奏报。

曾国藩在自请处分后,咸丰帝按惯例革去了其前礼部侍郎的底缺,但是额外授予其单独奏事之权。这让曾国藩欣慰不已,接下来他要做的是如何总结经验教训,让湘军的强大变得更加货真价实,从而像老父亲所期望的那样有到湖南省外去施展身手的实力。

第一个问题，兵究竟是多好，还是少好？

如果是以前，曾国藩也许会毫不犹豫地选择多多益善，但在亲身经历几次实战之后他有了新的认识，那就是兵贵精而不贵多，只有在精的基础上谈多才有意义。

绿营八旗作战都要从全国各地征调，通常能汇集到一处的都只有几千人，万人以上已经非常可观，而湘军从衡阳出发时水陆加起来共有一万七千人之多，可是这么多人该败的还是败、该溃的还是溃，真正顶用的仍只是其中的一部分。例如，在靖港之战中，水师五营土崩瓦解，差不多是擀面杖都被当成了牙签使；但岳州被围，仅靠水师一营便赖以解围；像湘潭之战这样的重大胜利，参战的也不过是水陆师各两营而已。

过去曾国藩虽一直严明军纪，但下手总多少还留有余地，这使得一些滥竽充数者混杂其中，反而带坏了整体的风气。当弄明白"兵贵精而不在多"的道理之后，曾国藩下令裁军，凡是在作战中溃逃的一律裁撤，无论兵勇还是营官。在岳州之战中，曾国藩的弟弟曾国葆也在溃退之列，这次曾国藩就毫不客气地让他回家去了。

经过上上下下的裁撤，原有湘军去了三分之二，水陆两师仅剩五千人，但这五千人全是精悍之卒，战斗力不降反升。

"飞将军"

减法做了，再做加法。曾国藩对水陆兵勇进行扩招增募，但是定下规矩：今后打仗如果是溃散了，就再不录用。换句话说，余下的一半饷银就别指望了。

绿营作战，从来都是溃了再集、集了再溃，也永远都是一副没出息的样子。因此，曾国藩绝不允许这种情况在湘军中发生。

此外，曾国藩又分别在衡阳、长沙、湘潭设置造船厂，再造或重修战船，并继续从广东购入洋炮。三个月后，湘军水陆两师达到一万三千余人，重新具备了与太平军抗衡的能力。

1854 年 7 月上旬，曾国藩率部从长沙出发，准备由湖南开赴湖北，但是在此之前他必须过一道大关，守关之人为太平天国第一悍将曾天养。

十年之后，太平天国的后期名将李秀成在其自述中将湘潭之败归结为重大军事失误，感叹如果当时防守湘潭的是曾天养而不是林绍璋，结局将会完全不同。

其实，李秀成说得没错。曾天养几乎就是太平军中的塔齐布，此人身材高大，眼眶极深，长着一脸络腮胡子，一看就是个不折不扣的猛将。

曾天养五十多岁才加入"拜上帝教"，在一众前锋将领中年纪最大，但是打仗时从不倚老卖老，而是会像塔齐布一样冲在最前面，且所向披靡、气势如虹，由此军中送了一个类似于西汉李广的绰号——"飞将军"。

石祥祯也很猛，但是"铁公鸡"的猛很多时候是一种喜欢逞匹夫之勇的猛，而"飞将军"曾天养则智勇兼备，完全是另一种境界。

可以说，曾国藩的师友吴文镕、江忠源都是死于曾天养之手，先是在庐州的江忠源，后是在黄州的吴文镕，其中黄州一战更是堪称曾天养的"点睛之作"。当时，曾天养发现吴文镕在军队士气不振的情况下又犯了兵家大忌，也就是在三面环水的情况下扎下十一座连营，这很容易让人联想起三国时期的夷陵之战——刘备连营扎寨，被陆逊以火攻之计杀得大败。

曾天养一般无二地套用了三国时期陆逊的打法，乘夜发动袭击，纵火焚营，从而大破黄州守军，使得吴文镕也被迫投水自尽。

李秀成打破脑袋也想不通，西征湖南为何不继续重用曾天养，却让一个没什么大出息的林绍璋领兵。如此，只能说杨秀清在用人方面的确存在问题。

湘潭惨败，对太平军震动很大，各路军队纷纷退却，只有曾天养仍坚守岳州且岿然不动。然而，这时候形势已有不同，在湖南战场，湘军无论从规模上还是声势上都要超过太平军，同时其他增援部队也在源源进入，但曾天养势单力孤，在坚持一段时间后也只得放弃岳州城，退守城陵矶。

此前，为了增强湘军水师的实力，曾国藩请旨从两广派来援兵，其中以广东水师的援兵最为亮眼。广东水师的兵勇虽然只有四百人，但他们装备精良，除了旌旗鲜明，刀矛如霜雪外，还有所携的一百尊最新式洋炮让其他部队看了直吐舌头。

随军的广东总兵陈辉龙来到长沙后，专门造了两艘拖罟船，其中一艘自用，另一艘送给曾国藩作为座船。这种拖罟船属于沿海的水师大舰，能装千斤重炮，尽管跟洋人的军舰没法比，但在湘军水师的战船中已属鹤立鸡群。

为此，众人啧啧称羡。陈辉龙脸上有了光，人也开始骄傲起来，特别是在得知湘军水师取胜后，他觉得太平军水战不济，要是自己出马肯定能打得比湘军还要漂亮。

在商议进攻城陵矶时，以陈辉龙为首的官军水师，与原湘军水师的营官们起了争执。

自从在靖港之战中吃了大亏后，原先对水战一窍不通的湘军将领们总算买来一个教训，知道在水战中逆风逆水其实是最好的——可进可退，再差一点是逆风顺水，最糟糕不过的就是顺风顺水——有进无退，万一不利就会被对方往死里打。

其时，南风劲吹，湘军处于上游，绝对的顺风顺水，因此营官们均犹豫不决，主张缓一缓再打。陈辉龙不乐意了，说："我陈某演习水战三十年，太平军水师才出道几年？瞧着吧，我一冲过去，准保把他们给冲得稀里哗啦。"

陈辉龙一起头，广西水师立即响应。

就这样，两广水师作为进攻城陵矶的主力，湘军水师随后跟进。

以猛对猛

1854 年 8 月 9 日，两广水师从上游乘风直下，向太平军营寨杀去，一路上见到的都是太平军小船，以大打小，极其顺利。

其实，这些小船都是曾天养故意放出来的，为的就是把对手诱到下游的港湾里去。一进港湾，官军大船的优点便变成了弱点，它们体大笨重，转个弯、挪个身都很费力，相反太平军的小战船虽然个头儿不起眼，但是数量既多又灵活，很快就把大船包围起来。

陈辉龙坐在罟船上一开始还装得满不在乎，直至发现曾天养潜藏在暗处的中型战船也一齐出击时才大惊失色，这时候因为风向想退却退不了，只能坐以待毙。

在当天的水战中，广东水师一营被全歼，继后的湘军水师两营被击溃，包括陈辉龙在内的四员大将战死，毁沉战船三十余艘，甚至连陈辉龙所乘的大罟船也被曾天养给缴获了。

损失如此之重，让曾国藩禁不住"伤心殒涕"，心疼得都流下了眼泪。此时，曾国藩对曾天养的能征惯战也有了更加清醒的认识：难怪连江忠源和吴文镕都对付不了，此人果真是"剽悍异常，机警有谋"。

有勇无智的人，可以智取；有智无勇的人，可以狠斗；但只有智勇兼备的人，会使人产生无懈可击的烦恼。

被曾天养这么一击破，湘军水师"皆丧胆"，不敢再放手与太平军一搏。于是，曾国藩又只得看陆师的成效了。

说到智勇兼备，曾国藩手下也有一员大将具备这一特质，此人自然就是陆师中的塔齐布。塔齐布和曾天养属于同一档次上的高手，现在轮到他们来分输赢、决胜负了。

由于西征军在湘潭损耗过多，曾天养不得不将所余不多的军队集中作用。1854 年 8 月 11 日，曾天养乘胜率部登岸，准备从水战转入陆战，刚刚上岸就遭遇塔齐布从陆路杀来。

凭借湘潭之战的经验，塔齐布知道兵贵神速，不能给对手以从容部署的时间，而且他也知道曾天养的厉害，不敢贸然攻击，只是争分夺秒地抢在太平军前面扎营布阵。

在曾天养看来，一旦塔齐布扎营成功，将可与太平军形成对峙。到那时，塔齐布固然不一定能突破城陵矶之险，但曾天养也未必可以轻易击败塔齐布，而这对曾天养来说是很不利的，因为他还得腾出手来对付随时可能再次出现的水战局面。

曾天养在寻找塔齐布的破绽，以便能够一击即中。这时，曾天养发现塔齐布有一点和他很相像，喜欢列于阵前指挥，身边并无大军作为掩护，正是"擒贼先擒王"的好机会。

于是，曾天养突然单人独骑纵马杀出，闪电般地出现在塔齐布面前。塔齐布猝不及防，他的作战配备是身背一杆长枪，手拿一把强弓，但电光石火之间，这些都派不上用场。

曾天养一矛刺去，塔齐布的坐骑受伤倒地，把塔齐布摔在了地上。曾天养挺矛再刺，塔齐布已无处闪躲，眼看冒险就要成功了。

可是，曾天养忽略了塔齐布身边的两个亲兵。这两个亲兵不是一般的小兵，而是军中精选出来的高手，其中一人持长矛，另一人持套马杆，作战时与塔齐布形成一个三人团队组合：中远距离塔齐布用强弓或鸟枪射击，而到了近距离时，如果对方是步兵，由持长矛者迎击，如果是骑兵，由持套马杆者出手。

曾天养来得太快，两个亲兵同样有些手忙脚乱，但当他们回过神来时便立即发动了反击。

曾天养也不是没有看到这两个亲兵，只是凭借他的武艺和勇力，通常情况下别说两个亲兵，就是五六个也不在话下，然而这次他错了。塔齐布的一名亲兵甩出套马杆，套中了曾天养的坐骑后只一拉，只见马身子一歪，曾天养扑通一声摔倒在地，还没等他爬起来时另外一名亲兵已经用长矛刺中了他的胸膛。

有的错误可以纠正，有的错误不仅无法纠正，还能在最短时间内置你于死地。塔齐布身后的士兵闻声上前，"乱矛攒刺"，可怜一世勇将曾天养竟死于乱军之中。

曾天养的死让西征军大为震撼，据说曾为其斋戒六天，以示悼念。自曾天养死后，太平军是三军群龙无首，反攻岳州也再次失利，不得不退入湖北，"湘事遂不可为"。

"第一苦命人"

就像湘潭之战一样，湘军依靠着塔齐布反败为胜，士气再次高涨起来。接下来，曾国藩挥师直抵武昌。

这是湘军首次跨省出击。作为新式勇军的原型，湘军与团练不同，团练是一种最低级的军事组织形式，一般不脱离本乡本土，勇军却可以离开家乡并且作为固定的机动部队使用。

与此同时，勇军又避免了官军兵制的缺陷。在近代设立警察之前，官军就是警察，不打仗时需负责维持地方秩序，打仗了由各地临时抽调，由此所造成的问题是匆匆赶来的兵跟临时指挥他们的将不熟悉，而这里来的兵跟那里来的兵互相之间也不认识，彼此都是陌生人，不仅谈不上配合，还会争抢战功，甚至是败不相救。从鸦片战争到镇压太平天国，如此的恶性循环上演了不知多少轮。相比之下，湘军兵勇全都来自一个地方，彼此之间是乡谊故交，知根知底，越是在异乡作战越能起到一种"打仗亲兄弟，上阵父子兵"般的作用。

此时，武昌久已为太平军所占据，防守上也相当严密。自抵达武昌城郊后，湘军即难以再前进一步。1854 年 10 月 10 日，曾国藩召集水陆诸将商讨破城之策，罗泽南在会上提出了一个让他首肯的方案。

在湘军将领中，罗泽南与曾国藩一样同为湘乡人且比曾大三岁，他一直有"第一苦命人"之称。罗泽南的命运不是一般的苦，而是太苦；不是一般的惨，而是太惨。

罗泽南幼年丧父，靠祖父和母亲抚养长大。因生活所迫，罗泽南十九岁便被迫出外设馆授徒，做私塾老师养家糊口，可是日子并没有变得越来越好，而是越来越坏。罗泽南要么不回家，要么回家后能听到的几乎全是各种各样的噩耗：先是辛苦养育他的母亲和祖父辞世，接着在三个月内他的大儿子和二儿子又先后病亡。

有一年，湖南发生了罕见的旱灾，饿殍遍野，疾病流行。罗泽南在长沙参加完科举考试后，由于没有钱只能徒步走回家，当他回到家里时已是夜半时分，而他所听到的消息则令人相当绝望：侄儿病重在床（第二天身亡）；第三个儿子已于两天前去世；由于连着失去三个骨肉，夫人整天恸哭，眼睛都快哭瞎了，而且耳朵还幻听。

从长沙走到湘乡近两百里路，未有粒米下肚的罗泽南又饥又累，他顾不得悲伤赶紧找米做饭，可是打开米缸才发现里面空空如也，"无一米之存"。

十年之内，罗泽南家中迭遭变故，失去了十一位亲人。在贫困生活的折磨下，罗泽南自己的身体也很不好，经常生病。

罗泽南的学问并不在曾国藩之下，也从来没有放弃过科举之途，但他为人过于实在，不肯媚俗，以至写的文章重内容轻形式，很不对八股文的路数，因此屡试不中——曾七次应童子试而未果，直到三十三岁时才考中秀才。

对于所遭遇的各种人生困境，罗泽南始终处之坦然，因为他有自己的人生乐趣和精神追求——这就是学问，具体一点说是经过发展的理学。

几百年前，宋代的周敦颐和张载都是理学的"开山鼻祖"，前者写出了《爱莲说》，后者留下了脍炙人口的名言——"为天地立心，为生民立命，为往圣继绝学，为万世开太平"。在古代，他们是学子们的精神先驱，无数读书人拜于其门下。

几百年后，理学成了单纯的科举考试的"敲门砖"，变得越来越功利，也越来越机械，其活力逐渐丧失殆尽。

罗泽南等人重新找到了理学的价值。罗泽南"宗周敦颐而著《太极衍义》"，"宗张载而著《西铭讲义》"，把无用之学重新推向有用之学。

罗泽南半辈子都陷在"苦命"的泥沼里，家庭发生了这么多的变故，但他"不忧门庭多故",担心的是"所学不能拔俗而入圣",即自己的学问还不够好,尚不能达到周敦颐、张载等先哲的水准,而天天记挂于心的则是"无术以济天下"。

有人说罗泽南迂腐,但迂腐再往上走几步就是境界,正是这种境界支撑着他在坎坷而苦难的生活中得以不断前行。

当时,钻研理学且能够融会贯通的学问家很多,前辈中有倭仁、唐鉴,后辈中有曾国藩、罗泽南,罗泽南的特殊之处在于他还是一个传道授业的老师。

作为教书先生,罗泽南跟其他人不同,别人要么只教人识字开蒙,要么仅传授应试科举之法,但他除了这些还讲授在理学上的见解,教学生们如何静心养性、培养气质和修养。

罗泽南的学生众多,就连曾国藩的两个弟弟曾国华和曾国荃也出自其门下。罗泽南虽治学严谨,但对学生爱护有加,师生之间处得有如朋友一般,即使课后也经常在寓所内组织辩论和探讨,各自畅所欲言,并无老师、学生的分别。

罗泽南有一个学生叫王鑫,身材瘦小,口气却不小,在辩论时往往滔滔宏论,让罗泽南和其他学生一句嘴也插不上。好不容易等到王鑫停顿的时候,罗泽南才笑着说:"璞山(王鑫的字),你稍微休息一下,让我们也开一次口,过过瘾吧。"王鑫发觉失态,也忍不住笑了起来。

罗泽南本人文武兼备,他的课分上下午,上午是常规课,下午是一般塾师绝对不会有的课程——师生一起练习拳棒。

经过罗泽南的传播和积极倡导,理学盛行于湘中,他本人的人品学识和能力也广为人知。在湖南学界,没有不知道"罗山先生"大名的(罗泽南号罗山)。

以理学治兵

曾国藩虽被称为湘军的创始人,但他所指挥的湘军其实最早来自罗泽南。

　　罗泽南很早就应湘乡知县所邀投笔从戎开始编组团练，他募勇的标准和曾国藩相似，主要也是从左邻右舍的农民中进行挑选。这些农民一开始哪里知道什么军纪不军纪，即使行军途中嘴巴也跟高音喇叭一样。于是，罗泽南便让他的门下弟子们起带头作用，每天给这些农民士兵示范，什么叫坐有坐相、站有站相，以及如何进退行止。

　　湘军初建时有三派，一是江忠源的楚军，二是罗泽南的湘军，三是王鑫的楚军。楚军创立最早，曾在湘军中开风气之先，可惜衰落得也最快。王鑫是罗泽南的弟子，但他在建军营制方面不用曾国藩的办法，且不服从曾国藩的调遣，所以只有罗泽南的湘军才是曾国藩建军的基础队伍。很多人认为，湘军实由罗泽南所缔造，这支军队身上也确实有着鲜明的罗泽南印记，所谓"无泽南，无湘军"，说他是"湘军之父"也不为过。

　　罗泽南在把自己编练的湘军交给曾国藩全面掌握后，他又成为曾国藩的重要干将，而且把军队变成了课堂，白天打仗训练，晚上还组织大家读书。

　　湘军的新兵很多是一字不识的文盲，罗泽南便从开蒙起步教他们断文识字。当然，罗泽南只讲最浅显的，如他会从《四书》《孝经》里择出片段用来阐述做人处事的道理，以及宣讲"精忠报国"这些百姓能够接受和理解的东西。

　　罗泽南有丰富的教学经验，讲课深入浅出、声情并茂，到动情处时甚至有听者被打动得潸然泪下。

　　这就叫以理学治兵。与此同时，罗泽南还主张"以兵卫民"，坚持打仗以不扰民为本。在湘军早期三派中，曾国藩、罗泽南系的湘军不仅战斗力最强，而且军纪也保持得最好。

　　罗泽南虽然会拳棒，但毕竟是个读书人，没有实战经验。可以说，在湘军创建之初，罗泽南和曾国藩对湘军后来究竟能取得多大成就，其实都心中无数。

　　直到江忠源保卫南昌那一年，曾国藩派罗泽南带着湘军前去援救，实际上也是要试一下水看看到底如何。不过，现实的教训是很惨痛的，由于当地官军没有按约定进行接应，湘军遭到了太平军的伏击从而受到重创，战死八十人，其中包括四名营官,皆罗泽南一手培养的学生。

这毫无疑问是个败仗,可是却展现了湘军的潜力。湘军不像官军一样贪生怕死,即使在遭到伏击且无友军相援的情况下仍誓死不退。在援救南昌的过程中,虽然湘军战死了八十人,但也同时杀死太平军达两百余人,而经过此役后湘军"勇敢之名已大震",可谓虽败犹荣。曾国藩据此认为湘军"果可用",更坚定了在衡阳练兵的决心。

曾国藩对罗泽南抱有信心,但有一个人却对罗泽南没信心,这个人就是塔齐布。

作为职业军人,塔齐布从来不认可什么儒将的说法,他认为罗泽南之辈不过是些在学堂里夸夸其谈的书生而已,不懂得什么打仗,最多也就只能去对付会党之类的,若要打大阵仗还得靠他们这些人。

不过,塔齐布对儒将固有印象的改变就是岳州之战。

曾天养退守城陵矶后,湘军进入岳州。在讨论如何防守时,塔齐布说当然是驻军城内,以城设防,但罗泽南则提出异议:"岳州四面环水,只有一座大桥可以相通,因此守城不如守桥。"罗泽南还愿意亲率湘军两营抢占要隘,扼守大桥。

塔齐布虽不以为然,但罗泽南年纪比曾国藩都大,又肯亲自率军前去,他自然也不便加以阻挠。

不久,太平军再次对岳州发动反攻,果然首先将大桥作为攻击焦点。太平军在距大桥十里处扎下九座大营,投入进攻的兵力达上万人,而罗泽南用以抵御的湘军不过两营一千人,十对一的比率,数量上相差悬殊。

这时候,塔齐布看着都慌了,但在大桥上负责指挥的罗泽南却异常从容镇定。

以静制动

经过南昌之战等大小战斗的尝试后,罗泽南终于知道了什么才是真正的战争。战争初看全是动的画面，但动来自静，并最终将被静所制约，这是罗泽南从理学"主静"中得到的启发。

普通文人大多认为兵事是武人的事，作为读书人是不用过问也没有能力过问的。不过，罗泽南这些湘籍文人却不这么看，在他们的认识中，兵事乃儒学至精，兵学与儒学有着天然联系，二者是可以融为一体的。例如，儒学经典《左传》中就有一个著名的战例——"曹刿论战"。曹刿是一个非常有见识的民间军事家，他找出的制胜窍门是在敌人最疲惫的时候出战，"彼竭我盈"，那样必定能取得胜利。

怎么知道对方什么时候最衰弱呢？曹刿说，听对方敲鼓：敲第一通鼓的时候，士气最为旺盛，这时候千万不要进攻，让其继续敲；第二通鼓就没那么有力了，但还是不要搭理进攻；到第三通鼓，明显有气无力，就可以进攻了。

这就是"一鼓作气，再而衰，三而竭"的典故。罗泽南把它和理学的"主静"结合起来，从而琢磨出了一种独特战法，叫作"以静制动"。

罗泽南把由他指挥的一千人马分成两档，一档五百人负责守营，另一档五百人负责出击。在太平军向大桥进攻时，任凭对方再怎么鼓噪，守营的五百人也不动声色，只用枪炮进行还击，使太平军每前进一步都要付出代价，逐渐从"一鼓作气"沦落到"三而竭"。

作为进攻一方，太平军当然不会轻易退却，仍然在不断推进。在太平军推进到与防守阵地仅一丈距离时，湘军负责出击的五百人才突然跃出，发起猛烈反击。同时，这出击的五百人又分成三路，每路不过一百多人，但有明确分工，谁主攻，谁旁击，谁抄尾，都部署得井井有条。

实际上，决定"以静制动"最后成效的是勇气。古文中有一句成语叫"胆力沉鸷"，用来形容深沉勇猛的性格。这种性格通常只有塔齐布这样的武将才具备，读书人可能刚听到枪炮声时腿就软了。可是，史书却明确地把这四个字给了罗泽南，据说他在战场上丝毫不顾生死，"披衣拍胸，以当炮子"，换句话说就是"我的胸口就是枪靶，你们有种就朝这里来吧"。

按照罗泽南等人的观点，儒家修养也同样与兵事密不可分，即当读书人的境界到达一定高度时，在战争中自然能够做到镇静自若、一往无前。江忠源生前曾经说过，在他所认识的湖南士人中，真正有胆量跟太平军单挑的除了他自己，只有罗泽南和其手下的几个弟子够格，而论者皆以为这是罗氏数十年理学修养之功。

有罗泽南这样的带兵之将，湘军官兵当然个个争先，防守的豁出死命"扎硬寨"，出击的也敢于以寡敌众"打硬仗"。岳州一战，罗泽南以千人击退万人，同时太平军的九座大营被其全部击破。对此，塔齐布十分惊讶，也异常佩服，从此不敢再看低读书人。于是，湘军中遂以"塔罗"并称，"塔罗齐名"。就这样，塔齐布、罗泽南二人成了湘军陆师的一对双子星座，而"儒将"终于在战场上站稳了脚跟。

在岳州之战前，罗泽南之所以一眼就能看到大桥的重要性，从而抓住防守关键，源于他在作战地理——当时叫作"舆地"——上的造诣。罗泽南曾写过一本地理学专著，名为《皇舆要览》；他不仅能像江忠源一样观察地理形势，还会自己绘图。

到攻克武昌时，罗泽南的这一绘图功夫又派上了用场。早在曾国藩召集会议前，罗泽南已在山上对武昌周围地形进行了仔细勘察，并绘出了地图。

依据地图，罗泽南指出了攻打武昌的两条路线：一条是"出洪山大路"，一条是"沿江出花园"。

太平军主力集中于花园，如果湘军从洪山一路进攻武昌需要仰攻，难度很大，而且一旦久攻不下，花园的太平军会袭击湘军后路。罗泽南说选择"出洪山大路"这条线路"非长策"，不是个好办法，他倾向于全力进攻花园，并且愿意独当其任。

进军路线通过后，罗泽南即率部进击花园。太平军在花园不仅建有三座工事，"深沟重栅"，而且还有火炮。罗泽南指挥部卒匍匐前进，"三伏三起"，一天之内便将太平军在花园的大营给攻破了。

自湖南战场重用林绍璋以来，杨秀清在用人方面就一直在不断地犯错，被他赋以据守武昌使命的是石凤魁和黄再兴。石凤魁为石达开的族兄，但他并不像石祥祯那样勇敢善战，而是胆子既小且为人刚愎自用，听不得任何不同意见。黄再兴则是个纯文官，以前在洪秀全旁边掌文书而已。

石凤魁、黄再兴二人都不太会打仗，遇到特别会打仗的"塔罗"组合，狼狈状就自然别提了。当花园一破，石凤魁、黄再兴二人便傻了眼，只得匆匆弃城逃离。

花园成了湘军攻克武昌的关键。1854 年 10 月 14 日，湘军完全攻克武昌。罗泽南对此出力最多，其精于谋略、敢于攻坚的特点也在这一战中展现得淋漓尽致。

在不到两年的时间里，湘军便实现了华丽转身，从一个谁也不知道的地方团练一跃成为朝廷都必须倚重的主力军，而罗泽南等一干儒将的鼎力相助和表现更是改变了人们对读书人的一些固有印象。

参 考 文 献

[1]［英］蓝诗玲.鸦片战争［M］.刘悦斌，译.北京：新星出版社，2015.

[2]茅海建.天朝的崩溃：鸦片战争再研究［M］.北京：生活·读书·新知三联书店，2005.

[3]［美］魏斐德.大门口的陌生人：1839—1861年间华南的社会动乱［M］.王小荷，译.北京：新星出版社，2014.

[4]［美］特拉维斯·黑尼斯三世，弗兰克·萨奈罗.鸦片战争：一个帝国的沉迷和另一个帝国的堕落［M］.周辉荣，译.杨立新，校.北京：生活·读书·新知三联书店，2005.

[5]［英］康宁加木.鸦片战争：在华作战回忆录［M］.顾长声，译.上海：上海人民出版社，1958.

[6]［美］柯文.在中国发现历史［M］.林同奇，译.北京：中华书局，2005.

[7]端木赐香.那一次，我们挨打了［M］.太原：山西人民出版社，2007.

[8]张喜.抚夷日记［M］.南京：南京出版社，2018.

[9]李春光.清代名人轶事辑览［M］.北京：中国社会科学出版社，2004.

[10]萧一山.清代通史：三［M］.上海：华东师范大学出版社，2006.

[11]吕思勉.吕著中国近代史［M］.上海：华东师范大学出版社，1997.

[12]吕思勉.白话本国史：下［M］.上海：上海古籍出版社，2005.

[13]赵尔巽.清史稿［M］.天津：天津古籍出版社，2012.

［14］［美］史景迁.太平天国［M］.朱庆葆，等，译.桂林：广西师范大学出版社，2011.

［15］郭廷以.太平天国史事日志：下册［M］.上海：上海书店，1986.

［16］刘忆江.曾国藩评传［M］.北京：经济日报出版社，2008.

［17］萧一山.曾国藩传［M］.海口：海南出版社，1994.

［18］曾国藩.曾国藩日记［M］.北京：团结出版社，2012.

［19］龙盛运.湘军史稿［M］.成都：四川人民出版社，1990.

［20］罗尔纲.湘军新志［M］.上海：上海书店，1996.

［21］［美］孔飞力.中华帝国晚期的叛乱及其敌人：1796—1864年的军事化与社会结构（修订版）［M］.谢亮生，杨品泉，谢思炜，译.北京：中国社会科学出版社，1990.